# Kreuzstich, Bienenstich, HERZSTICH

## DIE AUTORIN

Tatjana Kruse, Jahrgang 1960, lebt und arbeitet in Schwäbisch Hall. Sie ist überzeugte Krimiautorin und wurde bereits mit dem »Marlowe« der Raymond-Chandler-Gesellschaft ausgezeichnet und mehrmals für den Agatha-Christie-Preis nominiert. *Kreuzstich, Bienenstich, Herzstich* ist der Auftakt zu einer Serie um den eigenbrötlerischen Kommissar a. D., Siegfried Seifferheld.

Mehr zur Autorin unter: **www.tatjanakruse.de**

Tatjana Kruse

# Kreuzstich Bienenstich Herzstich

KRIMINALROMAN

Weltbild

Dieser Roman spielt zwar in einer realen Stadt, nämlich Schwäbisch Hall, und basiert auch auf tatsächlichen Ereignissen, es ist aber dennoch nichts weiter als ein Roman. Alle Personen sind erfunden, der Plot ist fiktiv. Allerdings gibt es tatsächlich einen Hovawart namens Onis, und das ist auch gut so.

Besuchen Sie uns im Internet:
*www.weltbild.de*

Genehmigte Lizenzausgabe für Verlagsgruppe Weltbild GmbH,
Steinerne Furt, 86167 Augsburg

Ein Unternehmen der Droemerschen Verlagsanstalt
Th. Knaur Nachf. GmbH & Co. KG, München
Umschlaggestaltung: Atelier Seidel – Verlagsgrafik, Teising
Umschlagmotiv: www.istockphoto.com (© Michael Henderson,
© xyno, © Walter Quirtmair)
Gesamtherstellung: CPI Moravia Books s.r.o., Pohorelice
Printed in the EU
ISBN 978-3-86365-222-7

2016 2015 2014 2013
Die letzte Jahreszahl gibt die aktuelle Lizenzausgabe an.

*Für Onis*

# Prolog

## Hauptsache, eine saubere Leiche

Der Tod ist eine Schnecke.

Er kriecht sehr viel langsamer an einen heran, als man sich das als Betroffener wünschen würde.

Zumindest war das bei Ludger Klier der Fall.

Er radelte seit über zwanzig Jahren. Nicht professionell, aber fanatisch. Er war fitter als ein Nike-Turnschuh. Den Alpe d'Huez hatte er schon zwei Mal genommen.

»Wenn ich mal abtrete, dann bergab auf dem Rad bei Tempo hundertsechzig. Zack und aus. Natürlich erst im reifen Alter von neunzig«, hatte er zu seinem Fünfundvierzigsten in löwenbräubierseliger Runde im Goldenen Adler verkündet.

Deswegen fuhr er auch immer ohne Helm. Damit gleich das Licht ausging, wenn es ihn einmal wegen Aquaplanings aus der Kurve tragen sollte.

Nicht lange leiden.

Klappe zu, Radler tot.

An diesem Samstagnachmittag gegen fünf war Ludger Klier fünfundvierzig Jahre, drei Monate, sieben Tage und sechsunddreißig Minuten alt. Was er noch nicht wusste: Viel mehr Lebenszeit hatte das Schicksal nicht für ihn vorgesehen.

Es fing mit übermäßigem Schwitzen an.

Komisch, dachte Klier, der – für seine Verhältnisse gemütlich – bei kühl zu nennender Temperatur auf dem Kocher-Jagst-Radweg radelte.

Reines Sightseeing.

Nur so zum Spaß.

Und vielleicht um eine knackige Radlerin aufzureißen.

Ludger Klier war ein guter Katholik, worunter er verstand, dass er an die zehn Gebote und die sieben Todsünden glaubte und so viel wie möglich davon einhielt beziehungsweise vermied, ohne sich dabei allzu sehr verbiegen zu müssen. Dass Sex nur im Rahmen der Ehe und auch nur zur Fortpflanzung geschaffen war, glaubte er allerdings nicht. Und als eingefleischter Junggeselle suchte er stets nach sich bietenden Gelegenheiten, um diesen seinen Nicht-Glauben auch ganz praktisch unter Beweis zu stellen. Vorzugsweise mit willigen Blondinen. Aber in Dürrezeiten gern auch mit Rothaarigen, Brünetten oder was die L'Oreal-Tönungstuben sonst noch hergaben.

Hypochonder, der er war, machte er sich Sorgen, als er neben den Schweißausbrüchen auch plötzlich Stiche in der Brust verspürte. Ein Herzinfarkt?

Klier hielt an und maß seinen Puls.

Völlig normal.

Klier trank in großen Schlucken den Rest seines Energy-Drinks und radelte weiter.

Die Sonne schien nur verhalten. Es war kein Bilderbuchherbst. Vielleicht war Klier deshalb allein auf weiter Flur.

Und so beobachtete auch niemand, wie er eine knappe Viertelstunde später auf einer rasanten Abfahrt urplötzlich seinen Mageninhalt auf die hellblaue Radlerhose erbrach und gleich darauf in hohem Bogen ins Unterholz krachte.

Da lag er dann noch eine ganze Weile.

Halb unter seinem Rad, halb unter einem üppigen Brombeerbusch. Unsichtbar für alle, die des Wegs kamen.

Anfangs hätte man ihn noch hören können. Er röchelte sehr laut. Doch Klier verschreckte mit seinem Röcheln nur diverses Kleingetier.

Und sich selbst.

Er, der Lance Armstrong des Landkreises Schwäbisch Hall, vier Mal auf der Titelseite des *Haller Tagblattes*, er, Ludger Klier, war nicht länger Herr seiner Muskulatur. Seine Extremitäten zuckten hektisch, das Atmen fiel ihm immer schwerer. Sein Herz raste, was Klier in erster Linie in Form von ungewohnten Angstgefühlen wahrnahm. Er wollte nach seinem Handy tasten, aber sein Arm gehorchte ihm nicht mehr. Seine Zunge auch nicht. Der Unterkiefer verkrampfte. Die Lider flatterten.

Natürlich bleibt reine Spekulation, was für Gedanken Ludger Klier in diesen letzten Sekunden seines Lebens durch den Kopf schossen.

Aber wer Klier kannte, durfte mit an Sicherheit grenzender Wahrscheinlichkeit davon ausgehen, dass er sich grämte. Nicht wegen seines allzu frühen Ablebens – obwohl all seine männlichen Verwandten es bis in die hohen Achtziger geschafft hatten, wenn sie nicht im Krieg geblieben oder mit überhöhter Geschwindigkeit nach durchzechter Nacht gegen einen Autobahnbrückenpfeiler gerast waren – und nicht einmal wegen dieses unerwarteten, völlig unerklärlichen Todes. Dass er mitten aus dem prallen Leben gerissen wurde, war völlig in Ordnung. Es traf schließlich jeden. Und Gevatter Tod holte die Besten immer zuerst. War man über vierzig, so musste man sich ja förmlich schämen, noch am Leben zu sein.

Nein, ihm setzte etwas anderes zu. Er, Ludger Klier, dieses durchgestylte männliche Muskelpaket, war zeit seines Lebens enorm eitel gewesen. Wenn schon sterben, dann optisch augenfällig. Hauptsache als saubere Leiche.

Doch nun lag er im Gebüsch, mit Erbrochenem und Panik-Urin auf dem hautengen Adidas-Outfit und mit verrenkten Gliedmaßen. Es ließ sich nicht leugnen: Er war keine schöne Leiche. Vor allem keine Leiche, die gut roch.

Dabei meinte es das Schicksal noch gut mit ihm. Es teilte ihm nämlich nicht mit, dass es schon am nächsten Morgen einen Wetterumschwung geben würde. Temperaturen um die zwanzig Grad und viel Sonne.

Als Ludger Klier annähernd vierzehn Tage später von Drahthaardackel Theseus von Schönwalde gefunden wurde, hätte ihn selbst seine Mutter selig nicht mehr erkannt.

Von Kleingetier angenagt und von Maden ausgeweidet, von Insekten als Brutrevier missbraucht, waren seine Hightech-Radlerschuhe das Einzige, was an ihm noch proper aussah.

## Echte Kerle sticken ohne Fingerhut

Der Knötchenstich ist ein Zierstich, der plastisch auf dem Stoff liegt. Er kann einzeln, in Reihen, senkrecht, waagerecht, diagonal oder kreisförmig angeordnet werden.

Die grobe Männerhand legte den Faden geübt neben der Ausstichstelle zu einer Schlinge, führte dann die Nadel durch die Fadenschlinge, stach ein und zog die Fadenschlinge sorgfältig an. Gleich darauf wurde die Nadel durchgezogen, so dass ein fertiges Knötchen entstand.

Voilà.

Noch zwei Knötchen, dann war der Elfenstaub perfekt.

Es war natürlich riskant, zarten Elfenstaub mit Knötchenstichen zu sticken, aber er war eben ein gestandener Kerl und scheute vor Risiken nicht zurück. Deswegen stickte er auch ohne Fingerhut. Auf Du und Du mit der Gefahr!

Das leuchtend gelbe Metallic-Garn ließ die Knötchen zierlich erscheinen. Für die staubwedelnde Elfe hatte er sich für Anchor Sticktwist in Lavendel dunkel (FB 109) und Blaulila (FB 117) in Kreuz- und Steppstich entschieden.

Das Motiv hatte er selbst erfunden. Er würde die Stickerei nach der Fertigstellung im Deckel einer hellblauen Schmuckschatulle anbringen.

Gerade wollte er die Fadenschlinge des letzten Knötchens anziehen, da klopfte es an die Tür.

Verdammt!

»Ich komme schon«, rief er und ließ seine Stickarbeit in der Truhe unter dem Fenster verschwinden.

## Liebe ist chemische Lobotomie und schaltet die höheren Hirnfunktionen aus

Sie bügelte gewissenhaft das weiße Laken. Eigentlich war sie keine geborene Hausfrau und vertrat die Ansicht, dass es vollkommen ausreichte, wenn man einem Laken aus der Ferne mit dem heißen Bügeleisen drohte, weil es nach der ersten Nacht ja ohnehin so knittrig aussah wie das Gesicht von Altkanzler Schmidt. Aber er sollte es schön bei ihr haben.

Nicht Schmidt.

Ihr Neuer.

Es war so wunderbar, in ihrem Alter noch einmal die Freuden der Liebe zu entdecken.

Sie hatte sich schon abgeschrieben. Wenn vorn erst einmal eine Fünf steht – und bei ihr stand die Fünf schon geraume Zeit vorn –, ist der Lack ab, völlig egal, was *Brigitte woman* schrieb. Mochten alternde Hollywoodstars à la Sharon Stone auch etwas anderes vorleben, so doch nur, weil die in Geld schwammen und sich Botoxaufspritzungen oder knackige Personal Trainer oder beides leisten konnten. Die deutsche Durchschnittsfrau hingegen hatte sich ihrem Schicksal zu fügen. Und das Schicksal postulierte für Singlefrauen: alt gleich einsam.

Sie hatte sich sofort in ihn verliebt. Auf den ersten Blick. Er hatte so rührend ausgesehen. Das Hemd falsch geknöpft, Schuppen auf den Cordsamtblazerschultern und dieses entzückende nervöse Lächeln. Natürlich war er etwas jünger. Er würde bestimmt keine chemische Keule schlucken müssen, bevor sie auf dem frisch gebügelten Laken herumtollten.

Und er würde es ernst mit ihr meinen. Nicht wie die anderen.

Die Liste ihrer Ex-Typen bestand aus treulosen Versagern und untreuen Verlierern. Sie hatte sich das lange bieten lassen, doch nun nicht mehr. Hatte sie auch seinerzeit die Frauenbewegung nur belächelt, weil sie fand, dass weibliche Reize genügten, damit frau alles bekam, was sie wollte, so musste sie nun zugeben, dass es mit schwindenden Reizen zunehmend schwer bis unmöglich wurde, sich ein sonniges Gemüt zu bewahren. Bei der Arbeit war ihr eine dralle 29-Jährige als Chefin vor die Nase gesetzt worden, obwohl sie mit über zwölf Jahren die Dienstälteste war. Und in ihrer Stammkneipe wurde sie kaum noch angesprochen. Eigentlich gar nicht mehr. Außer vom Kellner, aber der wollte ja nur die Bestellung aufnehmen.

Darum hatte sie jetzt das Ruder in die Hand genommen. Besser spät als nie. Sie war eine selbstbestimmte Frau des neuen Jahrtausends. Sie sprach die Männer an, mit denen sie sich eine Zukunft vorstellen konnte. Und wer in ihr nur sein billiges Vergnügen suchte, der bekam, was er verdiente. Schmerzhaft langsam. Der Letzte war wohl noch gar nicht ganz kalt, aber Zeit zum Trauern ließ sie sich nicht. Die hatte sie in ihrem Alter einfach nicht mehr. Auf zu neuen Ufern.

Und ihr Neuer, der war eindeutig der Richtige. Kein Zweifel möglich. Das wurde etwas Festes. Sie spürte es. Mit jeder Faser ihres Körpers.

So. Ein letzter Dampfstrahl – dann war das Laken fertig.

Perfekt!

# 1. Kapitel

**Männer aufgemerkt:**
**Einen Harem zu haben wird gnadenlos überschätzt …**

Sie war körperlich greifbar. Die Ruhe vor dem Sturm.

Morgens, eine Minute vor halb sieben, in einer Küche in Schwäbisch Hall.

Siegfried Seifferheld lehnte sich auf dem altersschwachen Thonet-Stuhl zurück, sah zur Uhr über dem Herd und zählte stumm die Sekunden – rückwärts natürlich, wie bei einem Countdown: fünf, vier, drei, zwei, eins.

Schlag halb sieben setzten die vollen Glocken der St. Michaelskirche am Marktplatz zum Morgengeläut an. Die alten Fachwerkmauern der Häuser schienen ins Vibrieren zu geraten, als die Schallwellen mit voller Wucht auf historische Bausubstanz und zeitgenössische Trommelfelle prallten. Die Übernachtungsgäste in den marktplatznahen Hotels Goldener Adler, Adelshof oder Scholl pflegten unweigerlich kerzengerade im Bett hochzuschießen, fanden das Geläut nach der ersten Nacht pittoresk und reagierten ab der zweiten Nacht genervt. Seifferheld war dagegen von Kindesbeinen an daran gewöhnt – das seifferheldsche Stadthaus lag Luftlinie keine zweihundert Meter von der Kirche entfernt –, und er liebte das wuchtige Läuten der uralten Glocken. Von Genervtsein konnte bei ihm keine Rede sein.

Im Gegenteil, als wegen eines Stromausfalls im September 1978 das Geläut ausfiel, war er schlagartig aufgewacht, weil etwas fehlte, und er hatte seinerzeit einige Minuten gebraucht, bis ihm klar wurde, was genau da fehlte. Das Läuten der elektrisch in Gang gesetzten Glocken nämlich.

Auch sein Hund, ein bernsteinfarbener Hovawart-Rüde namens Onis, hatte sich in seinen zwei Lebensjahren an das Läuten gewöhnt. Er lag schlafend unter dem Küchentisch, stieß nur hin und wieder ein leises Schnaufen aus. Ein Wachhund im Standby-Modus.

Nach exakt so viel Minuten wie der Durchschnittsgläubige brauchte, um ein frommes Vaterunser zu sprechen und somit geläutert in den Tag zu treten, hörte das Glockengeläut der evangelischen Stadtkirche auf.

Seifferheld seufzte, nahm noch einen Schluck Apfelmost und wappnete sich für das, was nun kommen würde. Für den Sturm nach der Ruhe.

Er war unaufhaltbar, wie die Zeit. Wie eine Horde durchgehender Büffel. Wie eine Flutwelle.

Unausweichlich wie das Schicksal.

Und da kam er auch schon.

Der Orkan.

»SIIIIEGFRIED!«, donnerte es.

Seifferhelds Schwester Irmgard trat in die Küche. Sie war der einzige Mensch auf Erden, der ihn mit seinem Taufnamen anredete. Und ihm allein durch das gedehnte Aussprechen seines Namens das Gefühl gab, die Eltern enttäuscht zu haben, weil sie ihm einen Namen gegeben hatten, der eines germanischen Helden wert gewesen wäre, aber kein Held aus ihm geworden war.

»Morgen, Irmi!«, rächte sich Seifferheld.

Nicht einmal Hannelore, ihre beste Freundin seit Kindergartentagen, wagte es, sie Irmi zu nennen. Es war ja schon ein Privileg, sie mit Irmgard anreden zu dürfen, normale Sterbliche hatten sich an ein zackiges Frau Seifferheld zu halten.

An sich machte es Seifferheld also schon zum Helden, dass er seiner Schwester derart trotzte. Hätte man zu ihrer Zeit bereits Frauen in die Bundeswehr gelassen, so wäre sie heute Generalin. Mit vier Sternen. Und so vielen Orden, dass man eine Schleppe an die Uniformjacke hätte annähen müssen, um genügend Platz für sie zu schaffen.

Früher hätte man Irmgard Seifferheld als alte Jungfer bezeichnet und dabei mitleidig gelächelt. Allerdings nicht in ihrer Gegenwart. Und wenn doch, dann nur ein einziges Mal. Irmgard Seifferheld war ein Killer, und die bevorzugte Waffe ihrer Wahl war ihre Zunge. Mit ihrer Zunge traf sie immer ins Schwarze, brachte gestandene Kerle zum Heulen und Frauen dazu, aus Frust Unmengen Schokolade zu futtern.

»Siegfried, Alkohol noch vor dem Frühstück – dass du dich nicht schämst!«

Den selbstgemachten Most von Seifferhelds altem Schulfreund Erwin als Alkohol zu bezeichnen stellte eine ungeheure Aufwertung dar und war im Grunde eine Beleidigung aller hochprozentigen Trinkwaren. Der schon lange verblichene Opa Seifferheld hatte mit seinem täglichen Glas Apfelmost zum Frühstück das reife Alter von hunderteins erreicht und auch ihr Vater hatte dank Most gesegnete neunundachtzig Jahre geschafft, bis zuletzt klar im Kopf. Aber derlei Familientraditionen zählten für Irmgard nicht. Seifferheld seufzte. Was *man* tat, war Irmi immer schon wichtiger gewesen als individuell bewährte Entscheidungen.

»Ein Mann muss morgens Kraft tanken, mit einem

ordentlichen Frühstück. Bohnenkaffee, Eier, Wurst«, dozierte Irmgard.

Während sich Seifferheld an seinem Most festhielt, holte Irmgard die Dose mit dem guten Hochland-Ratsherrenkaffee aus dem Vorratsschrank und brühte ihm eine große Kanne auf.

Die riesige Küche nahm fast den ganzen ersten Stock des alten Fachwerkhauses ein, das sich seit nunmehr fast vierhundert Jahren in Familienbesitz befand. Die Seifferhelds – ein Nebenarm der berühmten hohenlohischen Familie gleichen Namens – waren nie wirklich reiche Leute gewesen und Renovierungen waren immer nur äußerst sparsam dosiert worden. Man konnte froh sein, dass sich in der Küche nicht noch eine offene Feuerstelle befand, sondern ein Neff-Gasherd, altersschwach zwar, doch ordentlich in Schuss. Die drei Meter lange Buchenholzarbeitsplatte neben dem Herd war die neueste Anschaffung im gesamten Raum und stammte aus den späten Achtzigern. Darauf brühte Irmgard nun verbissen ihren berüchtigten nachtschwarzen Muntermacher. Irmgards Kaffee war geeignet, Tote aufzuwecken.

»Trink!«, befahl sie schließlich, drückte ihm eine dampfende Tasse aus angeschlagenem Meissner-Porzellan in die Hand und ging zum Herd, um ihm Eier mit Speck zu braten. Sie kannte ihre Pflicht als Schwester.

Da ging die Küchentür erneut auf.

»Papa! Wie kannst du nur Kaffee trinken? Der Arzt hat dir doch von Koffein ausdrücklich abgeraten!«

Susanne Seifferheld war eine blendende Erscheinung. Mit Ende dreißig war sie bereits Managerin bei der Bausparkasse Schwäbisch Hall. Sie strahlte Kompetenz und

Führungsqualitäten aus und das lag nicht nur an ihrem eleganten, taubengrauen Armani-Hosenanzug. Der Duft des Erfolgs umgab sie. Und ein Hauch von Chanel Nummer fünf.

Zu Seifferhelds großem Bedauern war seine Tochter, sein einziges Kind, weder verheiratet noch liiert. Enkel würde es für ihn, so wie es aussah, nicht geben. Er sah Susanne schon zu einer zweiten Irmgard heranreifen. Die Bevormundung hatte sie jedenfalls schon sehr gut verinnerlicht.

Susanne leerte das Gemüsefach aus dem Kühlschrank und warf alles in den silberfarbenen Mixer – das einzige Küchengerät, dessen Benutzung sie beherrschte. Die Küche war nicht ihr Element, dafür war sie Herrin über Zahlenkolonnen und hochkomplizierte Statistikberechnungen. Als das infernalische Surren des Geräts loslegte, öffnete Hund Onis ein Auge, seufzte, schloss es wieder und schlief weiter.

Seifferheld sagte nichts. Es war zwecklos. Susanne würde ihm ein Glas frisch gepressten Gemüsesaft vor die Nase stellen, wie sie es jeden Morgen tat. Ein festes Ritual. Nur die Farbe des Saftes variierte, je nach Inhalt des Gemüsefaches. An diesem Morgen erwies sich der Inhalt des Glases als dunkellila. Mit verschränkten Armen baute sich seine Tochter vor ihm auf und ließ mit ihrer Körperhaltung durchblicken, dass sie stante pede seine Entmündigung beantragen würde, sollte er nicht von dem Gebräu kosten.

Während Seifferheld stoisch einen Schluck Gemüsesaft hinunterzwang, Irmgard noch mehr Butter in die heiße Pfanne mit den Eiern und dem Speck gab und Susanne zufrieden zum Kühlschrank ging und einen Esslöffel Magerjoghurt light löffelte, öffnete sich die Küchentür abermals und das letzte Mitglied der seifferheldschen Menage trat – noch im quietschgelben Pyjama – ein: Karina, die 20-jährige Nichte von Siggi und Irmgard, ein paradiesvogelbuntes Geschöpf, das derzeit an der Fachhochschule für Mediengestaltung studierte und bei ihnen wohnte, bis sich eine bessere Bleibe fand. Wobei zu bezweifeln war, ob es etwas Besseres gab, als kostenlos in einem fünfstöckigen Innenstadthaus mit stets prall gefülltem Kühlschrank zu logieren. Seifferheld sah Karina nicht so bald ausziehen.

»Onkel Siggi, was trinkst du denn da?« Seine Nichte klang entsetzt. »Das ist nichts für dich. Morgens braucht der Mensch was Warmes. Du musst Grüntee trinken. Der hat viel Vitamin C.«

Seifferheld seufzte nur. Äußerlich kam die junge Frau nach ihrer Mutter, einer rassigen Italienerin, die sein Bruder vom Papstbesuch in Rom mitgebracht hatte, aber innerlich merkte man ihr doch sehr die hohenlohischen Seifferheld-Gene an. Wie alle jungen Menschen hatte sie sehr feste Überzeugungen. Was Weltpolitik, Umweltschutz und streng vegetarische Ernährung anging, verstand sie keinen Spaß.

Karina goss nach kurzem Hantieren am Herd exakt siebzig Grad heißes Wasser über einen japanischen Sencha und schenkte ihrem Onkel eine Tasse ein.

»Hier, lecker Grüntee, Onkel Siggi. Ist auch gut gegen freie Radikale.«

Seifferheld lächelte. »Ich bin kein Polizist mehr, Kleine. Seit meiner Pensionierung muss ich nicht länger gegen Radikale vorgehen.«

Karina rollte mit den Augen.

Die folgenden fünf Minuten vergingen in relativer Stille. Hund Onis schnarchte leise, die drei Frauen werkelten jede für sich auf der überlangen Arbeitsplatte und Seifferheld schürzte in dunkler Vorahnung die Lippen.

Und kurz vor sieben Uhr war es dann wieder so weit.

Der Moment kam, in dem Siggi Seifferheld bedauerte, seinerzeit von dem Bankräuber so fatal angeschossen worden zu sein, dass er nach mehreren Operationen und einer langen Reha vorzeitig pensioniert werden musste. Wäre er damals bei dem Überfall auf die Volksbankfiliale in der Marktstraße nicht seinen uniformierten Kollegen zu Hilfe geeilt, weil er zufällig gerade in der Nähe war, oder wäre er den Bruchteil einer Sekunde schneller der Kugel aus dem Weg und zur Seite gehechtet, würde er jetzt noch arbeiten, könnte morgens um sechs ins Büro der Mordkommission fliehen – ungeachtet, wann sein Dienst offiziell anfing – und müsste sich nicht der nun folgenden Entscheidung stellen, die weitaus stärkere Männer als ihn in die Knie gezwungen hätte.

Kurz vor sieben verlangten die drei Frauen in seinem Leben wie jeden Morgen um exakt diese Zeit, dass er sich für eine von ihnen entschied: Irmi stellte den Teller mit den fetttriefenden Speckeiern vor ihn auf den Tisch, Susanne ein Holzbrett mit Magerjoghurt auf zwei Vollkornbrötchen und Karina eine Schüssel mit veganem, laktose-, milcheiweiß-, gluten- und cholesterinfreiem Müsli.

Was würde er tun?

Natürlich dasselbe, was er jeden Morgen tat.

»Onis«, sagte er zum Hund, »Gassi!«

Und wie jeden Morgen verließ er ohne Frühstück das

Haus, um erst dann wiederzukommen, wenn Susanne an ihrem Eckbüroschreibtisch in der Bausparkasse saß, Karina in der Fachhochschule war und Irmgard beim Einkaufen.

Frührentner haben's nicht leicht, aber oft wurden sie leichter: Auf diese Weise hatte Siggi bereits sieben Kilo abgenommen und im hehren Alter von sechzig Jahren sein Idealgewicht erreicht.

Immerhin.

Ein Gutes hatte das Ganze also wenigstens.

## Zurück! Oder mein Hund sabbert Sie an!

Aeonis vom Entenfall, Rufname Onis, war für die Hovawart-Zucht ungeeignet. Er hatte nämlich eine Knickrute. Anders ausgedrückt: Sein herrlich buschiger, bernsteinbeiger Schwanz ringelte sich wie bei einem Ferkel.

Besagte Knickrute hob er jedoch voller Stolz und Lebensfreude, wenn er mit seinem Mensch Gassi gehen durfte. Wie ein großer Puschel schaukelte sie hoch über seinem Allerwertesten hin und her. Andere Hunde mochten das bisweilen als Impertinenz empfinden, aber die Zweibeiner nahm dieser Anblick von Schönheit und Fröhlichkeit ausnahmslos für ihn ein. Zumal er Menschen liebte und als Beweis seiner Liebe ausnahmslos jedem seinen Schädel in den Schritt rammte und ausgiebig sabberte.

Sein Mensch ließ ihn am liebsten frei laufen. Und Onis genoss das sehr. Im Turbotempo schoss er mit der ganzen Kraft seiner zwei Jahre durch den Stadtpark. Meistens sah Seifferheld von seinem Hund nur ein blitzartiges beiges Aufleuchten am Horizont oder hörte ein heiteres Wuff-

wuff, wenn Onis einer der vielen Stockenten auf dem Kocher einen freundschaftlichen Gruß zubellte. Was die ungeselligen Stockenten in aller Regel mit einem genervten Quaken und Fluchtflügen quittierten.

Siegfried Seifferheld – jugendliche sechzig, gletscherblaue Augen, eisengrauer Kurzhaarschnitt, Sternzeichen Jungfrau, Aszendent mal gewusst, aber für nicht wichtig erachtet – hatte den Hund kurz nach seinem Berufsunfall geschenkt bekommen. Die Kugeln, die Hüft- und Oberschenkelknochen partiell zu Knochenspänen verarbeitet hatten, ließen ihn in einem Alter zum Frührentner werden, in dem andere erst so richtig loslegten und Polizeichef in kleineren oder auch größeren Orten wurden oder doch zumindest vom Polizeipräsidenten in Stuttgart die urkundliche Ernennung zum Hauptkommissar *de Luxe* entgegennahmen und nach A12 besoldet wurden. Seifferheld wurde stattdessen zum Helden, aber auch zum Kommissar i. R. – im Ruhestand. Oder wie er es empfand, zum Kommissar a. D., außer Dienst – wie in ade, adiós, aus und vorbei.

Da half es auch nicht, dass er vertretungsweise im Urlaubs- oder Krankheitsfall für den offiziellen Pressesprecher der Haller Polizei die Rubrik *Aus dem Polizeibericht* für das *Haller Tagblatt* schreiben durfte. Seine alten Kameraden spürten, wie nutzlos er sich fühlte, und schoben regelmäßig irgendwelche Unpässlichkeiten oder Abwesenheiten vor, damit er wenigstens über diese Kurz- und Kürzestartikel aus dem Polizeialltag noch am aktiven Leben teilhaben konnte. Seifferheld hasste dieses Mitleid, aber auf die Polizeiberichterstattung verzichten wollte er auch nicht. Der Rest seines Lebens lag lang und öde vor ihm.

Seine Kollegen hatten sich nach dem Vorfall allesamt vorbildlich verhalten. Immer noch gehörte er dazu. Man traf sich einmal die Woche inoffiziell zum Mord-zwo-Stammtisch. Und auch offiziell war er noch gefragt und hatte vor kurzem, beim Tag der offenen Tür in der Salinenstraße, den ganz Kleinen auf dem Geschicklichkeitsparcours beweisen dürfen, dass die Polizei dein Freund und Helfer ist.

Allerdings konnte Seifferheld nicht gut mit ganz Kleinen. Zu seiner Zeit war man nicht so rotznäsig zu Erwachsenen gewesen. Wenn überhaupt, hätte man heimlich die Zunge herausgestreckt, aber nicht völlig offen den Stinkefinger gezeigt. Manch einem kleinen Rollerfahrer hätte er am liebsten mit seiner Gehhilfe einen Knuff versetzt. Aber Seifferheld fürchtete sich vor dem geballten Mütterzorn. Man schneidet vor Hyänen ja auch keine Grimassen.

Ansonsten verstrichen seine Tage in ereignisloser Gleichförmigkeit.

Seine Morgenrunde führte ihn immer in die sogenannten Ackeranlagen, den Stadtpark seiner Heimatstadt Schwäbisch Hall. Aus den Äckern, auf denen die Haller in den Hungerjahren nach dem Zweiten Weltkrieg Kartoffeln gepflanzt hatten, war 1982 zur Landesgartenschau eine gepflegte Parklandschaft in Fußnähe zur Innenstadt geworden. Eine grüne Lunge. Na ja, ein grüner Lungenflügel. Aber immerhin mit zahlreichen Bänken zum Ausruhen, was Seifferheld gerade anfangs sehr entgegenkam. Mittlerweile schaffte er es dank Physiotherapie einmal quer durch die Ackeranlagen. Nur vor dem Rückweg legte er immer noch eine Pause auf der Bank vor den Stadtwerken ein. Und zählte die von Onis genervten Enten.

Touristen, die Schwäbisch Hall gerade in den Sommermonaten völkerwanderungsgleich heimsuchten, waren um diese Uhrzeit noch nicht unterwegs. Auch keine Radfahrer auf dem Kocher-Jagst-Weg, der durch die Ackeranlagen führte.

Für jemand, der noch bis vor wenigen Jahren Schwerkriminelle dingfest gemacht hatte, war so ein beschauliches Dasein nicht wirklich befriedigend zu nennen. Nach dem frühen Krebstod seiner Frau war Seifferheld zum Workaholic geworden. Zähe, akribische Ermittlungsarbeit war sein Markenzeichen gewesen. Unermüdlich hatte er sich gewissermaßen in die Wade des Verbrechens verbissen, bis er den Fall geklärt hatte.

Jetzt biss er nur noch heimlich in eine Butterbrezel, die er auf dem Weg in die Ackeranlagen in der Bäckerei Brunner gekauft hatte. »Mit extra viel Butter, wie immer, gell, Herr Seifferheld?«, wurde er jeden Morgen gefragt, und er gab stets ein Nicken zur Antwort.

Seifferheld war kein Mann vieler Worte.

Ruhestandspläne hatte Seifferheld nie geschmiedet. So gesehen hatte ihn der arbeitsunfallbedingte Vorruhestand eiskalt erwischt. Weltreisen auf einem Kreuzfahrtschiff, selbst Busreisen mit Heizdeckengarantie waren für ihn und seine Hüfte zu unbequem.

Man wusste ja auch nie, ob es an den Orten, die man besuchte – seien sie nun in der Südsee oder am Bodensee –, das gute Haller Löwenbräu gab. Vermutlich eher nicht. Das war ein absolutes Ausschlusskriterium. Haller Löwenbräu musste einfach sein.

Außerdem wollte er Onis nicht im Stich lassen und fremden Händen zur Betreuung übergeben. Der Hund hatte sich als weitaus mehr als nur ein Haustier erwiesen. Er war ein Freund, der aus treuen braunen Augen verständnisvoll blickte, wenn Seifferheld mit seinem Schicksal haderte. Oder wenn an Tagen mit hoher Luftfeuchtigkeit die Schmerzen mal wieder unerträglich wurden. Seifferheld war auch Manns genug, um einzuräumen, dass der Hund das emotionale Loch in seinem Leben füllte. Die abendliche Durchkraulrunde war zwar kein adäquater Ersatz für eine menschliche Beziehung, aber sie hielt Seifferheld frei von Neurosen, davon war er überzeugt.

An diesem Morgen tollte Onis quietschvergnügt mit seinem Bernhardinerfreund Bill durch die Fluten des Kochers, der an dieser Stelle nur hundekniehoch und mit moderater Strömungsgeschwindigkeit in Richtung Neckar unterwegs war. Das Lieblingsspiel der beiden Rüden war Sumo-Ringen. Bill beherrschte eine lässige Schulterwurftechnik, gegen die Onis keine Chance hatte. Doch das tat der Freude des Hovawarts keinen Abbruch.

Seifferheld winkte Bills Frauchen zu, packte seine Butterbrezel und das *Haller Tagblatt* aus und machte es sich auf seiner Stammbank gemütlich.

Ein Graureiher, von den Hunden schnöde vertrieben, erhob sich majestätisch in die Lüfte. Eine Amsel zwitscherte. Der Chinese, der jeden Morgen durch den Park joggte und mehrmals pausierte, um im Zeitlupentempo Tai-Chi-Übungen zu zelebrieren, lief vorbei und rief Seifferheld einen Gruß zu. Seifferheld winkte zurück. Das war das Schöne an einer Kleinstadt, fand er: Man grüßte sich noch, auch wenn man sich gar nicht kannte. Aber wer sich zu dieser frühen Stunde im dornröschengleich schlummernden Park begegnete, der wusste, dass er mit dem anderen zumindest eines gemeinsam hatte: das Frühaufsteher-Gen. Ein äußerst verbindendes Element!

Seifferheld biss kräftig in den gebutterten Teil der Brezel – das Beste immer zuerst, gemäß dem Motto: Life is short, eat dessert first – und schlug den Lokalteil der Zeitung auf.

*Verschwundener Radfahrer tot aufgefunden,* lautete die Schlagzeile. Natürlich erst hinter *Bau des Kocherquartiers sprengt den Zeitrahmen – Streit um neuen Namen dauert an* und auch nur eine statt vier Spalten – ein Einkaufszentrum und die Frage, ob es Kocher-Karree oder Salinenhöfe heißen sollte, waren schließlich wichtiger als eine Leiche, für die man ohnehin nichts mehr tun konnte. Das war schwäbischer Pragmatismus.

Seifferheld las.

*Ludger K., der vor zwei Wochen von seinem Arbeitgeber, der hier ansässigen Firma Klafs Saunabau, als vermisst gemeldet worden war, ist von einem Spaziergänger tot aufgefunden worden. Der 46-jährige Saunatechniker lebte allein und hatte vor allem durch seine semiprofessionelle Leidenschaft für das Radfahren von sich Reden gemacht. Erst im letzten Jahr gewann er noch die »Tour de Ländle«, die quer durch Baden-Württemberg führt.*

Onis kam angelaufen und schüttelte sich das Kocherwasser aus dem Fell. Es war wohl eine besondere Geste der Männerfreundschaft zwischen ihnen, dass er Seifferheld eine erfrischende Tropfendusche ermöglichte, anstatt sich mit Sicherheitsabstand am Ufer trocken zu wackeln.

Seifferheld war in Gedanken verloren und bekam nichts mit, weder sein durchweichtes Cordhosenbein noch die

Tatsache, dass Onis die Butter von dem Brezelrest schleckte, der ihm aus der Hand geglitten war.

Schon wieder war ein Mittvierziger erst verschwunden und dann tot aufgefunden worden.

Der wievielte war das jetzt? Der dritte? Oder vierte?

Hm.

Seifferheld glaubte nicht an Zufälle.

Seine Schnüfflernase begann zu zucken.

## Russendisco ohne Wladimir

»Huch, ein Mann!«

Olga Pfleiderer quietschte, als hätte sie eine Maus gesehen.

Dass sich ihr Entsetzen in Wirklichkeit jedoch in Grenzen hielt, zeigte sich daran, dass sie völlig gelassen am Küchentisch sitzen blieb, in der Linken die dampfende Kaffeetasse, in der Rechten die qualmende Zigarette.

Seifferheld hatte ganz vergessen, dass heute Donnerstag war.

Donnerstag war Putztag.

Es hatte eine erbitterte Schlacht gegeben.

»Ich putze selbst!«, hatte Irmi verkündet, weil sie fand, dass gedungene Hilfskräfte nie so porentief rein säuberten wie sie selbst. Und weil sie davon überzeugt war, dass Putzfrauen grundsätzlich den Intimbereich ihrer Arbeitgeber ausspionierten.

»Ich muss an meinen Ruf denken!«, hatte Susanne gewettert. Alle Rotarier-Gattinnen hatten Putzfrauen. Alle Soroptimistinnen ebenfalls. Als Frau von Format waren gewisse Dinge in einer Kleinstadt wie Schwäbisch Hall einfach essenziell: Man flog zum Shoppen von Designerkleidung nach Berlin oder Mailand (allenfalls bummelte man samstags durch Stuttgart), man fraternisierte sich nicht mit dem gemeinen Fußvolk (außer wenn man auf Charity-Events Standdienst hatte und an Krethi und Plethi gebrauchte Bettpfannen und Secondhand-Bücher verkaufte) und – ganz wichtig – man hatte Personal.

Die Schlacht ging unentschieden aus, mit einem Kompromiss, von dem sich die hohe Weltpolitik noch eine Scheibe abschneiden konnte. Jeden Montag und jeden Donnerstag kam von acht bis zwölf Frau Pfleiderer, eine Kasachin, der man nachsagte, sie habe ihren deutschen Ehemann, den um dreißig Jahre älteren Willi Pfleiderer, in sein verfrühtes Grab gepflegt. Trotz der Proteste seiner Kinder aus erster Ehe besaß sie nun das schmucke Einfamilienhäuschen auf dem Teurershof.

Aber natürlich putzte Frau Pfleiderer nicht, sondern saß in viel zu enger Kittelschürze (mit nichts darunter) und fleischfarbenen Nylonkniestrümpfen rauchend am Küchentisch, während Irmi den Herd und die Spüle wischte. Manchmal saß Olga Pfleiderer auch rauchend auf dem Badewannenrand, während Irmi die Fliesen scheuerte.

Irmi und Frau Pfleiderer verstanden sich glänzend. Meistens versuchten sie, sich darin zu übertrumpfen, wer von beiden es schlimmer getroffen hatte: die heimatlose Russlanddeutsche ohne Familie oder die sitzengebliebene Deutschdeutsche mit unmöglicher Familie. Irmi gewann immer.

Im Hintergrund lief das Radio. SWR4. Flotte Schlager. Olga Pfleiderers Fuß wippte im Takt. Sämtliche Weichteile ihres drallen Körpers wippten ebenfalls.

»So ein schöner Mann. Und so allein«, gurrte Frau Pfleiderer mit ihrem schweren Dialekt.

Über ihrem Dekolleté klaffte die Kittelschürze auf einmal beängstigend weit auseinander und über dem wohlgeformten Knie rutschte der Saum der Schürze nach oben. Dabei schien sich Olga Pfleiderer gar nicht bewegt zu haben. Ihre Muskelkontrolle musste außergewöhnlich sein.

Seifferhelds Augenbraue schoss nach oben.

»Entschuldigung, die Damen. Ich wollte nur eine Tasse Kaffee holen, dann gehe ich auf mein Zimmer.«

Irmi legte den Wischlappen aus der Hand. »Die Kanne ist eben leer geworden. Ich brühe dir einen neuen auf.«

»Dank dir, Irmi.« Seifferheld besah sich den Rücken seiner Schwester, die an der Arbeitstheke den Wasserkocher einschaltete und dann zur Dose mit dem Hochlandkaffee griff. Irmi glaubte fest an ein Mischungsverhältnis eins zu eins von Kaffee und Wasser. Seifferheld würde damit, wie immer, wenn Irmi ihm Kaffee braute, den Gummibaum im Treppenhaus gießen. Dass er damit ein Lebewesen zum Tod verurteilte, nahm er billigend in Kauf. Entweder der Gummibaum oder er.

»Kommen Sie, Herr Siegfried. Leisten Sie uns Gesellschaft«, bat Olga und schob mit dem nylonkniestrumpfbestrumpften Bein einen Küchenstuhl in seine Richtung.

Seifferheld wollte schon ablehnen, da fiel ihm etwas ein.

Er schaltete das Radio leiser – es liefen gerade die Wildecker Herzbuben mit ihrem Klassiker *Magst mi au* – und setzte sich. Allerdings schräg zu Olga, den Blick fest auf Irmi gerichtet. Seifferheld war auch nur ein Mann, und die Fleischhügel, die sich im Rhythmus zu Olgas Atemzügen hoben und senkten, schienen gleichsam den Nordpol für seine Magnetaugen zu bilden.

»Ich habe gerade die Zeitung gelesen«, fing er an. »Schon wieder ist ein Mann verschwunden.«

»O ja, das ich habe auch gelesen«, rief Olga. Sie strich sich mit der Zigarettenhand eine blondierte Haarsträhne aus dem Gesicht. Kleine Rauchwölkchen erhoben sich über ihrem Kopf, Asche rieselte auf ihre Schulter. »So viele Männer erst weg, dann tot. Ist sich schrecklich.«

»Ist sich Zufall«, sagte Irmi und goss das kochende Wasser über den gemahlenen Kaffee. Noch beim Schütten drehte sie den Kopf zu ihrem Bruder. »Ich kenne dich, du willst auf ein Verbrechen hinaus.«

»Aber alle Männer sterben natürliche Tod«, sagte Olga und drückte die Zigarette im Unterteller aus. Eigentlich war das seifferheldsche Haus strikt rauchfrei, aber Irmi hatte – nur um Susanne zu ärgern – die einzige Putzfrau genommen, die sich beim Bewerbungsgespräch gleich in den ersten beiden Sekunden als bekennende Kettenraucherin geoutet hatte.

»Siggi vermutet immer hinter allem ein Verbrechen. Er kann's nicht lassen. Aber es ist lächerlich.« Irmi nahm seine Tasse vom Abtropfbrett und füllte sie mit dem Kaffee, der nicht wie ein Gebirgsquell gluckste, sondern zäh wie Melasse in das Meissner Porzellan plumpste.

Seifferheld schluckte schwer.

Onis, der sich bis zu diesem Moment an seinem Wassernapf im Flur gütlich getan hatte, kam mit tropfender Schnauze in die Küche gelaufen.

»Oh, was für eine schöne Hund!«, rief Olga begeistert,

was sie beim Anblick von Onis immer tat. Sie beugte sich vor, um ihn zu streicheln, während der Rüde seine Schnauze tief in ihren Schritt bohrte.

»Gewöhn dem Köter doch mal dieses Verhalten ab, ist ja widerlich«, schimpfte Irmi. »Letzte Woche war Frau Bertsch-Baierle vom Kirchengemeinderat da. Ich bin tausend Tode gestorben, als er diese Nummer bei ihr durchzog.«

Olga schien sich aber nicht daran zu stören. Mit ihren überlangen, knallrot lackierten Fingernägeln brachte sie Hovawart Onis zum Schnurren, indem sie ihn hinter den Ohren kraulte. Ja, peinlich, aber wahr: Der Rüde schnurrte, wenn er sich beglückt fühlte. An ihm war ein veritabler Kater verloren gegangen.

»Der Radfahrer heute im *Haller Tagblatt*, das war schon der vierte. Tagelang sind die Männer spurlos verschwunden, und plötzlich findet man sie tot auf.« Seifferheld klopfte mit dem Zeigefingergelenk auf die Tischplatte. »Ich bitte dich, Irmi, wer da noch an Zufall glaubt, der glaubt auch an den Weihnachtsmann.«

Irmi zuckte mit den Schultern, nahm den Wischlappen wieder zur Hand und setzte ihre Arbeit fort. »Wenn du meinst, Siggi. Besprich deine Verdachtsmomente doch einfach beim nächsten Stammtisch mit deinen Ex-Kollegen.«

Gar keine dumme Idee, fand Seifferheld. Was er natürlich nicht aussprach. Irmis Ego brauchte keine Bestätigung. Es war ohnehin megalithisch.

Olga war mit dem Durchkraulen des Hundes fertig und vermittelte den Anschein, als wolle sie ihre Krallen jetzt in das dazugehörige Herrchen versenken.

Seifferheld sprang abrupt auf. »Ich muss los«, rief er.

»Wohin denn?«, fragte Irmi. »Der Olaf kommt erst heute Nachmittag zur Physiotherapie. Und du hast ja sonst kein Hobby.«

»Keine Hobby?« Olga wirkte entsetzt. »So eine stattliche Mann und keine Hobby? Keine Sport?« Sie zwinkerte.

Offenbar meinte sie Sport in der Horizontalen und hatte sich selbst als Trainerin im Sinn.

»Ich muss in die Stadtbibliothek«, erklärte Seifferheld, Panik in der Stimme.

»Wozu das denn?«, verlangte Irmi fassungslos zu wissen. Ihr Bruder und Bücher?

»Recherche!«, behauptete Seifferheld.

Und damit zog er sich zügig in Richtung Küchentür zurück, den Hund im Schlepptau. Bevor er ging, drehte er noch den Lautstärkeregler des uralten Blaupunkt-Radioapparats hoch. SWR-Korrespondent Harald Holz kündigte gerade ein Mundarthörspiel an.

»Noch viel Spaß, die Damen!«

»Ich doch hoffen, Sie kommen bald wieder, Herr Siegfried. Wir uns nie genug sehen«, gurrte Olga Pfleiderer und holte obszön tief Luft.

Seifferheld bekam noch mit, wie ihr ein Knopf von der Kittelschürze sprang, dann war er mit seiner Gehhilfe auch schon im Flur und schlug die Küchentür zu.

Flucht geglückt!

## Päuschen mit Kläuschen

Die Öffnungszeiten der Stadtbibliothek – nur an Markttagen war schon ab neun geöffnet – zwangen Seifferheld, sich über eine Stunde an einer Tasse Kaffee in Seyfrieds

Espressobar festzuhalten, aber wenigstens setzte man ihm dort sehr guten Kaffee vor und keine als Kaffee getarnte ölige Masse à la Irmgard.

Seifferheld saß auf einer der Bänke vor dem Eingang, die Gehhilfe neben sich an die Hauswand gelehnt, Hund Onis unter dem Stehtisch liegend.

»Morgen, Siggi.«

»Guten Morgen, Herr Seifferheld.«

»Grüß Gott, Siegfried.«

Das war wiederum der Nachteil einer Kleinstadt: In Ruhe über seinem Heißgetränk zu meditieren war in der Öffentlichkeit nicht möglich. Obwohl er immer sehr zurückgezogen gelebt hatte und nie ein Vereinsmeier gewesen war, grüßte ihn jeder Dritte und natürlich musste er zurückgrüßen. Aus diesem Grund gingen seine Frauen nie unfrisiert oder in gammeligen Joggingklamotten aus dem Haus, nicht einmal zum Brötchenholen am Sonntagmorgen um acht. Man wusste nie, wer einen sah.

Einer ging jedoch nicht an Seifferheld vorbei, sondern pflanzte sich neben ihn. »Na, Alter, Lust auf ein Päuschen mit Kläuschen?«

Eine undefinierbare Geruchswolke umhüllte Seifferheld. Onis hob den Kopf und schnupperte.

»Wollen wir italienisches Lebensgefühl genießen?« Klaus strahlte. »Ach, ein Hoch auf die Kaffeehausbetreiber, die auch im Herbst al fresco servieren.«

Klaus lächelte die hübsche Brünette an, die herausgelaufen kam, um ihn nach seinen Wünschen zu fragen. »Dasselbe wie immer?«

»Dasselbe wie immer! Never change a winning cappuccino«, gurrte Klaus.

Klaus war von Beruf Sohn. Und das auch noch mit Mitte vierzig. Irgendwie hatte er nie so recht den Sprung ins richtige Leben geschafft und ließ sich von seinen Eltern – die Seifferheld noch nie zu Gesicht bekommen hatte, weil sie reihum ihre Ferienhäuser auf Sylt, Malle und St. Croix abwohnten – aushalten. Klaus gehörte zu der Sorte »liebenswerter Loser«, taugte weder zum Playboy noch zum Aktienspekulanten. Womit er seine Tage oder auch seine Nächte füllte, war Seifferheld schleierhaft.

Das sollte sich nur allzu bald ändern.

»Du, Siggi«, fing Klaus an.

Seifferheld ahnte Schlimmes. Er hatte den viel jüngeren Freund beim Orthopädieschuhmacher kennengelernt. Seinerzeit hatte Seifferheld einen Spezialabsatz für sein nach mehreren OPs verkürztes Bein bekommen, während Klaus sich Maßschuhe für seine Senkspreizfüße bestellt hatte. Sie einigten sich aber darauf, jedem, der fragte, zu erzählen, sie hätten sich in der Premiere Sportsbar in der Gelbinger Gasse beim gemeinsamen Bundesliga-Viewing angefreundet. Das klang kerniger als die gemeinsame Vorliebe für eine bestimmte Hühneraugensalbe und die gegenseitige Kenntnis der Einlagen.

»Du, Siggi«, wiederholte Klaus, der immer »Du, Siggi« sagte, bevor er etwas völlig Bescheuertes vorschlug. Wie damals seine Idee, sich als freiwillige Testperson für eine Männerkosmetikserie zu melden. Seifferheld hatte natürlich abgelehnt. Seit jener Zeit sah Klausens Gesichtshaut wie nach einem Angriff fleischfressender Akneviren aus.

»Du, Siggi«, sagte Klaus noch einmal und holte tief Luft. »Ich habe mich für einen Kochkurs bei der Volkshochschule eingeschrieben. Nur für Männer. Kochen für

Kerle. Es fehlt aber noch einer, sonst kommt der Kurs nicht zustande. Machst du mit?«

Seifferheld schüttelte den Kopf. »Kochen ist nicht so meins.«

»Das wird sich durch den Kurs ändern!«, versprach Klaus vollmundig.

»Ich weiß nicht. Ich habe doch keine Ahnung vom Kochen.«

»Na, das ist doch die beste Voraussetzung!« Klaus strahlte.

Seifferheld fiel auf die Schnelle keine höfliche Umschreibung für »Ich habe null Bock auf einen Kochkurs« ein.

»Mit meiner Rente …«

»Ich zahle für dich mit.«

Die Bedienung stellte einen Cappuccino mit extra viel Schaum auf den Stehtisch.

»Grazie«, gurrte Klaus.

Die Brünette lächelte warm und tätschelte ihm die Schulter. Klaus konnte machen, was er wollte, aber bei seinem Anblick wurde in Frauen immer nur der Mutterinstinkt geweckt. Womöglich war der Mann sogar noch Jungfrau.

Als Klaus ihn jetzt welpengleich anblickte, musste Seifferheld all seine Kraft aufbringen, um hart zu bleiben. Also ehrlich, ein Kochkurs!

»Nein, tut mir leid, Klaus.«

Etwas fiepte. War das jetzt Klaus? Oder doch Onis, der aus seinem Vormittagsschlummer erwacht war und einer schlohweißen Pudelhündin nachblickte?

Seifferheld stand auf. »Ich muss los. Recherche. In der Stadtbücherei. Sorry, Klaus.«

»Och Siggi, willst du es dir nicht noch einmal überlegen? Gib mir wenigstens ein Jein.«

Seifferheld blieb eisern. »Du kannst ein Nein haben. Nie und nimmer. Das ist mein letztes Wort.« Er legte das Kaffeegeld inklusive Trinkgeld auf den Tisch, nickte Klaus zu, griff sich die Gehhilfe und humpelte die wenigen Meter zur Stadtbücherei hinunter. Onis musste er an der Bank gegenüber dem Eingang anbinden.

In der Zeitungsecke der Bibliothek saßen schon der Leiter der Haller Lyrikgruppe mit der neuesten Ausgabe von *Literaturen* und daneben der übergewichtige Klischee-Langzeitarbeitslose, der ungepflegt und ungewaschen – und somit allein für sich – am Fenstertisch saß und den *Spiegel* verkehrt herum auf seiner löchrigen, schmutzverkrusteten Hose balancierte.

Seifferheld ging so rasch wie möglich die alten Ausgaben des *Haller Tagblatts* durch. Er fand, was er suchte – querbeet alles über die verschwundenen Männer: von den Vermisstenmeldungen über die Polizeiberichte bis hin zu den Traueranzeigen. Er ließ sich von der Volontärin beim Kopieren helfen und eilte dann nach draußen, wo er Onis losband und mit ihm zur Metzgerei Hespelt für ein Paar Belohnungssaitenwürstle ging.

## Hat nicht jeder eine Leiche im Keller? Oder doch wenigstens einen Stickrahmen in der Wäschetruhe?

Als Seifferheld gegen Mittag, völlig ausgehungert, nach Hause kam, war die Küche leer. Nur der intensive Duft von Frau Pfleiderer lag noch in der Luft. Ihr war die Parfümmarke egal, ihr Motto lautete: Hauptsache viel. Nicht einmal der Zigarettengestank kam dagegen an.

Seifferheld riss alle Fenster auf, schmierte sich in der Küche fingerdick Leberwurst auf eine Scheibe Brot, aß im Stehen, trank noch eine halbe Flasche Bier dazu und ging dann auf sein Zimmer. Seit dem Unfall war er vom dritten Stock ins Erdgeschoss umgezogen und bewohnte das ehemalige Esszimmer. Dank der Hanglage der Stadt befand er sich zwar vom Haupteingang aus gesehen im Erdgeschoss, von der anderen Hausseite jedoch im zweiten Stock mit Blick auf den Unterwöhrd und das Haller Globe Theater.

Seifferheld schloss die Tür hinter sich und Onis und schob den Riegel vor.

Der Hund legte sich in das Quadrat aus Sonnenlicht, das durch das Fenster auf den ausgetretenen Perserteppich fiel.

Seifferheld humpelte zur schweren Holztruhe unter dem Fenster, ging mühsam in die Knie, nahm seinen Schlüsselbund vom Karabinerhaken am Gürtel und öffnete das Vorhängeschloss.

Dann schlug er den Deckel der Truhe auf und holte seine Stickarbeit heraus.

Jawohl, er stickte.

Vornehmlich Kissenbezüge.

Nie auf Flockenbast oder grobem Leinen, immer auf feinem weißen Leinen oder Aida. Und am liebsten mit aufwendigem Muster rund um einen Sinnspruch.

Seifferheld war nicht stolz darauf. Lieber hätte er Kampfkunst betrieben, hätte im Schützenverein geballert oder wenigstens den dicken Hecht aus dem Kocher gefischt, hinter dem sämtliche Hobbyangler einschließlich Pizzeriapionier Cesare Rebellato seit Jahren her waren.

Aber nein, sein Herz schlug nur für Nadel und Faden.

Das wusste natürlich niemand.

Niemand in seiner Familie.

Niemand in Schwäbisch Hall.

Aber man kann nicht alles für sich sticken, wo soll man denn die ganzen Kissen hinlegen. Folglich suchte er sich Gleichgesinnte im Internet. Dazu ging er regelmäßig in das Spielcasino am Haalplatz, in dem auch öffentliche Internetplätze zur Verfügung standen. Angeblich wollte er dort undercover die Glücksspielaktivitäten im Auge behalten, wie er seiner Schwester und seiner Tochter erzählte. Irmi und Susanne schüttelten darüber nur die Köpfe.

In Wirklichkeit tauschte er sich mit den anderen vierunddreißig Mitgliedern von *Stickliesel* aus, einer Gruppe von leidenschaftlichen Stickern aus ganz Deutschland, ausnahmslos Männer.

Der Austausch war klasse. Man lernte eine Menge. Und inspirierte sich gegenseitig zu immer neuen Höchstleistungen. Es gab auch die Untergruppe *UFO*, Un-Fertige Stickereien. Dort motivierte man sich, die Sticksachen, die aus welchem Grund auch immer einfach nicht fertig werden wollten, entweder zu einem guten Ende zu bringen oder sie jemandem zu schicken, der sie gern für den anderen fertig stellte.

Auf diese Weise hatte Seifferheld auch Karl-Heinz kennengelernt, der in Rothenburg ob der Tauber einen Souvenirladen, vornehmlich für japanische Touristen, betrieb. Das Wort Kitsch erhielt in diesem Laden eine völlig neue Bedeutung. Karl-Heinz hatte damals verzweifelt Leute gesucht, die ihm schnuffige Kissen mit Aufschriften wie »Aber über allem die Liebe« oder »Auf ewig Dein« stickten. Bei ihm wurde Siggi also seine Kissen los. Ein perfektes Arrangement. Natürlich kannte er Karl-Heinz nur virtuell. Seifferheld schickte ihm die Kissenbezüge zu und erhielt dafür regelmäßig einen Scheck. Getroffen hatten sie sich nie. Das wäre zu gefährlich gewesen. Sie durften nicht zusammen gesehen werden.

Seifferheld hatte einen Ruf zu verlieren!

Um sein Geheimnis zu wahren, konnte er seinen Stickbedarf natürlich nicht in Schwäbisch Hall erwerben, im Traditionshaus Zwing, an dessen Schaufenster er immer sehnsüchtig vorbeipilgerte und oft so tat, als müsse Onis das Bein heben, damit er neue Lieferungen von Effektgarnen oder Entaco-Nadeln in Ruhe betrachten konnte.

Nein, Seifferheld musste bei der Tentakulum Manufaktur bestellen, einem Versandanbieter, der das gesamte Zubehör im Angebot hatte und auf Wunsch – ganz im Stil von Beate Uhse – in diskreten Pappkartons mit nicht zuzuordnender Absenderangabe lieferte. Seifferhelds großes Ziel war es, die fast sechshundert Farben des siebenfädigen Sticktwistes Soie d'Alger der Firma Au Ver à Soie aus Paris durchzuprobieren. Er war erst bei der hundertzwölften angelangt, es lag also noch einiges vor ihm.

Seifferheld plante nicht, mit seinem Hobby jemals an die Öffentlichkeit zu gehen. Echte Kerle sticken nicht, auch wenn Raimund Harmsdorf angeblich nicht nur rohe Kartoffeln mit seinen Quadrathänden zermalmte, sondern mit seinen Händen auch Norwegerpullis strickte.

Stricken ging ja noch.

Aber sticken?

Nein.

Wenn ein Mann zugab, gern zu sticken, zog er damit die gesellschaftliche Ächtung auf sich. Und die Verachtung seiner Mitmenschen. Da dachte nämlich jeder nur an verstaubte Wandbilder oder Tischdeckchen aus dem Nachlass der Großeltern.

Doch für Seifferheld war Sticken weitaus mehr.

Sticken war Leidenschaft, Ausdruck seiner Gefühle, Entspannung, Sinnesbefriedigung und Abenteuer. Die Suche nach neuen Motiven, die Qual der Entscheidung, welches Garn man verwenden sollte, die präzise Ausarbeitung, das Hochgefühl nach der Fertigstellung …

Sticken war besser als Sex!

## Asche zu Asche, Staub zu Staub und tote Pekinesen zum Präparator

Seifferhelds Stadtbüchereirecherche hatte ergeben, dass Müllerschön – der erste Tote – auf dem Waldfriedhof begraben lag. Das war weiter nicht verwunderlich, denn auf dem Waldfriedhof landeten alle Haller nach ihrem Ableben. Auch Seifferhelds Annemarie.

Kurz vor eins gab Seifferheld Onis ein Schweineohr. Der Hund hasste Busfahrten und der Waldfriedhof lag, wie der Name schon sagte, im Wald und mithin nicht in Gehweite. Onis würde zu Hause bleiben müssen.

Die Stadtbuslinie 3 brachte trauernde Hinterbliebene zwar bis vor die Tür, aber nicht sonn- und feiertags, wo man doch im Allgemeinen die Zeit hat, die lieben Verstorbenen zu gießen. Idiotie hoch zehn.

Es war jedoch weder Sonn- noch Feiertag, also zuckelte Seifferheld um zwanzig nach eins ab Haltestelle Spitalbach Ost mit dem Bus in Richtung Waldfriedhof. Er hatte für Annemarie noch rote Rosen besorgt. Eigentlich erledigte Irmi die Grabpflegearbeiten für ihre Eltern und seine Frau und er hätte sie natürlich bitten können, ihn rasch mit dem Auto zum Waldfriedhof zu fahren, aber dann hätte sie darauf bestanden, ihn zum Grab zu begleiten und ihn auch wieder nach Hause zu fahren, und genau das wollte er vermeiden.

Seifferhelds Gehhilfe klackte über den Asphalt. Der Weg zu Annemaries Grab zog sich endlos. Der Waldfriedhof war nämlich riesig. Bis hier voll war, würden noch etliche Haller das Zeitliche segnen können. Seifferheld machte sich dennoch keine Sorgen, wo er Müllerschön finden könnte, denn es wurde chronologisch vergraben und die jüngsten Gräber lagen – dank einem kreiselnden Rotationsverfahren – gar nicht so weit von der letzten Ruhestätte seiner Frau entfernt.

Eins musste man Irmi lassen: Sie erledigte ihre Pflichten mit hundertprozentiger Perfektion. Annemaries Grab war ein gärtnerisches Gedicht in Grün und Rot. Seifferheld stopfte seine Rosen in die Vase vor dem Grabstein, in dem ein großer Ast mit dunkelgrünen, glänzenden Blättern und kleinen roten Kügelchen steckte. Keine Ahnung, was das war, aber die Rosen sahen gut dazu aus.

Anschließend nahm Seifferheld vor dem Grab seiner Frau gewissermaßen Habtachtstellung ein und senkte den Kopf. Er war kein sehr spiritueller Mensch und wusste nie so genau, was er in einem solchen Moment denken sollte, aber diese Rodin-artige Körperhaltung hatte er von seinem

Vater übernommen, der vor dem Grab des Großvaters immer exakt so gestanden hatte. Wie alle Seifferheldmänner vor ihm wahrscheinlich auch schon. Es war die männliche Seifferheldkörperhaltung im Angesicht der Trauer. Oder beim Vaterunser in der Kirche. Seifferheld sprach kein Gebet, aber er zählte auch nicht bis hundert. Allerdings dauerte es exakt so lange, bis er wieder locker wurde, noch einmal dem Marmorgrabstein zunickte und dann in Richtung des übernächsten Planquadrats humpelte.

Es war ein unentschlossener Nachmittag, nicht wirklich kalt, aber auch nicht richtig warm, trocken und grau. Die Besucherdichte hielt sich in Grenzen.

Nach gut zehn Minuten hatte er das Grab von Rainier Müllerschön gefunden.

Er war jedoch nicht der Einzige, der diesen Erfolg vermelden konnte.

»Guten Tag«, sagte Seifferheld. Hätte er einen Hut getragen, hätte er ihn angehoben, aber er war hutlos unterwegs.

»Guten Tag.« Die Frau klang erstaunt, wenn auch nur milde. In ihrem Alter staunte man im Grunde über gar nichts mehr. »Ich hätte nicht erwartet, dass außer mir noch jemand Herrn Müllerschön besucht.« Sie nickte.

Seifferheld schätzte sie auf achthundert, vielleicht auch neunhundert Jahre, jedenfalls älter als Methusalem. Tiefe Furchen hatten sich in ihr wachsweißes, pergamentartiges Gesicht gegraben. Sie hielt sich aufrecht, musste sich aber schwer auf einen kunstvoll geschnitzten Stock mit Elefantenkopf aus Elfenbein stützen. Hoffentlich kamen jetzt keine Artenschützer vorbei.

Zur Jackie-Kennedy-Onassis-Gedenk-Pillendose mit

Feder und schwarzem Schleier trug sie ein dunkelgraues, auf Taille geschnittenes Kostüm mit wadenlangem Rock, das schätzungsweise 1908 aus der Mode gekommen war. Aus der im Vergleich zur zierlichen Frau gigantischen Kroko-Handtasche, die sie in ihre linke Armbeuge eingehängt hatte, lugte ein komatöser Pekinese.

»Gestatten, Seifferheld.« Er hielt eine knappe Verbeugung für angemessen. Bestimmt kannte sie aus ihrer Jugend noch das formvollendete Hackenzusammenschlagen, aber das unterließ er dann doch lieber. »Kripo«, fügte er noch hinzu, obwohl das so nicht mehr stimmte, doch es würde die Wirkung zeigen, auf die er abzielte.

Die alte Dame nickte erneut. Oder vielleicht war es auch nur ein altersbedingtes Muskelzucken. »Angenehm, von Gesken. Ich war seine Vermieterin.«

Von Gesken. Seifferheld kam nicht so schnell darauf, woher er den Namen kannte. Also sagte er erst einmal unverbindlich: »Was für ein Verlust.«

Sie schwieg.

Der Wind wirbelte etwas Laub auf.

Müllerschöns Grab war im Grunde nur ein Erdhügel mit einem schlichten Holzkreuz, auf dem Müllerschön stand.

»Sie haben die Traueranzeige geschaltet, nicht wahr«, sagte Seifferheld nach einer Weile, als ihm wieder eingefallen war, woher er ihren Namen kannte. »Sehr anständig von Ihnen, sich so um Ihren Mieter zu kümmern.«

Frau von Gesken antwortete nicht. Ob sie taub war?

Seifferheld hatte den Artikel über Müllerschön in seinem Gedächtnis gespeichert. Er war als Erster verschwunden. Ein alleinstehender Mann Mitte vierzig, gebürtig aus dem Badischen, aber schon seit Ewigkeiten im hohenlohischen Schwäbisch Hall. Ohne Angehörige. Seine Vermieterin hatte ihn als vermisst gemeldet.

»Enorm anständig von Ihnen«, wiederholte Seifferheld mit erhöhter Dezibelstärke.

Frau von Gesken reagierte darauf ebenso wenig wie ihr Pekinese.

Was nun?, dachte Seifferheld.

»Wirklich sehr rücksichtslos von Müllerschön, einfach so zu sterben«, erklärte Frau von Gesken plötzlich mit ihrer brüchigen Altfrauenstimme. »Ich bin ihm mit der Miete erheblich entgegengekommen und er hat dafür meine Besorgungen übernommen. Haben Sie eine Ahnung, wie schwer es war, Ersatz für ihn zu finden?«

Seifferheld legte die Stirn in Falten.

»Jetzt zahle ich dem kleinen Klenk von gegenüber zehn Euro für seine Hilfe. Das ist natürlich günstiger, aber der kleine Klenk bringt nie genau das mit, was ich ihm aufgeschrieben habe. Ich habe ihn im Verdacht, Analphabet zu sein. Und die Wohnung steht auch immer noch leer. Es will ja heute niemand mehr möbliert wohnen. Dabei besteht die Einrichtung aus echten Antiquitäten. Sie suchen nicht zufällig eine Bleibe?«

Sie sah zu ihm auf.

Seifferheld schüttelte bedauernd den Kopf. Was er suchte, war ein roter Faden. Irgendetwas, was die toten Männer miteinander verband.

In Seifferheld hatte nämlich eine These Gestalt angenommen: Wenn an vier aufeinanderfolgenden Monaten, immer zu Ultimo, vier alleinstehende Männer mittleren Alters verschwinden, dann hat da jemand nachgeholfen.

Und natürlich gab es eine Verbindung zwischen den Toten. Irgendetwas, das ihn auf die Spur des Mörders bringen würde.

»Was hatte er denn für Hobbys?«, fragte Seifferheld.

»Wer? Kevin?« Die alte Frau hob eine ihrer aufgemalten Augenbrauen.

»Kevin?«

»Der Sohn von Klenks, der mir jetzt meine Einkäufe erledigt.«

»Nein … äh … Herr Müllerschön.«

»Ach. Rainier.« Sie sprach es »Ränjé« aus

»Nicht Rainer?«

»Nein, Rainier. Weil er am Tag der Eheschließung von Fürst Rainier von Monaco mit Grace Kelly zur Welt gekommen ist. Wäre er ein Mädchen gewesen, hätten ihn seine Eltern Grazia genannt.« Frau von Gesken sah zu ihrem Pekinesen hinunter. »Diana wurde nach Prinzessin Di benannt.«

Offenbar nach deren Todestag, nicht nach deren Hochzeit mit Charles, dachte Seifferheld. Oder wie alt konnten Pekinesen werden?

»Ein süßer Hund«, meinte Seifferheld sagen zu müssen, obwohl alles unter Kniehöhe für ihn kein Hund, sondern eine Ratte war.

Das Tier würdigte ihn keines Blickes, sondern sah nur starr zu der Baumgruppe hinter dem Begrenzungszaun des Friedhofs. Wahrscheinlich war ihm seine unwürdige Position bewusst – in einer Handtasche. Onis hätte das nie und nimmer mit sich machen lassen, aber die Handtasche, in die Onis hineinpasste, musste ja auch erst noch gefertigt werden.

»Hobbys«, wiederholte Seifferheld, weil er – nicht zu Unrecht – vermutete, dass Frau von Gesken seine Ursprungsfrage vergessen haben könnte. »Ging Herr Müllerschön einem Hobby nach?«

»Rainier war ein sehr häuslicher Mensch. Jeden Abend hat er mir meine Einkäufe gebracht und wir tranken noch ein Glas Sherry. Dann ging er auf sein Zimmer und las ein gutes Buch. Seit jetzt schon über zehn Jahren. Ich hätte nie gedacht, dass er einmal vor mir gehen würde.« Sie schüttelte den Kopf. »Am Wochenende hat er ehrenamtlich Jugendliche in irgendeiner Ballsportart trainiert. Ich kenne mich da nicht aus. Es war aber etwas, das es in meiner Jugend nicht gab.«

Was es in ihrer Jugend nicht gegeben hatte, war keinerlei Beachtung wert.

»Hat Herr Müllerschön Besuch bekommen? Arbeitskollegen? Freunde?«, bohrte Seifferheld weiter.

Frau von Gesken spitzte die Lippen. »Nein.«

Auch ohne Lügendetektor wusste Seifferheld, dass sie vom Weg der Wahrheit weiträumig abgekommen war.

»Damenbesuch?«, hakte er nach.

Die Lippen von Frau von Gesken wurden so spitz, wie es anatomisch gerade noch möglich war.

»Immer dieselbe Dame?«

»Ich habe nicht darüber Buch geführt.«

Seifferheld nahm deutliche Schwingungen auf. Wenn er jetzt noch weiterbohrte, würde sie ihrem Pekinesen »Schnapp!« befehlen.

»Danke, dass Sie mir so bereitwillig Auskunft gegeben haben.» Seifferheld wusste jetzt genug. »Darf ich Sie zum Ausgang begleiten?«, fragte er.

»Danke, ich bleibe noch.«

»Wie Sie wünschen. Auf Wiedersehen.» Seifferheld beugte sich nach vorn. »Leb wohl, süße Diana«, säuselte er dem Pekinesen zu und tätschelte das Stirnfell unter der rosa Seidenschleife.

Und merkte erst in diesem Moment, dass das Tier ausgestopft war.

## Im schwarzen Latexdress, die Peitsche schwingend – oder wahlweise ein feuchtes Frotteehandtuch

Der Schlag traf ihn unerwartet. Wuchtig sauste die Männerpranke auf seinen Nacken nieder.

»Aaaaah!« Seifferheld hatte nicht schreien wollen, aber der Schmerz kam einfach zu unvermittelt. Und zu heftig.

Onis setzte sich auf und überlegte, ob er seinem Herrchen zu Hilfe eilen sollte.

Physiotherapeut Olaf fragte lapidar: »Hat weh getan, oder?«

Seifferheld lag auf einer Massageliege, deren blaue Farbe beruhigend wirken sollte. Was sie auch tat. Wenn man nicht gerade windelweich geprügelt wurde.

»Sorry«, fuhr Olaf unbekümmert fort, »aber das hier ist keine erotische Thai-Massage. Hier geht's um Heilung. Wenn es helfen soll, muss es weh tun.« Er bohrte seinen Ellbogen in Seifferhelds Rücken.

»Aaaah!«, brüllte Seifferheld erneut. Das einzig Schöne an der Massage war der Moment, in dem der Schmerz nachließ.

»Stellen Sie sich doch einfach vor, ich sei eine sexy Asiatin im Lederdress«, schlug Olaf vor, während er noch etwas Massageöl auf Seifferhelds Rücken träufelte. »Das lenkt Sie von dem leichten Unbehagen ab.«

Seifferheld stöhnte. Von wegen leichtes Unbehagen. Im Jahresbericht von Amnesty International würde das unter akute Menschenrechtsverletzungen aufgeführt. Wenn nicht gar unter Folter.

Onis kam zu dem Schluss, dass keine akute Gefahrensituation für seinen Oberhund vorlag. Er gähnte und ließ sich unter beträchtlicher Geräuschentwicklung wieder auf das Parkett fallen.

Olaf war ein Gemütsmensch. Ein zartgliedriger Mittzwanziger mit langen blonden Haaren, dem man derart grobe Übergriffe gar nicht zugetraut hätte. Aber Allmächtiger, was konnte der Mann zulangen!

»Herr Schmüller ist äußerst kompetent und kommt ins Haus«, hatte die Dame von der Krankenkasse seinerzeit Seifferhelds Versuch abgeschmettert, einen Physiotherapeuten mit mehr Östrogen im Blut zu bekommen.

»Herr Schmüller hat immer erstklassige Resultate vorzuweisen«, hatte dieselbe Krankenkassendame ihn abgeschmettert, als er nach den ersten schmerzvollen Sitzungen beantragt hatte, ihm doch einen anderen Physiotherapeuten zuzuweisen. »Und er kommt ins Haus«, hatte sie wiederholt.

Es war in der Tat ein unglaublicher Vorteil, dass Olaf drei Mal die Woche nachmittags mit seiner blauen Clap-Tzu-Liege auf der Matte stand.

»Sie müssen sich mehr bewegen, Herr Seifferheld«, sagte Olaf jetzt in Seifferhelds Schreipausen hinein. »Bewegung ist das A und O.«

Seifferheld hätte am liebsten geantwortet, dass es ihm

reiche, wenn seine Stickfinger beweglich blieben, aber das war jetzt weder Ort noch Zeit für eine Lebensbeichte.

Olaf knetete die rückwärtigen Rettungsringe seines Patienten. Nach ausgiebigen Streck- und Dehnübungen wurden die Sitzungen immer mit einer Massage beendet. Früher hätte man das schwedische Massage genannt, und wenn flotte Schwedinnen das machten, war es bestimmt auch ein Hochgenuss.

Seifferheld, der durch eine Aussparung am Kopfende der Liege auf die Parkettdielen schaute, war kurz davor, sich in das Leder der Liege zu verbeißen.

Da ging die Tür auf.

»Alles in Ordnung?«

Seifferheld konnte Susanne aus seiner liegenden Position heraus nicht sehen, aber am Klang ihrer Stimme erkannte er, dass sie wie ihre Tante Irmi mit auf den Hüften gestemmten Armen im Türrahmen stehen musste. Wenn sie wütend war, schossen Blitze aus ihren Augen und ihre kurzen, mausbraunen Haare standen in alle Richtungen ab. So musste die Medusa im alten Griechenland ausgesehen haben. Nur, dass Medusa kein Chanel-Kostüm mit Goldknöpfen getragen hatte.

»In dem Fummel sehen Sie alt aus«, konstatierte Olaf.

»Wie bitte?« Susanne verschlug es die Sprache.

»Keine Sorge, Ihrem Vater geht es gut. Ich nenne das meine Urschrei-Therapie.« Olaf grinste.

»Mich erinnert das eher an die Todesangstschreie von Schweinen im Schlachthaus«, konterte Susanne.

»Eine Massage täte Ihnen womöglich auch mal ganz gut«, meinte Olaf frech. Wobei nicht die Worte frech waren, sondern der mitschwingende Unterton.

»Und Sie dürfen sich gern überlegen, was für eine Art von Referenz Sie sich von uns erhoffen, falls wir Ihnen überhaupt eine ausstellen«, klirrte Susanne mit frostiger Stimme.

Patt-Situation.

»Äh …«, fing Seifferheld an, kam aber nicht weit, weil eine glockenhelle Stimme zwitscherte: »Mein Gott, Onkel Siggi, siehst du noch knackig aus für dein Alter.«

»Karina!« Seifferheld wurde schlagartig bewusst, dass er unbekleidet auf der Liege lag.

»Hallo, ich bin Karina, seine Nichte.« Die junge Frau trat auf Olaf zu und reichte ihm die Hand. Sie trug an diesem Nachmittag ein hauchzartes Blümchenkleid und eine fliederfarbene Häkelmütze über den gefärbten Strubbelhaaren, so dass man sie im konservativen Sinne als richtig hübsch bezeichnen konnte. Wenn man von den schwarzen Springerstiefeln an ihren Füßen absah. Sie waren das Einzige, was Seifferheld in seiner Lage wirklich gut sehen konnte.

»Ich bin der Olaf«, sagte der Olaf und warf ein Handtuch über Seifferhelds verlängerten Rücken.

»Gibt es hier was umsonst?«, verlangte eine dritte Frauenstimme aus Richtung Tür zu wissen. »Oder findet hinter meinem Rücken ein Familientreffen statt?«

»Irmgard!« Seifferheld fand es nicht lustig, vor den Augen seines Harems massiert zu werden.

»Ich wollte endlich mal Onkel Siggis Masseur kennenlernen.« Seifferheld hatte keine Ahnung gehabt, dass seine Nichte so feminin gurren konnte.

»Seien Sie doch so gut und bringen Sie nächstes Mal schriftliche Nachweise Ihrer Qualifikation mit«, erklärte

Susanne mit strenger Stimme. Sie hatte sich neben Olaf aufgebaut und sah von der schwindelerregenden Höhe ihrer Ferragamo-Pumps auf den zierlichen Masseur hinunter.

»Susanne, warum bist du nicht bei der Arbeit? Karina, hast du nichts für die Fachhochschule zu tun?« Irmgard stand immer noch mit verschränkten Armen in der Tür.

»Dürfte ich um etwas Privatsphäre bitten?«, bat Seifferheld und hob schildkrötenartig den Kopf. Er traute sich nicht, sich aufzurichten, weil das Handtuch auf seinem Hintern wegen der flächendeckenden Duftölschicht keinen wirklich sicheren Halt hatte.

»Worte sind Schall und Rauch, auch wenn sie auf Papier stehen. Ich massiere Sie aber gern einmal probeweise. Dann können Sie sich am eigenen Leib ein Bild machen.« Man hörte das Lächeln in Olafs Stimme.

»Ich glaube, ich kenn dich. Du chillst auch hin und wieder in der U-Bar, stimmt's«, flötete Karina und lehnte sich auf der anderen Seite von Olaf gegen die Massageliege.

»Impertinent«, fauchte Susanne.

»Hallo, ich habe euch etwas gefragt!«, bellte Irmgard.

Hinter ihr tauchte Frau Pfleiderer auf. »Wie schön, ganze Familie beisammen. Ich uns machen Tee und tauen Kuchen auf. Oh, Herr Siegfried, was Sie sind für ein schöner Mann! Und was für knackige Po!«

Seifferheld seufzte.

## Lieber frech lügen als eine schmerzliche Wahrheit sagen – auch wenn man dafür am Schnellkochtopf landet

Im Fernsehen lief *Ein Hund namens Beethoven.*

»Nicht hinsehen, Onis, das ist erst frei ab siebzig Kilo«, scherzte Susanne, als sie das Fernsehzimmer betrat. Sie kniete sich neben dem Hovawart auf den Teppich und kraulte den Hund, den sie zärtlich Wuffschnuff nannte.

»Das Tier haart«, erklärte Irmgard, die in der Ecke unter einer Stehlampe saß und kreuzworträtselte. »Wenn ich das Staubsaugen ab sofort einstelle, haben wir nächste Woche um diese Zeit kein Parkett mehr, sondern einen Teppichboden.«

Im sogenannten Fernsehzimmer trafen sich Seifferheld und seine Frauen, so sie abends keine auswärtigen Aktivitäten verfolgten. Meistens saß Seifferheld hier allein mit dem Hund, doch an diesem Abend war full house angesagt. Seifferheld verabschiedete sich innerlich von einem friedlichen Ausklang des Tages.

Und prompt ging es auch schon los.

»Wieso zahle ich Frau Pfleiderer eigentlich ein Vermögen, wenn du immer noch selbst den Staubsauger durch die Gegend schiebst?«, ereiferte sich Susanne.

»Reg dich nicht auf, Cousinchen«, rief Karina vom Sofa, auf dem sie odaliskengleich hingestreckt in einem Hochglanzfrauenmagazin blätterte. »Kraul einfach den Hund. Du brauchst das. Ich kann deine Verspannung bis hierher spüren.«

»Ich bin keineswegs verspannt!«, echauffierte sich Susanne und richtete sich auf.

»Doch, total. Du brauchst einen Mann. Dringend.«

»Karina, das hier ist ein anständiges Haus!«, empörte sich Irmgard.

»Versaute Göre!«, wetterte Susanne.

»Susanne! Ich muss doch sehr bitten. Nicht in diesem Ton«, herrschte Irmgard.

Seifferheld seufzte und tauschte mit Onis einen Blick aus. Es war nicht leicht, allein unter Frauen zu leben. Oder allein unter Menschen.

»Ich verstehe kein Wort vom Film. Streitet euch in der Küche weiter«, befahl Seifferheld mit autoritärer Stentorstimme.

Das war ein Fehler.

Er hatte sich bemerkbar gemacht.

Böser Fehler!

»Weißt du, Siegfried, du solltest wirklich mehr unter Menschen gehen«, dozierte Irmgard.

»Ja, Vater. Du brauchst dringend eine Beschäftigung«, gab Susanne ihr recht.

»Onkel Siggi braucht eine Frau«, krähte Karina.

»Sex ist nicht die Antwort auf alles«, herrschte Susanne, die definitiv zu wenig davon hatte, sie an.

»Doch, ist es«, erklärte Karina mit der absoluten Sicherheit eines jungen Menschen.

»Warum wirst du nicht Mitglied in einem Skatclub?«, schlug Irmgard vor.

Seifferheld rollte mit den Augen.

»Da ist doch noch die alte Märklin-Bahn im Keller. Die könntest du doch wieder aufbauen«, meinte Susanne.

»In dem Altenheim beim Bahnhof gibt es einen Seniorentanzkurs. Die brauchen noch Männer. Das habe ich in einem Aushang in der Fachhochschule gesehen. Das wäre doch toll, auch für deine Hüfte. Und für deine Libido«, freute sich Karina.

Seifferheld fand es an der Zeit, ein Machtwort zu sprechen.

»Ich kann sehr gut allein über mein Leben entscheiden. Danke für eure Anregungen, aber danke nein.«

Nichts eint verfeindete Frauen schneller und nachhaltiger als der Widerspruch eines Mannes.

Alle drei redeten gleichzeitig.

»Du schiebst die Entscheidung über deine Zukunft schon viel zu lange auf … «

»Du hast das Leben noch vor dir …«

»Sex macht glücklich …«

»Mädels!«, rief Seifferheld so laut und so bestimmt, dass Onis sich erhob und an der Seite seines Herrchens Aufstellung nahm. Offenbar musste hier Grundsätzliches geklärt werden und Onis wollte deutlich machen, dass er auf der Seite seines Oberhundes stand. »Mädels, ich habe bereits ein Hobby. Ich habe euch nur noch nicht davon erzählt.«

»Was für ein Hobby denn?«, fragte Irmgard ungläubig.

Auch Susanne und Karina hoben zweifelnd die gezupften Augenbrauen.

»Ich koche!«, erklärte Seifferheld mit einer Stimme, die keinen Widerspruch duldete. »Ich habe einen Männerkochkurs belegt. Mein Ziel ist es, der neue Tim Mälzer zu werden.«

Drei weibliche Unterkiefer klappten nach unten.

Seifferheld stand auf. »Wenn die Damen mich jetzt entschuldigen würden …«

Dann humpelte er würdevoll aus dem Fernsehzimmer,

um auf dem Handy Klaus anzurufen und ihm mitzuteilen, dass er nun doch an dem VHS-Kurs teilnehmen würde.

Was für ein Tag.

Während Onis schon einmal vorauslief, machte Seifferheld noch einen Schlenker in die Küche und plünderte die Biervorräte im Kühlschrank.

Er brauchte dringend eine Aufheiterung, und nichts bereitete ihm eine so diebische Freude wie das Verfassen subversiv rotziger Polizeiberichte, die die Polizeichefin sukzessive ergrauen ließen.

Seifferheld setzte sich an seinen Schreibtisch und klappte den Laptop auf. In einer Mischung aus illuminierter Übermüdung plus einem Verzweiflungsbier würde er sich den Frust auf seine keifenden Weiber von der Seele schreiben und den Polizeibericht für übermorgen verfassen. Natürlich mit der ihm eigenen Note.

Aus dem Polizeibericht

**LIEBESKRANKES FEDERVIEH**

*Ein liebestoller Pfau wird einem Landwirt aus der Teilgemeinde Rückertsbronn teuer zu stehen kommen. Der Vogel hielt sein eigenes Spiegelbild im Lack des Wagens eines Stuttgarter Automobilkonzerns für einen Nebenbuhler und stürzte sich in blinder Wut mit Schnabel und Krallen so lange auf das Fahrzeug, bis der Lack völlig zerkratzt und vom vermeintlichen Rivalen nichts mehr zu sehen war. Der Schaden an der Lackierung beläuft sich auf 4000 Euro. Von einem Alkoholtest am Täter wurde abgesehen.*

## Wenn Herrenwitze sprießen und Männerpointen knospen, ist wieder lustige Stammtischzeit für den Weißen Riesen, den Bärenmarken-Bär und Frau Antje aus Holland

»Da hast du mal wieder einen Klassiker verfasst!«

Ex-Kollege Wurster legte sein Bereitschaftshandy auf den Holztisch im Nebenraum des Gasthofs Sonne, warf die Zeitungsseite mit dem Polizeibericht daneben und klopfte mit der frei gewordenen Hand auf Seifferhelds Rücken.

»Ich habe den Polizeibericht heute noch gar nicht gelesen», rief Van der Weyden mit seinem melodischen Akzent vom anderen Tischende. Van der Weyden war Holländer und im Rahmen eines europäischen Austauschprogramms für ein halbes Jahr zu Mord zwo gekommen. Daraus waren nun schon zehn Jahre geworden. Der Liebe wegen.

»Ich sage nur ›liebeskrankes Federvieh‹. Die Chefin ist beinahe vom Stuhl gefallen.« Wurster lächelte in seliger Erinnerung und schob Van der Weyden die Seite zu.

Ein Mal die Woche traf man sich zum Mord-zwo-Stammtisch. Immer in der Sonne in der Gelbinger Gasse, weil es dort die besten Kutteln gab.

Seifferheld stemmte seine Löwenbräu-Halbe. »Wieso? Ich habe nichts geschrieben, was nicht stimmt. Alles Fakt.«

Wurster, der in seiner haarigen Kompaktheit sehr an den Bärenmarken-Bär erinnerte, griente. »Ich glaube, die Chefin wünscht sich mehr Dezenz in den Formulierungen.«

»Demenz? Kann sie haben!« Seifferheld leerte sein Glas in einem Zug.

Wurster bestellte eine große Cola, weil er ja Bereitschaft hatte. Die anderen sprachen dem Bier zu.

Die Atmosphäre war locker und entspannt. Man plauderte aus dem Nähkästchen.

»Habt ihr schon gehört? Sie haben den Russen nach Stammheim verlegt«, erzählte Bauer zwo – so genannt, weil die Chefin ebenfalls Bauer hieß. Der Bruder von Bauer zwo arbeitete in der Haller Justizvollzugsanstalt.

»Wurde aber auch Zeit«, erklärte Dombrowski, der gar nicht bei Mord zwo war, sondern für die Sitte arbeitete, aber dennoch als einer von ihnen galt. Man musste nur die Chuzpe besitzen, drei Mal uneingeladen aufzutauchen und frech Sitzfleisch zu beweisen, und schon gehörte man zum Stamm dazu.

Ein Top-Mann der Ismailowskaja, einer russischen Mafia-Organisation, saß in der Haller JVA unter dem Verdacht der Geldwäsche in Millionenhöhe ein.

»Haben wir jetzt immer noch die höchste Quote an russlanddeutschen Inhaftierten in ganz Baden-Württemberg?«, erkundigte sich Wurster.

Bauer zwo nickte gewichtig. Er war ein kleiner Kerl mit Minipli-Frisur (Welcher Frisör hatte diese Technik heute eigentlich noch drauf?) und fiel vornehmlich durch seine lila Motorradkluft auf, die er tagein, tagaus trug. Da die olfaktorische Belästigung, die von ihm ausging, sich in den üblichen Grenzen hielt, musste er entweder Dutzende lila Motorradanzüge besitzen oder sich jeden Morgen großzügig mit Febreze oder anderen chemischen Gestankskillern einsprühen. »Die Russlanddeutschen haben die Vorherrschaft in der verborgenen Subkultur aller Vollzugseinrichtungen übernommen«, dozierte er, seiner Bedeutung als Insiderwissender bewusst. »Total gut organisiert. Reden nur russisch und schotten sich komplett ab. Mein Bruder hat jetzt angefangen, Russisch zu lernen.«

Alle Anwesenden wussten, dass es diesbezüglich ein Problem gab. Das hatte nichts mit Russlandfeindlichkeit zu tun. Es war einfach ein Fakt des Lebens.

»Immer mal wieder Einzelne in andere Einrichtungen verlegen, das reißt die mafiösen Strukturen auf«, riet Dombrowski, weil er es irgendwo gelesen hatte. Wahrscheinlich in einem *Jerry Cotton*.

Alle nickten.

Die Kutteln kamen.

Eine Zeitlang vernahm man nur Essgeräusche.

Seifferheld fand, dass er es jetzt wagen konnte.

»Sagt mal, diese Sache mit den verschwundenen Männern ...«

Alle sahen ihn an.

Seifferheld hatte immer einen sehr guten Ruf in Kollegenkreisen genossen. Er war auch jetzt noch beim Stammtisch gern gesehen, wurde hin und wieder sogar um Rat gefragt. Außerdem ließ er sich nicht lumpen und spendierte schon mal eine Runde.

»Ist doch auffällig, wie viele alleinstehende Männer mittleren Alters in letzter Zeit verschwunden sind und dann tot wieder auftauchten. Fünf verschwundene Männer, um genau zu sein, davon bislang vier tot aufgefunden, einer noch vermisst. Habt ihr da nachgeforscht?«

»Wieso das denn?«, fragte Van der Weyden.

»Kann das wirklich Zufall sein?«, meinte Seifferheld vorsichtig.

»Klar«, erklärte Dombrowski, zu dessen Weltbild die

Überzeugung gehörte, dass die einfachste Lösung immer die richtige ist.

Seifferheld sah Wurster an, in dem er zumindest eine noch aktive Gehirnzelle vermutete. Doch der zuckte nur mit den Schultern.

»Ist euch nicht aufgefallen, dass die alle ungefähr gleich alt waren?«, hakte Seifferheld nach.

»Ja und?«, fragte Bauer zwo mit vollem Mund. Kleine, angekaute Kutteln – für Nicht-Schwaben: Innereien – flogen auf seine Lederkluft, aber die ließ sich ja mühelos mit einem feuchten Tuch reinigen. Was sich von Van der Weydens hellem Kaschmirpulli nicht sagen ließ.

»Und alle Männer waren ohne Anhang. Arbeitgeber oder Nachbarn haben die Vermisstenanzeigen aufgegeben. Bis auf diesen Rettenberg, da war es die Ehefrau. Aber Ausnahmen bestätigen die Regel. Niemand weiß besser als wir, dass es tatsächlich so ist.«

Seifferheld zog die Kopien, die er in der Stadtbücherei hatte machen lassen, aufgerollt aus der Innentasche seines Jacketts und strich sie auf der Tischplatte glatt. »Hier«, sagte er. »Müllerschön, Geiger, Plönzke und jetzt Klier.«

Van der Weyden kicherte. »Was denn, Siggi? Zu viele US-Krimiserien geguckt? Ein Massenmörder? In Hall?« Er prustete lauthals.

Die anderen stimmten in das Gelächter mit ein.

»Hannes, du bist doch auch im gefährlichen Alter und ohne Anhang. Sieh dich ja vor!«

Dombrowski hob einen Stinkefinger.

Seifferheld fühlte sich nicht ernst genommen.

»Leute, Leute«, rief er. »Vertraut doch einfach der Spürnase eines alten Schnüfflers.«

Da wäre womöglich manch einer ins Grübeln gekommen, aber aus einem unerfindlichen Grund wählte Hovawart Aeonis exakt diesen Moment, um seine Schnauze über die Tischplatte zu heben und geräuschintensiv zu schnüffeln. Die von Bauer zwo verstreuten Kuttelreste mussten ihn angelockt haben.

»Die unfehlbare Schnüffelschnauze«, frohlockte Wurster.

Die Männer schüttelten sich vor Lachen. Selbst Seifferheld musste schmunzeln.

Onis verstand diesen Heiterkeitsausbruch auf seine Kosten nicht so ganz. Er legte die Stirn kraus.

»Nein, im Ernst«, sagte Seifferheld, nachdem sich alle wieder halbwegs gefangen und einen Schluck Bier (respektive Cola im Falle von Wurster) genommen hatten. »Wir reden hier von mittlerweile fünf ganz ähnlichen Fällen. Kommt euch das nicht komisch vor?«

»Nö«, erklärte Bauer zwo.

Dombrowski schürzte die Lippen.

»Wisst ihr, was echt komisch ist?«, meldete sich Van der Weyden zu Wort. »Der Typ, den sie gestern Morgen aus der JVA Heilbronn entlassen haben. Besorgt sich am gleichen Tag eine Knarre, fährt nach Rot am See und überfällt dort den Drogeriemarkt. Schießt ein Loch in den Boden und türmt, wird aber von der Streife an der nächsten Bushaltestelle aufgegriffen, wo er artig auf den Überlandbus wartet. Und sitzt abends wieder in seiner Zelle.« Van der Weyden grinste breit. »Wie blöd kann man sein?«

Wurster lachte und verschluckte sich an seinem Wurstsalat mit Zwiebeln.

Sein Bereitschaftshandy erwachte zum Leben, stieß

einen markigen Klingelton aus und vibrierte gleichzeitig über die Tischplatte.

»Sorry, Leute», hustete Wurster, »die Pflicht ruft.«

»Kann ich den Rest von deinem Wurstsalat kriegen?«, rief Bauer zwo Wursters entschwindendem Rücken zu.

Seifferheld seufzte.

Nein, er fühlte sich ganz und gar nicht ernst genommen. Er fühlte sich vielmehr wie ein altes Eisen, das man verrosten ließ.

## Exkurs über die Abschiedsrituale hochentwickelter Primaten

»Von guten Mächten wunderbar geborgen, erwarten wir getrost, was kommen mag.«

Seifferheld hatte sich in der Aussegnungshalle bewusst ganz nach hinten gesetzt. Er war mit dem Toten weder verwandt noch verschwägert, noch hatte er ihn zu Lebzeiten gekannt. Die reine Neugier hatte ihn in die Aussegnungshalle des Haller Waldfriedhofs getrieben. Wieder mit dem Bus der Linie 3. Nur dieses Mal mit Onis, dem – wie üblich – im Bus schlecht geworden war und der in Höhe Industriegebiet Kerz die Kinderwagenaussparung in der Busmitte vollgekotzt hatte, weswegen er und sein Herrchen die Reststrecke zu Fuß hatten gehen müssen. Jetzt saß Onis angebunden an der Säule vor dem Eingang. Und Seifferheld in der letzten Reihe.

»Guten Tag«, sagte die ondulierte Anfangsiebzigerin, die sich bei seinem Eintreten aus der vierten Reihe zu ihm umgedreht hatte und dann aufgestanden war, um sich neben ihm niederzulassen.

Seifferheld nickte ihr zu.

»Ortrud Walter«, stellte sich die Ondulierte vor und reichte ihm ein fotokopiertes Blatt, auf dem der Text zu *Befiehl du deine Wege* stand.

»Seifferheld. Siegfried Seifferheld«, sagte Seifferheld und kam sich vor wie Bond, James Bond.

»Weiß ich doch«, kicherte die Frau. Sie trug ein fesches schwarzes Käppi mit einer Feder. Beim Kichern wippte die Feder fröhlich. Einen Tick zu fröhlich für eine Trauerfeier.

»Sie sind Witwer«, konstatierte die Ondulierte, und die Feder hüpfte erneut.

Seifferheld hatte das dumpfe Gefühl, in eine Falle geraten zu sein. Wenn er jetzt mit »Ja« antwortete, gäbe es kein Entkommen mehr, das spürte er deutlich.

»Darf ich?«

Eine zierliche Frau von schwer schätzbarem Alter in einem anthrazitgrauen Hosenanzug quetschte sich an Seifferheld und der Wippfeder vorbei.

»Hallo, Heike.«

»Hallo, Ortrud.«

Die Temperatur in der hintersten Stuhlreihe sank merklich. Um mindestens zehn Grad.

»Also«, fing Seifferheld – plötzlich fröstelnd – an, »ich bin gar kein Angehöriger. Vielleicht möchten Sie lieber weiter vorn …«

»Wir sind auch nicht verwandt«, warf der Hosenanzug ein. »Darf ich mich vorstellen? Heike Bernhardi.«

Bernhardi, da klingelte etwas in Seifferheld. Ach ja, das große Bekleidungsgeschäft in der Neuen Straße.

»Angenehm. Siegfried Seifferheld«, sagte er.

Frau Bernhardi lächelte warm. »Aber das weiß ich doch.«

Seifferheld staunte. Stand ihm sein Name auf der Stirn geschrieben? Oder waren gar Fahndungsfotos von ihm an alle alleinstehenden Frauen der Stadt verteilt worden?

»Wir kommen gern zu Beerdigungen. Das hat so etwas Erhebendes«, erläuterte Frau Bernhardi ungefragt. Sie öffnete ihre Handtasche – echt Kroko – und zog einen Lippenstift heraus. Seifferheld fiel wieder ein, dass der Seniorchef des Bekleidungsgeschäfts vor einigen Jahren gestorben war und seine Witwe ohne finanzielle Sorgen zurückgelassen hatte.

Die Aussegnungshalle füllte sich, aber nur spärlich. Ein Orgelspieler, der Pfarrer und eine Handvoll Menschen in Schwarz.

Auch Seifferheld trug Schwarz. Nicht passgerechter Anzug von der C&A-Stange. Ein unsägliches Teil, das ihn wie einen Konfirmanden aussehen ließ und definitiv zu eng saß.

Seifferheld schwitzte.

Was aber vornehmlich daran lag, dass sich eine altersfleckige Frauenhand in seinen Oberschenkel krallte.

»Und was machen Sie hier, Herr Kommissar? Ermitteln Sie undercover?« Ortrud Walter beugte sich so nah an sein Gesicht, dass er ihren Atem riechen konnte. Pfefferminz. Mit einem Hauch Maultaschen. Es war kurz vor zwei. Wahrscheinlich kam sie gerade vom Mittagessen.

Seifferheld schüttelte nur den Kopf.

Heike Bernhardi wollte sich nicht abdrängen lassen. Junggesellen im passenden Alter waren rar in der Stadt. Die Kunde von Seifferhelds Witwertum hatte längst die

Runde gemacht, aber der Mann tauchte in der Öffentlichkeit so gut wie nie auf. Man musste die Chance ergreifen, wenn sie sich bot. Auch ihre Hand nahm folglich in Schrittnähe Kontakt zu dem Polyesterstoff über seinem Oberschenkel auf.

»Es wird Ihnen gefallen, Herr Kommissar. Pfarrer Hölderlein ist einfach begnadet gut. Mir wird bei seinen Predigten immer ganz warm ums Herz. Ein Lyriker des Herrn. Man müsste mitschreiben.«

Ortrud nickte. »Wir kommen fast jeden Tag.«

»Und es ist immer wieder sehr unterhaltsam«, ergänzte Heike.

Sie lächelte Seifferheld zu und legte mit der linken Hand blutroten Lippenstift im Blindflug auf, während ihre Rechte wellenartig seinen Oberschenkel drückte.

Ein Schweißtropfen kullerte in Seifferhelds Hemdausschnitt.

Am liebsten wäre er aufgesprungen und aus der Halle gerannt, aber seine Gehhilfe lehnte neben dem Eingang und jetzt fing der Orgelspieler auch noch an zu orgeln.

Pfarrer Hölderlein erhob sich. Gott sei Dank ließen daraufhin die beiden Frauenhände von ihm ab. Bestimmt war er jetzt über und über mit blauen Flecken übersät. Wie sollte er das seinem Physiotherapeuten Olaf erklären?

»Liebe Gemeinde«, begrüßte Pfarrer Hölderlein die spärliche Zahl an Trauernden und Entertainmentsuchenden. »Wir wollen uns heute von einem Mann verabschieden, der es im Leben nicht leicht hatte. Rudolf Plönzke stammte nicht aus unserer Gegend. Er war erst vor kurzem aus beruflichen Gründen nach Schwäbisch Hall gezogen, hatte sich aber mit seiner fröhlichen rheinischen Art schon viele Freunde gemacht.«

Zwei Männer in der ersten Reihe nickten zustimmend. Seifferheld verstand unter »viel« zwar etwas anderes, aber es kam ja nicht auf die Quantität, sondern auf die Qualität an.

Wer wohl dereinst zu seiner Beerdigung kommen würde? Irmgard und Susanne natürlich. Klaus, ein paar Ex-Kollegen, so sie nicht gerade Dienst hatten, und vielleicht noch Olaf. Auch nicht gerade üppig.

»Viel zu früh wurde Rudolf Plönzke aus unserer Mitte gerissen. Durch einen Herzinfarkt beim Joggen. Welch ein Verlust.«

Es musste tierisch schwer sein, Gehaltvolles über einen Mitmenschen zu sagen, den man gar nicht gekannt hatte. Seifferheld bedauerte Pfarrer Hölderlein. Wie kam man als Pfarrer an relevante Informationen, wenn es keine nächsten Angehörigen gab? Googelte man heutzutage den Toten?

Und wer bezahlte die Beerdigung? Seit dem Tod seiner Frau wusste Seifferheld, dass Sterben enorm teuer war. Allein der Sarg, in dem Plönzke da vorn ruhte, musste über tausend Euro gekostet haben, dafür hatte Seifferheld ein Auge. Eiche mit Messinggriffen. Die Miete für die Halle betrug mehrere hundert Euro. Und da waren die Blumen und der Orgelspieler noch gar nicht mit drin. Geschweige denn das nachtschwarze Samtband, das eine Vergrößerung von Rudolf Plönzkes unvorteilhaftem Passfoto zierte.

Seifferheld grübelte.

»Aber Rudolf Plönzke hat seine letzte Joggingrunde noch nicht gedreht. Er läuft jetzt auf den himmlischen Wiesen.«

»Amen«, sagte Ortrud Walter.

»Amen«, sagte auch Heike Bernhardi und schniefte in ein Spitzentaschentuch.

»Lassen Sie uns singen«, forderte der Pfarrer die Anwesenden auf. Man hörte Kopierpapierrascheln und Räuspern, dann setzte die Orgel ein und aus den Kehlen der circa zehn Menschen drangen die ersten Takte von *Befiel du deine Wege*. Man kam nur bis zu »der wird auch Wege finden, da dein Fuß gehen kann«, als geräuschvoll die Tür der Aussegnungshalle aufgerissen wurde und eine Kleinbusladung Frauen hereinströmte.

Der Orgelspieler hielt abrupt inne.

Circa zehn Köpfe drehten sich.

Seifferheld hätte kein Polizist sein müssen, um zu erkennen, dass es sich um Geschöpfe der Nacht handelte. Ortrud und Heike merkten es auch und rümpften hörbar die gepuderten Nasen.

Die durchweg jungen Frauen, überwiegend aus dem Ostblock und Asien, eilten als homogene Masse zum Sarg, vor dem sie laut schluchzend stehen blieben.

»Rudi!«, rief eine der Frauen mit stark rollendem R.

Weinen und Wehklagen hob an. Eine grazile Philippinerin in einem blutroten Satinkleid warf sich quer über den Sarg und schluchzte hemmungslos.

»Eine bodenlose Peinlichkeit!«, zischte Frau Bernhardi links neben Seifferheld.

»Dem muss doch jemand Einhalt gebieten«, fauchte Frau Walter rechts neben Seifferheld.

Seifferheld aber war zufrieden.

Genau so wollte er auch eines Tages abtreten.

»Was für ein süßer Wauwau«, gurrten Ortrud und Heike unisono und knieten sich nieder, um Hovawart Onis zu streicheln. Der Hund ließ es sich gern gefallen, drehte sich auf den Rücken und streckte alle viere von sich, um sich den Bauch kraulen zu lassen. Seifferheld fing sich von den beiden Frauen einen nicht schwer zu deutenden Blick ein: So geht das, Herr Seifferheld. Während sie das Tier tätschelten, schauten sie unablässig in seine Richtung.

Seifferheld kehrte ihnen den Rücken zu. Er sagte ihnen nicht, dass sie dem Tier gewissermaßen gerade die letzten Reste seines Erbrochenen aus dem Fell strichen. Sie würden es später schon ganz von allein an ihren manikürten Händen erschnuppern.

Pfarrer Hölderlein und der Organist waren gegangen, der Herr vom Bestattungsunternehmen sammelte Plönzkes Foto und die Blumen ein, die Trauergäste waren gegangen.

Bis auf die Damen der Nacht und die beiden Männer, die bei der Erwähnung von »wahrer Freundschaft« so kräftig mit den Köpfen genickt hatten.

Eine der Huren kritzelte einem der Männer mit einem Filzstift eine Telefonnummer auf den Handrücken.

Seifferheld humpelte auf sie zu.

Aus irgendeinem Grund erkennen Nutten Bullen immer sofort. Lag es am Gang? An den Körperdüften? An einem tief verwurzelten Überlebensinstinkt, der auch Rehe warnt, wenn sich der Jäger nähert?

Jedenfalls waren die Frauen ruck, zuck verschwunden.

Seifferheld nickte den zurückgebliebenen Männern zu, die keine Ahnung hatten, was eben geschehen war.

»Hat mein Deo versagt?«, versuchte sich der Filzstiftnummer-auf-Handrücken-Träger.

Sein Begleiter zuckte mit den Schultern.

»Gestatten, Seifferheld.«

Die beiden Männer sahen ihn an.

»Ich hätte noch ein paar Fragen zu Herrn Plönzke«, sagte Seifferheld. »Kripo«, log er, weil die beiden so aussahen, als seien sie keine Freunde von Fragen. »Sie waren befreundet?«

Die beiden sahen sich an.

»Kann man so nicht sagen«, sagte der ohne Telefonnummer.

»Eher nicht«, wehrte der mit Telefonnummer ab.

Seifferheld blieb stumm. Damit erreichte man unfehlbar am meisten. Nur wenige Menschen ertragen Gesprächspausen.

»Wir waren Kollegen«, erklärte der ohne Telefonnummer.

»Wir saßen im selben Großraumbüro«, revidierte der mit Telefonnummer.

Seifferheld nickte.

»Besonders beliebt war der nicht.«

Beide schüttelten den Kopf.

»Na, bei manchen schon.« Der mit Telefonnummer grinste anzüglich und wedelte mit der vollgekritzelten Hand.

Seifferheld schwieg immer noch.

»Wir wissen sonst gar nichts über Plönzke. Der blieb ja immer für sich. Hatte tierische Aknenarben und roch, als ob er seit der Jahrtausendwende nicht mehr geduscht hätte«, sagte der ohne Telefonnummer. »Wir sind auch nur hier, weil der Bestatter im Büro angerufen hat und meinte, dass eine der ...« Er kicherte wie ein Pennäler. »Dass eine der ...« Kicher, kicher, grins. »Dass eine der ...« Er brachte das Wort nicht über die Lippen. »Er hat angerufen und wollte wissen, ob es okay wäre, wenn sich diese Frauen an den Beerdigungskosten beteiligen.«

Sein Kollege nickte.

»Ich hab's ja immer geahnt. Wir beide haben gewettet, ob die Damen zur Trauerfeier kommen oder nicht. Ich habe einen Fuffi gewonnen!«

»Offenbar war Plönzke Stammkunde, das arme Schwein.«

Sie schüttelten bedauernd den Kopf, aber ihre Blicke sprachen Bände.

In all diesen Bänden stand nur ein einziges Wort:

Neid!

## Superkleber ist nichts gegen brünstige Frauen

Das Leben kennt keine Fairness. Gerechte Verteilung von Gelegenheiten, Ressourcen und aufregenden Frauen gehört ins Reich der Fabel.

Während Plönzkes unkollegialer Kollege von den Stadtwerken die Telefonnummer einer rassigen vorderasiatischen Prostituierten auf dem Handrücken mit nach Hause trug, zweifellos mit dem Angebot von fünfundzwanzig Prozent Rabatt für den Erstbesuch, bekam Seifferheld einen Flyer vom Seniorenheim im Lindach.

»Ich wohne in Zimmer 10«, hauchte Ortrud Walter.

»Ich stehe im Telefonbuch«, gurrte Frau Bernhardi.

Seifferheld bedankte sich höflich, aber dadurch wurde er sie nicht los. Sie bestanden darauf, ihn gemeinsam bis zum Ausgang zu begleiten, und stritten sich, wer sich bei ihm unterhaken durfte. Wegen der Gehhilfe hatte er ja nur eine Armbeuge frei.

Gott sei Dank fuhr der nächste Bus erst in einer halben Stunde.

»Sie können doch bei mir mitfahren«, bot Heike Bernhardi an. »In meinem Mercedes ist auch Platz für Ihren Hund.«

»Onis verträgt Autofahren leider nicht«, log Seifferheld, denn Onis schwächelte nämlich nur in Bussen, in Autos blühte er förmlich auf.

»Dann gehen Sie doch einfach mit mir zu Fuß in die Stadt«, schlug Ortrud Walter vor. »Es geht nichts über einen forschen Marsch durch die Natur. Das hat mich so jung gehalten. Oder würden Sie mir mein Alter etwa ansehen?«

Wenn sie für ihr Alter jung aussah, musste sie mindestens neunundneunzig sein.

Seifferheld schaute bedauernd. »Leider kann ich mit meiner Hüfte keine längeren Strecken zurücklegen.« Das stimmte sogar.

»Dann warte ich hier mit Ihnen«, erklärte Ortrud Walter.

»Ich warte auch«, rief Heike Bernhardi rasch.

Seifferheld flehte um eine Eingebung und bekam auch eine. »Tut mir sehr leid, meine Damen, aber um ganz offen zu sein: Ich leide unter Inkontinenz und muss mich auf der öffentlichen Toilette frisch machen.«

»Ach herrje«, sagte Ortrud Walter.

»Ja.« Seifferheld schüttelte traurig den Kopf. »Seit meinem Berufsunfall … die Schießerei in der Bank … Es hat leider nicht nur die Knochen getroffen …«

Er ließ offen, was alles an Weichteilen beschädigt sein könnte, aber sein triefäugiger Basset-Blick ließ das Schlimmste vermuten.

Die beiden alten Damen wurden bleich.

»Sie Ärmster!«, säuselte Heike Bernhardi.

»Mein Beileid«, hauchte Ortrud Walter.

Seifferheld nickte gequält. »Wenn Sie mich dann entschuldigen würden.«

Er band Onis neben der Tür an und verschwand auf der Herrentoilette.

Endlich allein.

Seifferheld stellte sich vor das Urinal und nestelte an seinem Gürtel.

Da ging die Tür auf und eine Frau trat ein.

»Ich muss doch sehr …« Seifferheld wollte sich gerade echauffieren, als er sah, dass es keine der beiden brünstigen Alten war, sondern eine der Blumen der Nacht. Die in dem blutroten Kleid.

»Bitte entschuldigen«, sagte sie mit mädchenhafter Stimme. Sie strich sich die langen, pechschwarzen Haare aus dem Gesicht.

Seifferheld merkte, dass er die Hand noch am Hosenschlitz hatte, und wurde rot.

»Sie Polizei, ja?«

Seifferheld nickte und ratschte den Reißverschluss zu.

»Ich nur wollen sagen, dass Rudi kurz vor seinem Tod nicht mehr gekommen.«

Seifferheld überlegte kurz, ob sie das sexuell oder terminlich meinte.

»Er mir sagen: Ich gefunden Frau. Sie toll.«

Bingo. Ein Hinweis!

»Aber zwei Wochen später, er wieder anrufen und sagen, ich dich brauchen, meine Blume. So, ich denken, vielleicht eifersüchtiger Ehemann ihn bringen um? Rudi soooo sportlich, er nie und nimmer sein gegangen tot an schwaches Herz.«

Sie bohrte ihren rechten Zeigefinger mit dem überlangen, blutrot lackierten Nagel in Seifferhelds Brust.

»Du finden Mörder!«

Aus dem Polizeibericht

**SAUEREI OHNE SAU**

*Beim Maisernten auf einem Feld des Vororts Tüngental besudelte ein Landwirt am späten Montagnachmittag mit seinem Traktor die Fahrbahn derart gekonnt, dass sie spiegelglatt wurde. Der Kehrmaschine der Straßenmeisterei gelang es nicht, die Straße zwischen Tüngental und Schwäbisch Hall zu säubern, daher musste die Freiwillige Feuerwehr Tüngental mit Spezialgerät ausrücken. Bis 20 Uhr war die Straße komplett gesperrt, wodurch es zu massiven Verzögerungen im Feierabendverkehr kam. Pro Stausteher gab es einen Maiskolben gratis.*

Seifferheld meinte, die Haller Polizeichefin an ihrem Frühstückstisch in der Kreuzäckersiedlung aufschreien zu hören. Sein Handy, das er auf stumm gestellt hatte, blinkte wie verrückt. Er brauchte keine altgediente Schnüfflernase, um zu wissen, wer ihn da so hektisch zu erreichen und zur Minna zu machen suchte.

Ein neuer Tag war angebrochen. Drüben an der Arbeitstheke in der seifferheldschen Gemeinschaftsküche rührte Irmgard Rührei an, Susanne mixte Gemüsesaft – dieses Mal in einem eitrigen Gelbton – und Karina schnitzelte Äpfel in das Veganermüsli.

Seifferheld seufzte.

Das war also nun sein Leben. So würde es weitergehen, bis er irgendwann – bei seinem Glück mit über hundert – wegen Altersschwäche den Löffel abgab. Noch vierzig Jahre Ödnis und Langeweile und Essen, das er nicht mochte.

Seifferheld seufzte erneut.

Auch Onis seufzte unter dem Küchentisch, aber angesichts seiner zuckenden Gliedmaßen wohl eher, weil er im Traum über die Wiesen im Stadtpark tollte.

Seifferheld hatte Pfarrer Hölderlein angerufen, der ihm anvertraute, wer für die Beerdigung aufgekommen war: mitnichten die versammelten Haller Profi-Prostituierten, sondern eine alte Tante des Verblichenen, die aus gesundheitlichen Gründen nicht hatte anreisen können.

Pfarrer Hölderlein war zufällig auch ein Skatbruder des Arztes, der den Totenschein für Plönzke ausgestellt hatte. Herzinfarkt, gar nicht dran zu deuteln. Der Mann hatte ungesund gelebt, viel getrunken, sein ganzes Geld im einzigen offiziellen Haller Puff gelassen und dort offenbar tonnenweise erregungssteigernde Mittelchen eingeworfen. Plönzke war nicht ins Visier eines im Affekt mordenden Ehemannes geraten und war auch nicht das Opfer eines hemmungslosen Massenmörders.

Seifferheld musste es sich eingestehen: Mit ihm waren die Gäule durchgegangen.

Und warum war es so weit mit ihm gekommen? Ganz einfach: Das Leben hatte ihm die rote Karte gezeigt, er war aussortiert worden, durfte nicht auf der Ersatzbank Platz nehmen, sondern war in die Umkleide geschickt worden. Aus und vorbei. Er hatte noch ein letztes Mal etwas Spannung in sein Dasein hineininterpretieren wollen und hatte großräumig danebengelegen. Was mussten sich seine Ex-Kollegen über ihn amüsieren.

Seifferheld seufzte erneut.

Das ist von nun an mein Leben. Ereignislos, höhepunktlos, harmlos.

Der Kick meines Alters wird die Frage sein, wie lange ich mein Stick-Hobby vor Irmi und dem Rest meines Harems werde verbergen können.

Das trostlose Leben des Siggi S., dachte Seifferheld.

Wie sehr er sich irrte!

# 2. Kapitel

## Schwanengesang einer dümpelnden Leiche

Traugott Giersch parkte seinen Fiat unter dem Plakat an der Johanniterkirche, auf dem die Dauerausstellung *Alte Meister* angepriesen wurde. Das war zwar nicht ganz im Sinne der Straßenverkehrsordnung, aber wo kein Kläger, da kein Strafzettel. Und morgens kurz nach fünf war hier ohnehin nichts los. Es würde auch nicht lange dauern.

Es war mal wieder passiert, gestern kurz vor Mitternacht: Der schweineteure Laptop hatte den Geist aufgegeben. Giersch, der neben seinem Antiquariat Bücherwurm auch einen Internetbuchhandel betrieb, musste dringend (*dringend* mit dazugedachtem Ausrufungszeichen*!*) seine Mailbestellungen bearbeiten. Es half alles nichts: Der bekennende Nachtmensch quälte sich im Morgengrauen ins Auto und fuhr zu seinem Geschäft, um am dortigen Computer zu tun, was getan werden musste.

Giersch schloss die Autotür ab und marschierte zum Eingang. Hinterher konnte er nicht mehr sagen, warum er sich umgedreht hatte. Der phantastische Blick auf die mittelalterliche Stadtkulisse war ihm nach all den Jahren, die er hier schon das Antiquariat betrieb, doch ein wenig zur Gewohnheit geworden.

Vielleicht lag es an dem Umstand, dass er sonst nie vor halb zehn kam und er an diesem Tag ausnahmsweise den Frühmorgennebel sah, der wie fast immer im Herbst über dem Kocher waberte.

Vielleicht lag es auch an dem strahlend weißen Schwan, den er aus den Augenwinkeln wahrnahm und der sein

Gehirn aufmerken ließ, weil es eigentlich schon lange keine Schwäne mehr auf dem Kocher gab. Der herrliche Vogel breitete seine Schwingen aus und schien auf den trägen Fluten förmlich zu tanzen.

Jedenfalls blieb Giersch am Fuß der steinernen Eingangstreppe stehen, drehte sich in Richtung Fluss und machte noch ein paar Schritte auf das Mäuerchen zu, auf dem irgendein Penner eine leere Bügelbierflasche abgestellt hatte.

Die kann ich eigentlich gleich entsorgen, dachte sich Traugott Giersch.

Und als er gerade die Hand nach dem Altglas ausstrecken wollte, da sah er sie.

Die Leiche.

Die im Kocher dümpelte.

Passenderweise direkt unter der Henkersbrücke.

Aus dem Polizeibericht

**LATTE TRIFFT AUF LETTE**

*Auf der A6, in Höhe Ausfahrt Schwäbisch Hall, wurde am Freitag ein 36-jähriger Mann aus Lettland festgenommen. Eine Streife der Autobahnpolizei prüfte einen Mercedes 280E. Die Beamten schöpften Verdacht, als sie im Kofferraum diverse Elektronikgeräte sowie 7000 Euro, 100 000 iranische Rial, 200 000 estnische Kronen und 50 000 somalische Schillinge in bar fanden. Noch während der Überprüfung fingen die beiden lettischen Insassen untereinander einen Streit an, bei dem der Mitfah-*

*rer den Halter des Wagens unversehens mit einer mitgeführten Holzlatte so schwer am Kopf traf, dass er ins Krankenhaus gebracht werden musste. Wie sich herausstellte, wurde der Beifahrer mit Haftbefehl von einem Gericht in Bergisch-Gladbach wegen gewerbsmäßigem Diebstahl und Geldfälschung gesucht. Der Mann kam in Untersuchungshaft. Die Latte wurde konfisziert.*

## Alle Tage sind gleich lang, nur verschieden breit

»Siggi, das ist aber nett!«

Biggi und Siggi, das war jahrzehntelang ein eingeschworenes Team gewesen. Brigitte Boll hatte als Abteilungssekretärin immer nur einen Favoriten gekannt, nämlich *ihren* Kommissar Seifferheld. Jetzt stand sie selbst kurz vor der Pensionierung und arbeitete gerade ihre Nachfolgerin ein.

»Biggi, altes Haus. Ich hatte Sehnsucht und dachte, ich schau mal bei dir vorbei.« Seifferheld ließ sich umarmen, Onis ließ sich den Kopf tätscheln, dann gab es Kaffee für den Herrn und eine Schale mit Wasser für den Hund.

»Ist viel los?«, erkundigte sich Seifferheld von seinem Platz am Fenster aus. Das hatte er früher schon immer getan, sich auf die Heizung gesetzt, den Blick auf die Crailsheimer Straße im Rücken, die Tür zum Flur vor ihm.

»Ach, es geht so. Frau Denner, wenn Sie möchten, können Sie jetzt Ihre Pause nehmen.«

Biggi lächelte die junge Frau an, die junge Frau lächelte zurück.

»Wollen Sie ungestört in Erinnerungen schwelgen oder Arbeitsgeheimnisse weitergeben?« Frau Denner lachte. »Schon gut, ich bin dann in der Cafeteria. Heute gibt es Milchreis. Da könnte ich drin baden. Lecker!«

Sie nahm ihren sonnenblumengelben Stoffgeldbeutel aus dem Free-Tibet-Jutebeutel, strich ihren blau-weißen Ringelpulli über der froschgrünen Pluderhose glatt und verließ das Büro.

»Wirkt sehr effizient«, meinte Seifferheld. »Und bunt.«

»Die macht mich fertig«, erklärte Biggi und schnaufte.

Biggi war der Großmuttertyp, ohne jedoch Enkel zu haben. »Früher waren die jungen Leute arbeitsscheu und undiszipliniert. Die Denner ist noch kein halbes Jahr hier und schon beherrscht sie die Büroabläufe besser als ich, kommt vor mir, geht nach mir und man muss ihr alles nur ein einziges Mal erklären.« Biggi saugte deprimiert Buttermilch mit einem Strohhalm auf. »Schlimm genug, dass ich gehen muss. Aber zu wissen, dass meine Nachfolgerin besser ist als ich … Siggi, das tut weh, ich sag's dir!«

»Keine ist besser als du«, erklärte Seifferheld mit inbrünstiger Überzeugung.

Biggi strahlte. Wenn es auch nicht wahr war, so war es doch charmant gelogen. »Ich liebe übrigens deine Polizeiberichte. Jeden Morgen kommt die Chefin ins Büro gestürmt und donnert ›Dieser Seifferheld, wegen dem krieg ich noch graue Haare.‹ Machst du das absichtlich? ›Latte trifft Lette‹ … köstlich!«

Seifferheld winkte bescheiden ab. »Wie geht's Beate?« Beate war die Lebensgefährtin von Biggi.

»Ist letzten Monat in den Ruhestand verabschiedet worden. Riesenfeier, Ansprachen, Blumen – das ganze Tamtam. Ehrlich, das will ich alles auch!« Das Saugen wurde geräuschintensiver. »Beate fotografiert jetzt wie blöd. Ist ihr neues Hobby. Wenn ich dann auch in Rente bin, touren wir einmal rund um den Globus und sie will daraus eine Diashow machen, um sie an ihrer alten Schule aufzuführen.« Biggi klang nicht begeistert. »Mal sehen, was für ein Hobby ich mir suche, wenn es so weit ist. Irgendeine Handarbeit? Wie wär's mit Sticken?«

Siggi verschluckte sich an seinem Kaffee.

Er warf ihr einen misstrauischen Blick zu, aber sie starrte nur intensiv auf den Boden des mittlerweile leeren Buttermilchglases, als ob dort die Antworten auf die großen Fragen des Lebens zu finden seien.

»Du, Biggi«, lenkte Seifferheld rasch ab. »Frau Denner hatte gar nicht so unrecht.«

»Womit?«

»Ich will dir Arbeitsgeheimnisse entlocken.«

Biggi sah ihn vorwurfsvoll an.

»Ganz harmlos, ehrlich«, versprach Seifferheld. »Es geht um die verschwundenen Männer, die später tot aufgefunden wurden. Gibt es darüber Akten?»

Biggi hob ihr – von einer Parisreise mitgebrachtes – Lorgnon vor die blassblauen Augen. Der Frau konnte man einfach nichts vormachen. »Hier bei Mord zwo gab es lange keine Akten. Aber als die Rettenberg die Lebensversicherungssumme ihres verschwundenen Mannes einstreichen wollte, witterte die Chefin Unrat.«

Seifferheld nickte, in den Augen das Leuchten eines Trüffelhundes, der im Schatten einer Eiche die Witterung eines besonders großen hypogäischen Knollenpilzes aufgenommen hatte.

»Tja, die Rettenberg-Ermittlung läuft noch. Der einzige andere Fall, wo ein Verschwundener offiziell bei uns landete, war jetzt der Tote im Kocher. Aber im Moment befinden sich rein zufällig die Akten aller Verschwundenen in diesem Büro, weil die Chefin die Unterlagen von den ermittelnden Kollegen ausgeliehen hat.«

So, so, die Chefin hat also denselben Riecher wie ich, dachte Seifferheld. All seine Selbstzweifel waren durch den Toten im Fluss verschwunden.

Es gab doch einen Serienmörder in Schwäbisch Hall!

Seifferheld strahlte Biggi aus großen Augen an. »Kannst du mir Akteneinsicht verschaffen?«

Biggi lächelte herzlich. »Aber natürlich, Siggi. Ich habe ja auch damals das Beweismaterial verschwinden lassen, das deinen Vetter bei der Brandstifterserie belastete. Und dem Sohn vom Vorgänger der Chefin habe ich zur Flucht verholfen, damit er in die Südsee entfliehen konnte, nachdem er seine schwangere Freundin erschlagen hatte.«

Seifferheld schaute verständnislos.

Biggi stand auf und schüttelte den Kopf. »Siggi, Siggi, Siggi …«

Sie ging in die Knie, hob die Ohren von Onis in die Höhe und flüsterte in die leicht schlierige Gehörmuschel: »Dein Herrchen zweifelt den hohen Standard meiner Moral an. Akteneinsicht gewähren. Ts, ts, ts … Was sagst du dazu?«

Sie richtete sich wieder auf. »Buttermilch hat auf mich immer eine enorm verdauungsfördernde Wirkung. Ich bin dann mal ein paar Minuten für Königstigerinnen.«

Sie verließ das Büro.

Seifferheld hörte, wie sie den Schlüssel, den sie an einem Karabinerhaken am Gürtel zu tragen pflegte, ins Schloss steckte und umdrehte.

Er lächelte.

Das Lächeln verging ihm, weil er doch tatsächlich vergessen hatte, in welchem Schrank er suchen musste. Der links mit dem Gummibaum? Der rechts mit der Kaffeemaschine? Oder doch im Hängeregister im Schreibtisch?

Seifferheld fing beim Schreibtisch an und wurde fündig.

Der letzte Fall zuerst: Der Tote aus dem Kocher hieß Peter Prenzlau, war siebenundvierzig Jahre alt und arbeitsloser Hobbyangler. Ein Freund und Anglerkollege hatte ihn drei Tage vor dem Fund als vermisst gemeldet. Prenzlau hatte regelmäßig Medikamente einnehmen müssen. Man ging dem Verdacht nach, dass er sich bei der Einnahmedosis vertan hatte. Zudem war sein Blutalkohol ziemlich hoch. Fremdverschulden wurde ausgeschlossen.

Daraufhin notierte sich Seifferheld die wichtigsten Angaben zu allen Toten auf einer unlinierten, weißen Karteikarte, die auf Biggis Schreibtisch lag. Müllerschön, Geiger, Rettenberg, Plönzke, Klier und jetzt Prenzlau. Auf allen Akten prangte der rote Stempel »Fall abgeschlossen«, aber er wollte verdammt sein, wenn das mit rechten Dingen zuging.

Bedauerlicherweise enthielten die Akten nur Fakten. Seifferheld war immer schon der Ansicht gewesen, Fakten seien nur das Gerippe eines Falles. Wollte man das ganze Bild sehen, brauchte man Fleisch. Kurzum: Klatsch, Tratsch, alles, was menschelte.

Onis bellte ein Mal kurz auf.

Seifferheld schob rasch die Schublade zu und richtete sich auf.

Gleich darauf wurde die Tür aufgeschlossen und Biggi trat ein.

»Hoppla, jetzt habe ich dich versehentlich eingeschlossen. Ach, das tut mir aber leid.« Sie lächelte.

Seifferheld lächelte auch. »Pass gut auf dich auf, Biggi. Wir sehen uns dann auf deiner Riesenabschiedsfeier.« Er drückte ihr einen brüderlichen Kuss auf die Wange. An der Tür drehte er sich noch einmal um.

»Such dir ein gutes Hobby, altes Mädchen.«

»Alt?« Biggi warf ihm eine Tesafilmrolle hinterher.

Seifferheld duckte sich erfolgreich, dann sagte er: »Sticken find ich toll.«

## Die Kleine Meerjungfrau, die berühmte Statue in Kopenhagen, wurde bereits zwei Mal enthauptet

MaC lautete ihr Kürzel. Wie in Mackie Messer. Das erfuhr er natürlich erst, als sie sich im indischen Restaurant gegenübersaßen. Bis dahin war sie für ihn Marianne Cramlowski gewesen, Lokalreporterin des *Haller Tagblatts*, die Frau, die über die verschwundenen Männer berichtet und auch über die Wasserleiche einen Artikel verfasst hatte, der am Folgetag erscheinen würde.

Seifferheld hatte sich nach ihrem Telefonat lange überlegt, wohin er sie ausführen sollte.

In Schwäbisch Hall gab es mit Rebers Pflug und der Eisenbahn gleich zwei Restaurants, die einen Michelin-Stern hatten. Aber womöglich hätte ein derart hochkarätiges Ambiente für die Journalistin den Beigeschmack von Bestechung. Sie hatte ohnehin seltsam reagiert, als er sie angerufen und um ein Gespräch gebeten hatte. Genervt? Misstrauisch?

Seine Lieblingspizzeria, das ehemalige Waldhorn, nur ein paar Schritte vom Seifferheldhaus in der Unteren Herrngasse entfernt, kam aber auch nicht in Frage. Er wollte unerkannt und ungestört plaudern.

Also entschied er sich für die Exotik des Indian Forum in der Gelbinger Gasse. Südindische Küche, auf Wunsch vom Buffet. Da konnte man doch nichts falsch machen.

»Ich kann Ihnen nichts sagen, was Sie nicht auch in der Zeitung gelesen haben«, sagte MaC, nachdem die Kellnerin – ein entzückendes südindisches Geschöpf in Landestracht und mit einem fast bodenlangen, pechschwarzen Zopf – ihnen die Karte gebracht und schon einmal die Getränkebestellung aufgenommen hatte.

Seifferheld spielte aus Verlegenheit mit seiner Serviette. Ihm war nicht ganz klar, warum er verlegen sein sollte. »Meiner Erfahrung nach ergibt sich im Gespräch immer ein neuer Aspekt, ein neuer Anhaltspunkt.«

Die Kellnerin brachte ruck, zuck zwei wohltemperierte Flaschen Kingfisher. Was immer Effizienz auf Hindi heißen mochte, sie hatte es verinnerlicht.

»Frau Cramlowski …«, fing Seifferheld an.

»MaC, bitte.« Sie lächelte ihn an.

Ein bezauberndes Lächeln. Das Lächeln einer Frau in den besten Jahren, mit Grübchen und frechen, dunklen Locken über dem pausbäckigen Gesicht. Sie war Österreicherin und erst vor fünf Jahren nach Hall gezogen. Mehr wusste Seifferheld nicht.

»Siggi«, sagte er automatisch.

Sie stießen mit ihren Bierflaschen an. Herrlich, sie trank ebenfalls aus der Flasche. MaC strahlte die Aura einer Frau aus, mit der ein Mann Pferde stehlen konnte. Oder wahlweise Morde aufklären.

»Ich weiß schon, was ich nehme«, sagte MaC. »Sie müssen wissen, ich komme in meiner Mittagspause öfter hierher.«

Seifferheld ärgerte sich, dass er ihr nichts geboten hatte, was sie noch nicht kannte. Etwas noch Exotischeres. Aber gab es in Hall überhaupt noch etwas Exotischeres?

Er setzte seine Lesebrille auf und studierte die Karte. Wie süß er mit Brille aussieht, dachte MaC – allerdings ohne mütterliche Gerührtheit. In ihr rührte sich eher etwas anderes.

»Was empfehlen Sie mir? Es darf gern etwas Mildes sein«, fragte Seifferheld, für den indische Gerichte böhmische Dörfer waren. Er wusste nur, dass es auf einem indischen Teller scharf werden konnte, und er wollte der Journalistin nicht den lustigen Lockenpony über den Augen wegbrennen, wenn drachengleich eine Stichflamme aus seinem Mund schoss.

»Nehmen Sie das Gemüsecurry mit Kokosnuss, Kariblättern und Tamarinde«, riet MaC.

Seifferheld hatte keine Ahnung, was Kariblätter und Tamarinde waren, dachte dabei an kolumbianische Cocablätter und ähnliche verbotene Pflanzenprodukte, aber er wusste dank seines Harems, wie man einer Frau ein gutes Gefühl vermittelte, indem man nämlich tat, was sie einem sagte.

Sie gaben ihre Bestellung bei der Zopfträgerin auf.

»Frau Cramlowski … MaC«, versuchte Seifferheld es erneut und kam gleich auf den Punkt, »ich glaube, dass es zwischen den verschwundenen Männern der letzten Monate, die später tot aufgefunden wurden, eine Verbindung gibt.«

MaC nickte. »Liegt ja auf der Hand«, sagte sie, als sei es wirklich eine Selbstverständlichkeit. »Und wer bei so vielen ›natürlichen‹ Todesfällen in Serie an Zufall glaubt, der braucht dringend einen Realitätscheck.«

Seifferheld hätte vor Freude aufjaulen mögen. Endlich jemand, der die Dinge so sah wie er. Ihm wurde warm. Musste am Bier liegen.

»Ich durfte im Blatt auf Anweisung von oben keinen Zusammenhang herstellen. Das wäre zu spekulativ, hieß es.« MaC tupfte sich mit der Serviette die Mundwinkel ab. Seifferheld bemerkte erst jetzt, dass ihre Flasche schon leer war. Er beeilte sich, aufzuholen.

»Wissen Sie, für eine Kleinstadtzeitung ist das *Haller Tagblatt* wirklich nicht schlecht, aber knallharten, investigativen Journalismus darf man nicht erwarten. Wenn's hart auf hart kommt und sich der Landrat mit dem Oberbürgermeister zankt, verfasst der Chefredakteur einen zahnlosen Zehnzeiler als Kommentar, der dann blau hinterlegt abgedruckt wird und hitzige Leserbriefdebatten unter immer denselben Leuten entfacht, die dann mittwochs und samstags die Gemüter des Volkes erregen. Ansonsten berichten wir über Stadtorchesterjubiläen, Bürgerstiftungsprojekte oder die Auftritte des ersten Hofburschen der Sieder. Ausschließlich freundlich, allenfalls neutral wie die Schweiz.«

»Man hat Ihnen also verboten, über die Morde zu

schreiben?« Seifferheld witterte eine Verschwörung. Die Polizeichefin und der Zeitungsverleger unter einer Decke.

Die Gäule gingen mit ihm durch. Man hörte es förmlich wiehern.

»Nicht doch.« MaC lachte. »Mir wurde nicht der Mund verboten. Es ist nur so, dass laut Gerichtsmedizin keine Morde vorliegen. Und da wurden eben andere Berichterstattungen als sinnvoller erachtet.«

»Ha«, sagte Seifferheld und beugte sich über die Tischplatte. »Sie wissen doch, dass die Polizeichefin und der leitende Gerichtsmediziner liiert sind, oder?«

Er klang wie ein iranischer Geheimagent, der dem Leiter der CIA die Nuklearwaffenpläne von Präsident Mahmud Ahmadineschad verriet.

MaC roch seinen frischen Atem. Das Bier hatte den Pfefferminzgeschmack noch nicht völlig überdeckt. Wie niedlich, er hatte was für sie eingeworfen. »Ja klar. War ja *das* Gesprächsthema in Hall, als sie Dr. Szerpansky wegen dieses Freilichtspielregisseurs Lasker Schudrow in den Wind schoss und dann ein Jahr später kleinmütig wieder angekrochen kam, weil sich Schudrow als durchgeknalltes Muttersöhnchen erwies. Hätte ich ihr gleich sagen können, aber mich fragt ja niemand. Aber Dr. Szerpansky weilt seit fast sechs Monaten auf Fortbildung-Schrägstrich-Praktikum in den USA und kommt erst zu Weihnachten wieder. Die beiden können also nicht unter einer Decke stecken. Also, zumindest diesbezüglich nicht. Sonst ja schon. Unter einer blutroten Satindecke.«

Jeden Samstag ermöglichte das *Haller Tagblatt* einen Blick in die Privatwohnung bekannter Ortsansässiger und sie selbst hatte im letzten Sommer den Artikel über die

Wohnung des Gerichtsmediziners verfasst. Das Foto vom Schlafzimmer war dann vom Chefredakteur gestrichen worden – es war einfach nicht jugendfrei genug. Dabei hatte Fela Nneka, der Fotograf des *Haller Tagblatts* mit nigerianischem Migrationshintergrund, die Wand mit den Plüschhandschellen und dem Two-Strap-Rindslederharness noch nicht einmal fotografiert.

Aha, dachte Seifferheld, kein Wunder, dass die Chefin so ungnädig auf seine Polizeiberichte reagierte. Ihr fehlte die tägliche Dosis Zärtlichkeit.

»Nein, nein, es gibt kein Komplott«, fuhr MaC fort. »Es ist nur so, wenn ich in der Redaktionskonferenz mal ein heikles Thema vorschlage, werde ich abgebügelt. Nennen Sie es, wie Sie wollen – Fettnapfvermeidung, Schlammaufwühlkontrolle –, aber nicht Komplott.«

Seifferheld seufzte enttäuscht auf.

MaC winkte nach der Kellnerin. »Verstehen Sie mich nicht miss – ich arbeite gern hier. Ist immer noch interessanter als meine letzte Stelle bei einem pseudowissenschaftlichen Hochglanzmagazin, wo ich unnützes Wissen sammeln musste, das man nie vergessen kann, egal, wie sehr man es versucht. Beispielsweise, dass Sandtigerhaie sich schon im Mutterleib gegenseitig auffressen. Oder dass die absolut tödlichen südamerikanischen Pfeilgiftfrösche schon nach kurzer Zeit in deutschen Terrarien gar nicht mehr so giftig sind, weil sie nämlich das falsche Futter bekommen. Oder dass die Kleine Meerjungfrau … aber ich schweife ab.«

MaC bestellte bei der herbeigeeilten Kellnerin noch ein Bier. Dann sah sie Seifferheld an und holte tief Luft.

»Bei einem bin ich mir allerdings ganz sicher: In Hall

ist jemand unterwegs, der reihenweise Männer mittleren Alters umbringt.«

MaC strahlte Seifferheld fröhlich an.

»Wie alt sind *Sie* doch gleich noch mal?«

Aus dem Polizeibericht

**SCHNURSTRACKS ZUM SCHNAPSREGAL**

*Eine 39-Jährige marschierte am Donnerstag in einem Delikatessenladen am Limpurger Platz schnurstracks zu den Alkoholika, packte vor den Augen von Kunden und Personal dreist drei Flaschen Wodka in ihren Rucksack und wollte den Laden ebenso schnurstracks wieder verlassen. Als eine Angestellte sie aufzuhalten versuchte, wurde die Täterin rabiat und versetzte der Frau eine schallende Ohrfeige. Die zwischenzeitlich informierten Streifenbeamten stellten die polizeibekannte Frau, deren vorhergehende Strafen zur Bewährung ausgesetzt waren, nur wenige Minuten später in Höhe des Schenkensee-Freibades. Nun wird sie wohl für längere Zeit hinter Gitter wandern. Nastrowje!*

## Chapeau, Herr Kommissar!

»Sie wissen schon, dass Sie eine Legende sind?«, fragte MaC über Gemüsecurry und Tandoori-Huhn.

»Legende?« Seifferheld tupfte sich mit der Serviette die Mundwinkel ab.

MaC nickte. »Über die Grenzen der Region hinaus.

Seit Sie den Polizeibericht formulieren, bekommen wir fast zwanzig Prozent mehr Zuschriften von Lesern.«

»O weh.« Seifferheld seufzte. Er sah sich geteert und gefedert und vom Mob mit Heugabeln aus der Stadt gejagt.

»Nein, fast nur positiv«, erklärte MaC. »Vor allem Ihre Überschriften sind so erfrischend respektlos. Unser Chefredakteur hat letzte Woche beschlossen, den Polizeibericht auch auf unsere Internetseite zu stellen, und seitdem schnellen die Klicks in die Höhe. Man muss natürlich Abonnent sein, um alle lesen zu dürfen, aber als Appetithappen gibt es immer eine aktuelle Meldung umsonst.«

»Das wird die Polizeichefin nicht gern hören.« Seifferheld wollte seinen Kummer mit Bier ertränken, aber seine Flasche war leer. Er winkte der Kellnerin und bestellte für sich und auch noch für MaC zwei neue Flaschen.

»Wieso nicht? Die Leute lesen den Polizeibericht viel lieber, wenn er spritzig formuliert ist.«

»Der Polizeibericht muss aber seriös sein. Ich repräsentiere in diesem Moment die Exekutive.«

»Hauptsache, die Fakten stimmen. Dann kann ein wenig Flair nicht schaden. Nein, ganz ehrlich, meine Hochachtung vor Ihrem innovativen Berichterstattungsschub!« Sie prostete ihm mit ihrer Bierflasche zu.

Seifferheld hatte das dumpfe Gefühl, dass Polizeichefin Bauer das anders sah. Keine Ahnung, welcher Teufel ihn – vor allem bei den Schlussformulierungen – immer ritt. Die Konsequenzen konnten nicht mehr lange auf sich warten lassen. Frau Bauer ölte in diesem Moment wahrscheinlich schon die Guillotine. Er würde dieses letzte Band zu seinem früheren Beruf vermissen.

Aber jetzt hatte er andere Pläne. Er saß ja nicht zum Vergnügen gegenüber einer schönen Frau.

»MaC, ich weiß, Sie glauben, mir nichts Neues über die verschwundenen Männer erzählen zu können. Aber es gibt doch bestimmt einiges, worüber Sie nicht schreiben konnten. Und sei es nur so ein Bauchgefühl, eine Ahnung.«

Die beiden neuen Biere kamen.

MaC kaute eine Weile nachdenklich auf ihrem Fladenbrot herum.

Seifferheld unterbrach sie nicht. Schon deshalb nicht, weil sie so entzückende Stirnfalten bekam, wenn sie nachdachte.

»Ich habe mir selbst schon überlegt, wo der rote Faden sein könnte«, sagte MaC schließlich.

Der rote Faden?

Den Bruchteil einer Sekunde lang fühlte sich Seifferheld ertappt: Wusste die Presse über seine heimliche Stickleidenschaft Bescheid? Aber nein, das war pure Paranoia. Er schüttelte den Gedanken ab.

»Was ist?«, fragte MaC, der erstaunlich wenig entging. In ihrem Beisein musste man vorsichtig sein mit dem, was man sagte. Auch in der Körpersprache.

»Äh ... nichts«, sagte Seifferheld. »Nur eine Fliege.« Er fuchtelte mit der Hand im Kampf gegen ein nichtexistierendes Insekt. »Kein roter Faden?«

MaC schüttelte den Kopf. »Soweit ich es durch meine Recherchen in Erfahrung bringen konnte, kannten sich die Männer nicht. Beruflich hatten sie ja rein gar nichts miteinander zu tun: Rettenberg war ein hohes Tier bei der Sparkasse, Müllerschön arbeitete im Controlling des größten Elektro-Marktes in Hohenlohe, Klier im Saunabau, Plönzke bei den Stadtwerken, Geiger bei einem Hörbuchverlag und Prenzlau war seit Jahren arbeitslos und jobbte nur jeden Sommer als Ordner bei den Freilichtspielen.«

»Dennoch könnten sie sich gekannt haben«, warf Seifferheld ein. »In einer Kleinstadt ist das nicht auszuschließen.«

»So klein ist Hall gar nicht«, widersprach MaC. »Hier gibt es vor allem viele Parallelwelten, die sich so gut wie nie überlappen. Schön, auf dem Jakobimarkt oder dem Haller Herbst mag man aneinander vorbeilaufen, aber von Kennen kann nicht die Rede sein. Es gibt eine Businesswelt, eine Kulturwelt, eine Sportwelt ... Das hatten die Männer übrigens alle gemeinsam: Sie trieben Sport.«

In dieser Deutlichkeit war das Seifferheld noch gar nicht aufgefallen. »Klier war ein Radfahrer, okay, aber sonst ...«

»Rettenberg machte Extremfitness in einem Studio in Hessental, Müllerschön hat früher aktiv für die Haller Unicorns gespielt und war dann später Trainer, Plönzke joggte und Prenzlau war Angler.«

»Ist Angeln ein Sport?« Seifferheld schaute zweifelnd.

»Keine olympische Disziplin, aber ja, es ist ein Sport.« MaC lächelte. »Nur von Geiger ist nicht bekannt, ob er Körperertüchtigung betrieb. Auch wenn er definitiv so aussah.«

Noch so ein Punkt, den Seifferheld bislang ausgeklammert hatte. Das Aussehen der Toten. »War ihnen ihre Durchtrainiertheit anzusehen?«

»Aber hallo! Die Herren waren allesamt Leckerschnitten: groß, dunkel, schlank«, erklärte MaC. »Der Mörder besitzt zweifelsohne ein ästhetisches Beuteschema. Vielleicht ist Sex die Erklärung.«

Seifferheld seufzte innerlich. Dass Frauen immer nur an das *Eine* denken konnten.

## Waschen allein genügt nicht, man muss auch ab und zu das Wasser und den Waschlappen wechseln …

»Bäh, was stinkt denn hier so?« Irmgard riss das Küchenfenster auf.

Onis legte den Kopf auf den Fliesenboden und verdrehte die Augen wie ein verschämter Welpe nach oben, weil er es erfahrungsbedingt auf sich bezog, wenn Irmgard schimpfte.

Aber es war nicht der Hund, der roch.

Karina, die mit ihrer Tante beim Einkaufen gewesen war, zog die Stupsnase kraus. »Das stinkt nicht, das duftet.« Mit zuckenden Nasenflügeln ging sie auf ihren Onkel zu, der am Küchentisch saß und einen Himbeer-Holunder-Joghurt aus dem Glas löffelte.

»Ja«, Karina holte tief Luft und nickte, »ich habe die Duftquelle geortet. Kommen Sie mit erhobenen Händen heraus und ergeben Sie sich!«

Sie kicherte.

Seifferheld hätte nicht gedacht, dass seinem Harem das neue Aftershave auffallen würde, das er am Vormittag in der Parfümerie Klein erstanden hatte. Als beratungsresistenter Kunde war er in den Laden marschiert und hatte mit seiner Gehhilfe einfach auf den Flakon gezeigt, der in seinen Augen am männlichsten aussah: Gucci for men.

Er hatte sich beim Herrenausstatter Lenarz auch ein neues Hemd und eine neue Krawatte geleistet, aber die lagen noch unausgepackt drüben in seinem Zimmer.

Aus irgendeinem Grund war ihm am Morgen nach dem Essen im Indian Forum spontan nach einer Verschönerung zumute gewesen. Dass dieser Drang mit drei Buchstaben aus dem Alphabet zu tun haben könnte, die für eine aufregende Frau standen, hätte er auf Nachfrage strikt geleugnet.

Nichtsdestotrotz war es nicht von der Hand zu weisen: Bezüglich des Falles hatte er am gestrigen Abend beim Inder nichts entscheidend Neues erfahren, aber wenn er etwas gelernt hatte, dann dass seine Libido noch nicht im Ruhestand war. Die ganze Nacht hatte er sich schlaflos gewälzt und Unzüchtiges gedacht.

Karina schnupperte immer noch, während Irmi mit dem Geschirrhandtuch in der Luft wedelte.

»Das riecht nach Weihnachten«, befand Karina und lächelte ein seliges Kinderlächeln. »Man möchte in dich reinbeißen, Onkel Siggi. Gib's zu, genau das ist die Wirkung, die du beabsichtigst, gell?«

Seifferheld wurde tatsächlich rot.

»Ein Mann sollte nach Wasser und Kernseife riechen. Eventuell noch mit einem Hauch von Tabak. Das ist meine Meinung«, verkündete Irmi, die niemand nach ihrer Meinung gefragt hatte und deren diesbezügliche Meinung aus dem vorvorigen Jahrhundert stammte.

»Ich riech's gern«, erklärte Karina, ging zum Kühlschrank und holte die Sojamilch heraus, die sie mit gierigen Schlucken aus der Tüte trank.

Die Tür ging auf und Susanne trat ein.

Sie blieb stehen.

Schnupperte.

Strahlte auf.

»Ja, ist denn schon Weihnachten?«, fragte sie.

## Welche Frau sucht einen Mann, der eine Frau sucht, die einen Mann sucht?

*»Diplom-Pädagogin, verwitwet, drei Söhne, sucht adäquaten Partner.«*

»Eine Lehrerin?« Seifferheld schüttelte den Kopf.

Es war ein schöner Sonntagmittag. Das heißt, wettermäßig durchaus optimierbar, mit fast schon winterkaltem Nieselregen, aber in der seifferheldschen Küche schlug der Zeiger auf der Wohlfühlskala ganz nach oben aus.

Onis schnarchte rhythmisch unter dem Küchentisch.

Seifferheld lehnte mit dem Rücken am Neff-Herd und löffelte seine Sonntagsbrunchkürbissuppe. Innere und äußere Wärme, besser konnte es nicht werden.

Irmgard und Karina waren fort – Irmi wohl in der Kirche, Karina weiß Gott wo.

Dafür saß Susanne im Flauschpyjama am Küchentisch. Im sanften Licht der alten dänischen Küchenlampe sah seine Tochter besonders bezaubernd aus. Nicht wie die knallharte Managerin, die urbane Akademikerin, die arrivierte Powerfrau mit dem Selbstbewusstsein eines pickligen Backfisches, sobald es um Männer ging, und die je nach Stand ihres schwankenden Fortpflanzungs- und Verehelichungsbewusstseins mal garstig, mal sirenenhaft zu allen Testosteronträgern war, sondern wie der lockige Engel, der früher, wenn Seifferheld nach Dienstschluss heimkam, auf seinen Schoß kletterte und eine Geschichte vorgelesen bekommen wollte.

Jetzt las sie selbst, und zwar die Heiratsanzeigen im *ZEIT-Magazin*. Natürlich nicht für sich, sondern für ihren Vater. Sie begründete das damit, dass sein neu erwachtes Interesse an Duftwässerchen ein klares Zeichen des Schicksals war: Für die Liebe ist es nie zu spät. Und da Seifferheld sie nicht davon in Kenntnis setzte, dass es vor Ort schon eine vielversprechende Kandidatin gab – deren Bindungsstatus er allerdings noch eruieren musste –, suchte Susanne dort, wo man mühelos fündig werden konnte: im Kleinanzeigenteil. Die *FAZ* und die *Süddeutsche* hatten sie schon durch, aber bis auf die Profi-Anzeigen von High-Class-Kupplerinnen wie Claudia Püschel-Knies (»seriös-diskret-erfolgreich«) und Christa Appelt (»Elitepartner«) war dort nichts Adäquates im Angebot. Eheanbahnung gegen Geld kam nicht in Frage. Und natürlich musste es etwas ehetauglich Dauerhaftes sein und nichts kurzfristig Lustiges fürs Bett. Fand Susanne.

»Vater, keine Vorurteile. Eine pädagogische Universitätsbildung schließt zarte Herzensbildung nicht aus. Eine Frau mit Niveau.«

»Die mir mit dem Rohrstock droht, wenn ich nicht brav bin?«

»Schlimmer als mit Tante Irmgard kann es nicht werden«, meinte Susanne lapidar.

»Seine Schwester kann man sich nicht aussuchen, seine Lebensgefährtin schon!« Seifferheld schöpfte aus dem Riesenfamilientopf Suppe nach. »Außerdem hat sie drei Jungs. Ich bin ja mit dir schon kaum fertig geworden. Nein, danke.«

Susanne gab einen Hmpf-Laut von sich.

Seifferheld musste an Susannes Mutter denken. Sie hatten eine gute Ehe geführt, wenn auch ohne Leidenschaft. Hin und wieder vermisste er Annemaries bodenständige Ratschläge, ihre unverbrüchlich gute Laune, ihren Zwiebelrostbraten. Aber sie war jetzt seit zehn Jahren tot. Vielleicht war es wirklich Zeit für einen Neuanfang?

»Wie wär's mit der: *Akademikerin, 55, Nichtraucherin, an Kunst und Kultur interessiert, Stuttgart und Umgebung*. Das klingt doch seriös.« Susanne sah auf.

»Seriös und Lang-wei-lig. Mit großem L. Nein, ich will was Verrücktes.« Seifferheld wusste auch nicht, warum er das jetzt gesagt hatte.

Susanne hmpfte erneut.

»Okay, dann die hier: *Bin ein zarter Falter und suche eine Blüte. Lass mich zu dir flattern, w, 50, keine Bartträger.*« Susanne lächelte.

»Wenn schon, dann will ich keinen Schmetterling, sondern ein weibliches Exemplar der Spezies Homo sapiens. Und die Freiheit, mir einen Bart wachsen zu lassen, behalte ich mir vor.«

Seifferheld hatte sich kurz nach dem Tod seiner Frau einen Vollbart wachsen lassen. Er hatte wie ein Waldschrat ausgesehen und war bei jeder Flugreise bis in intimste Körperöffnungen hinein misstrauisch gefilzt worden, weil er wie ein Terrorist mit finsteren Absichten aussah. Zudem juckte es im Sommer unter der Haartracht und im Winter blieben Weihnachtsplätzchenbrösel darin hängen. Danke, aber nein danke. Nie wieder Bart. Das Recht darauf wollte er sich allerdings vorbehalten, da kannte er nichts. Hier ging es nicht um Gesichtsbehaarung. Hier ging es ums Prinzip. Und das Prinzip hieß Freiheit!

Susanne grinste, klopfte auf den Stuhl neben sich, und als sich ihr Vater setzte, fuhr sie ihm mit kalter Hand über die schlecht rasierte Wange. »Wenn du dir je wieder einen Bart wachsen lässt, kippen wir dir Schlafmittel in die Suppe, schleichen uns in dein Zimmer, während du schläfst, und rasieren dich. Vergiss nie, du bist allein unter Frauen.«

Seifferheld setzte eine panische Miene auf und schob den Teller von sich.

»Ich bin nicht allein! Wir sind zu zweit!« Er klopfte auf sein Knie und rief: »Onis!«

Der Hund kam unter dem Tisch hervor, nahm vor seinem Herrchen Aufstellung und legte ihm den riesigen Schädel in den Schoß, um sich hinter den Ohren kraulen zu lassen.

»Wahre Männerfreundschaft. Aber der Hund wird dir auch keine Hilfe sein, wenn wir uns mit dem Rasiermesser anschleichen. Ein Schweineohr genügt. Der Magen hat mehr Gewicht als jede Testosteronträgerloyalität.«

Seifferheld sah Onis tief in die Augen. »Ja, ich fürchte, du hast recht.« Seifferheld hielt die Hundeohren in die Höhe. »Na, du Wuffschnuff, wie wäre es mit einem Schweineohr?«

Wuff, machte der Hund und sein Schwanz drehte sich im Rekordtempo wie ein Ventilator.

Doch als sich Seifferheld gerade erheben wollte, um aus der Tonne hinter der Kellertür den Nachmittagsimbiss für seinen treuen Begleiter zu holen, wurde die Küchentür aufgerissen.

Irmgard, schwer keuchend, die Augen vor Entsetzen weit aufgerissen, die Haare wirr vom Kopf stehend.

»Karina«, keuchte sie, »Karina!«

## Schlupflider und Stirnfalten …
## Wieder ein Tag mit dem Charme eines Nervenzusammenbruchs

Natürlich sah er sie in ihrem Blut liegen, noch halb unter dem Mercedes, der sie auf der Marktstraße erfasst und getötet hatte. Wie sollte er seinem Bruder erklären, dass er nicht gut genug auf dessen Tochter aufgepasst hatte, dass sie unter seiner Obhut gestorben war? Er war doch Frührentner – warum hatte er Karina nicht Tag und Nacht begleitet, sich an ihrer Stelle vor das Auto geworfen? Warum nicht? Warum?

Dachte Seifferheld in diesem Minutenbruchteil, den Irmi brauchte, um wieder zu Atem zu kommen.

Er und Susanne waren aufgesprungen.

Das *ZEIT-Magazin* fiel vom Tisch. Aus den Augenwinkeln nahm Seifferheld noch wahr, dass eine der Heiratsanzeigen mit Rotstift umkringelt worden war. Erstaunlicherweise eine Anzeige auf der Seite »Er sucht Sie«. Suchte Susanne doch etwas Passendes für sich? Karina sicher nicht und wenn doch, dann nicht im *ZEIT-Magazin*. Oder etwa Irmi?

Apropos Irmi, seine Aufmerksamkeit wandte sich seiner tobenden Schwester zu. Was er sah, war kein lähmendes Entsetzen, es war lavaglühender Zorn.

Wutfunken stoben aus den altersweitsichtigen Augen

unter den Schlupflidern, die hohe Stirn grandcanyongleich in Tief- und Tiefestfalten gelegt.

»Diese undankbare Göre! Dieses impertinente Geschöpf! Ich ertrage es nicht länger!«, gellte Irmi.

Susanne schloss das Küchenfenster. Das ging die Nachbarn ja nun wirklich nichts an.

»Sie ist nicht tot?«, fragte Seifferheld, nur um auf Nummer sicher zu gehen.

»Tot?« Irmi schaute verständnislos.

»Tantchen, zieh den Mantel aus und setz dich. Ich mache dir einen Beruhigungstee«, schlug Susanne vor.

»Hinsetzen? Beruhigen?«, brüllte Irmgard. »Wie soll das gehen, wenn Karina nackt an das Treppengeländer von St. Michael gekettet ist?«

## Barbie läuft Amok

»Für uns muss kein Tier leiden, wir lassen Pelze bleiben!«, skandierten die fünf Nackedeis fröhlich.

Es war kalt, es regnete, aber das hatte Karina und ihre vier männlichen Kommilitonen nicht davon abgehalten, ein Zeichen zu setzen. Andere ketteten sich an Bahngleise, um gegen Castor-Transporte zu protestieren, Karina, Yannick, Mike, Kevin und Sören hatten sich ausgezogen und an die eisernen Treppenpfosten auf der großen Freitreppe der Kirche St. Michael gekettet, um der Menschheit – oder doch wenigstens den Bürgerinnen und Bürgern von Hall und insbesondere den sonntäglichen Kirchgängern – in Erinnerung zu rufen, dass es so etwas wie eine Verantwortung gegenüber den Mitgeschöpfen gab und man diese nicht allein zu schnöden Verschönerungszwecken der eigenen Person abschlachten durfte. Seit der Klimakatastrophe gab es keine extremkalten Winter mehr, folglich auch keine Notwendigkeit für Echthaaroberbekleidung.

Sollten die Frauen doch aufhören, sich überall zu epilieren, dann hätten sie genug eigenes Fell, um warm zu bleiben. Ha!

»Nie wieder Pelz!«, riefen ein paar junge Leute – offenbar ebenfalls Studenten der FH, die sich aber wegen der drohenden Erkältungsgefahr oder aus Prüderie nicht im Adamskostüm aufzutreten trauten – aus der Menschenmenge, die sich auf dem Marktplatz versammelt hatte, um das Spektakel zu beobachten. Oder um Handyfotos von den nackten Twens zu schießen.

»He!«, brummte Seifferheld und riss den Arm eines schmierigen Bierbauchträgers nach unten, der mit seinem Handy gerade eindeutig auf Karina gezielt hatte.

»Was soll denn das?«, empörte sich der Bierbauch. »Ich bin Künstler. Mammograph. Ich sammle rein beruflich Brustaufnahmen.«

»Ach so?« Seifferheld setzte seinen Böser-Cop-Blick auf. »Die Kleine ist aber noch minderjährig.«

Schnell wuselte der Bierbauch in Richtung Marktstraße davon.

Mehrere eingetroffene Streifenbeamte holten Decken aus ihren Polizeifahrzeugen, gingen zur Treppe und legten sie um die nackten jungen Leute.

»Für uns muss kein Tier leiden, wir lassen Pelze bleiben!«, rief Karina, die schon ganz blau angelaufen war, was aber zugegebenermaßen farblich gut zu ihren lilafarbenen Haaren passte.

»Karina!« Seifferheld ging zum Fuß der Treppe. »Du machst dich sofort los und kommst nach Hause!«

Das hatte schon bei Susanne vor zwanzig Jahren nicht funktioniert und es funktionierte auch jetzt nicht. Wobei Susanne sich damals nicht unbekleideten Bondage-Spielen in der Öffentlichkeit hingegeben, sondern bei einem Sit-in Arm in Arm mit ungepflegten, langhaarigen Norwegerpulli-Rebellen die Freilassung irgendwelcher politischen Gefangenen gefordert hatte.

Karina hob das Kinn etwas höher. »Selbst wenn ich wollte, ich kann nicht, Onkel Siggi. Wir haben die Schlüssel vorher weggeworfen und Leim in die Schlösser geträufelt. Uns kriegt man hier nur mit schwerem Gerät weg!«

»Siggi!«, zischte Irmi plötzlich von hinten links. »Mach, dass du wegkommst. Wir dürfen hier nicht gesehen werden.« Irmi fürchtete um ihren guten Ruf unter den Honoratiorinnen. Und bei Pfarrer Hölderlein.

»Wir tun einfach so, als kennen wir sie nicht«, erklärte Susanne, die um ihre Beförderungschancen bangte. Man sah ihr nicht an, dass sie unter ihrem knöchellangen Kamelhaarmantel immer noch ihren Flauschpyjama trug.

»Seid ihr noch bei Trost!« Seifferheld war ehrlich wütend. »Wir sind eine Familie! Wir halten zusammen. Wir kümmern uns umeinander!«

Die Familie schrumpfte abrupt auf einen Onkel und seine Nichte, als die Feuerwehr mit schwerem Gerät und zeitgleich Fotograf Nneka vom *Haller Tagblatt* eintrafen.

»Dass du mir ja einen falschen Namen nennst, sonst stelle ich deinen Koffer jetzt sofort vor die Tür«, hatte Susanne Karina noch zugerufen.

Als ob die heldenhafte Obdachlosigkeit im Angesicht kühner Überzeugungskonsequenz ein Druckmittel wäre.

»Für uns muss kein Tier leiden, wir lassen Pelze bleiben!«

Während die Feuerwehr die Ketten des jungen Mannes namens Yannick durchtrennte und Nneka ein besonders neckisches Foto von Karina schoss, das es nie und nimmer ins *Haller Tagblatt,* aber womöglich auf seine private Homepage schaffen würde, trat eine Frau neben Seifferheld.

»Gehören Sie zu den Protestierenden?«, erkundigte sie sich.

Seifferheld nickte. »Das ist meine Nichte.«

»Ah.« Die Frau blickte sich verschämt um, stellte sich dann wie ein Kleindealer mit 1a-Afghane im Sonderangebot betont unauffällig neben Seifferheld und nuschelte ihm aus dem Mundwinkel zu: »Sind Pelze jetzt generell wieder out oder kann ich meine Kaninchenfelljacke in diesem Winter noch tragen?«

# 3. Kapitel

## Ich Tarzan – du Jane?

Marianne Cramlowski alias MaC wohnte im Lindach, in einem herrlichen Fachwerkhaus direkt am Kocher, unterm Dach mit Blick auf das Gloria-Kino, die Minigolfanlage und den Stadtpark auf der anderen Flussseite. Seifferheld führte Onis seit Menschengedenken auf der Stadtparkseite des Flusses aus, aber aus irgendeinem Grund fand er, dass Herr und Hund flexibler werden müssten. Und auch viel länger unterwegs sein sollten als sonst.

Es war Viertel vor neun, um neun würde MaC in der Redaktion des *Haller Tagblatt* sein müssen, die fußläufig in gut fünf Minuten zu erreichen war. Jede Sekunde musste sie aus dem Haus treten. Obwohl Onis sein Bein am Gloria-Kino längst gehoben hatte und gern weitergezogen wäre, trödelte Seifferheld vor den Vorschauplakaten herum, die ihn in Wirklichkeit null interessierten.

Nur noch Gewalt und Sex und alles so schnell geschnitten, dass man gar nicht mehr folgen konnte. Nein danke, ohne ihn. Hin und wieder ein schöner Klassiker mit Fred Astaire oder Audrey Hepburn auf DVD, das reichte ihm völlig, aber doch nicht diese Hau-drauf-zieh-aus-Filmchen in Überlebensgröße …

»Da schau, ein Hominide und ein Canide«, flötete es plötzlich neben ihm.

MaC hatte sich angeschlichen.

»Darf ich?« Sie kraulte Onis hinter dem Ohr. Der Hund ließ es sich nur zu gern gefallen. »Was machen Sie denn hier?«

»Wir sind auf unserer Morgenrunde. Was für ein netter Zufall. Hallo MaC.« Seifferheld schob sich die Linke auf eine Weise in die Levi's-101-Tasche, dass sein Jack-Wolfskin-Anorak aufklappte und das neue Charles-Tyrwitt-Hemd mitsamt der neuen Hugo-Boss-Krawatte sichtbar wurde. Seifferheld hatte sich beim Ankleiden unendlich viel Mühe gegeben. Nur das Beste vom Besten hatte vor seinen Augen Gewähr gefunden. Zuletzt hatte er diesen Aufwand in den sechziger Jahren des vorigen Jahrhunderts für seinen Tanzstundenball betrieben.

MaCs Blick wanderte an ihm auf und ab, sie sagte aber nichts. »Wie schade, dass ich in Eile bin. Vielleicht können wir ein anderes Mal über den Fall reden.«

»Vielleicht heute Abend?«, rutschte es aus Seifferheld heraus.

»Passt mir gut. Wenn Sie Kino mögen, warum gehen wir dann nicht in den neuen Actionfilm von Quentin Tarantino?«

»Ja gern«, hörte sich Seifferheld sagen. »Prima.«

Es klang tatsächlich so, als ob er es so meinte.

Aus dem Polizeibericht

**WER ZU SCHWER IST, DEN BESTRAFT DER SCHLAMM**

*Blind vertraut hatte ein Lastzugfahrer am Freitag den Vorgaben seines Navigationsgeräts. Der 41-Jährige wollte mit seinem Vierzigtonner ein Zentrallager im Industriegebiet Solpark beliefern. Er folgte, aus Richtung Crailsheim kommend, der kürzes-*

*ten Fahrtroute. Diese führte ihn jedoch auf einen Gemeindeverbindungsweg, der nur sechs Tonnen trägt. Beim Wendemanöver im aufgeweichten Untergrund richtete der Lkw erheblichen Flurschaden an und blieb schließlich stecken. Zwei Abschleppfahrzeuge waren nötig, um den Havaristen wieder flottzumachen.*

## Fischstäbchen sind auch nur tote Kiemenatmer

Wenn schon Kino, dann liebte Seifferheld es, bereits auf seinem Platz zu sitzen, sobald das Licht ausging. Dieser magische Moment, dieser Übertritt von der realen Welt in eine Anderswelt, in der alles möglich war … Aber MaC kam zu spät, und so liefen schon die Vorschaufilme im abgedunkelten Saal.

»Tut mir leid«, flüsterte MaC ihm ins Ohr. Er konnte auf diese Distanz ihr blumiges Parfüm riechen.

»Nicht doch«, wehrte Seifferheld ab. Sah man ihm seine Enttäuschung so deutlich an? Er musste dringend an seinem Pokerface arbeiten.

»Es gab einen weiteren Toten«, wisperte MaC.

»Nein!«, rief Seifferheld.

In der Reihe vor ihnen drehte sich ein Halbwüchsiger mit strengem Blick um. Seifferheld guckte streng zurück. Die raschelnden Chips-Tüten und Popcorn-Becher und Taco-Schalen der jungen Leute waren weitaus störender.

»Nein«, wiederholte er leise, jedoch mit derselben Ungläubigkeit.

»Doch«, sagte MaC. »Ein gewisser Holger Fischer. Er hat die Wäscherei auf der Tullauer Höhe betrieben. Eine Kundin fand ihn kurz vor Geschäftsschluss tot in der Heißmangel.«

Auf der Leinwand stoben abgetrennte Gliedmaßen unter gewaltigen Blutfontänen in alle Richtungen: Der Hauptfilm fing an. Dieses Mal hieb keine Amazone mit Schwertern um sich, sondern ein mutierter Fisch tobte seinen Appetit auf Menschenfleisch wahllos aus.

Seifferheld wiederholte noch ungläubiger: »Tot in der Heißmangel?«

MaC nickte und beugte sich näher an ihn heran. Fast meinte er, ihre Nasenspitze an seinem Ohrläppchen zu spüren. »Die Polizei glaubt, dass er bei der Arbeit ohnmächtig wurde, mit der Hand in die Walzen geriet und dann von der Mangel zerquetscht wurde.« Sie schüttelte sich. Ihre Locken streiften dabei Seifferhelds Ohr. Definitiv. Kein Zweifel möglich. Der erste Kontakt!

Was nicht unbedingt Seifferhelds Konzentrationsfähigkeit erhöhte.

»Zerquetscht«, wiederholte er folglich nur.

MaC nickte. »Ja. Es ist noch nicht offiziell, aber es wird auf Unfall befunden werden. Obwohl er – und das ist der Hammer –, obwohl er seinen Tennisdress trug. Er hatte für sieben einen Platz in der Auwiesenhalle reserviert.«

»Tennisdress«, murmelte Seifferheld.

MaC lächelte. »Ich hatte als Kind einen Papagei, der konnte genauso gut nachsprechen wie Sie.«

Seifferheld riss sich zusammen. »Entschuldigung. Ich will nur die Fakten richtig einsortieren.«

MaC nickte. »Der Mann war zwar zuvor nicht mehrere Tage verschwunden, aber er war wie die anderen alleinstehend. Niemand hätte ihn vermisst, wenn die Kundin ihn nicht zeitnah nach Eintritt des Todes gefunden hätte. Und er passt exakt ins Schema. Groß, dunkel, sportlich!« MaC klang triumphierend.

»Nie und nimmer war das ein Unfall!«, erklärte Seifferheld mit Inbrunst und dem Ausdruck von Finalität.

Der Halbwüchsige drehte sich erneut um. »Also ehrlich, Leute, wenn ihr quatschen wollt, dann geht doch bitte raus.«

## Wenn's helfen soll, muss es weh tun

»Aaaaah!«, schrie Seifferheld.

»Hoppla, war das schmerzhaft?« Physiotherapeut Olaf grinste. »Ja, warum war das wohl schmerzhaft? Mache ich meine Sache nicht richtig? Nein, ich mache alles richtig. Aber irgendjemand hat ganz offensichtlich seine Übungen wieder nicht absolviert.«

Seifferheld lag in seinem Zimmer rücklings auf einer lila Isomatte. Olaf versuchte, Seifferhelds rechtes Knie in Kontakt mit Seifferhelds rechter Brustwarze zu bringen. Ein scheinbar aussichtsloses Unterfangen, aber sein großes Ziel, wie Olaf gleich beim ersten Termin verkündet hatte.

»Möglicherweise bin ich in den letzten Tagen nicht regelmäßig zum Üben gekommen«, räumte Seifferheld keuchend ein. »Ich hatte Wichtigeres zu tun.«

»Wichtigeres, als wieder hundertprozentige Gelenkigkeit zu erlangen?« Olaf wurde böse. Das merkte man seinen Gesichtszügen nicht an, nur dem Druck, mit dem er Seifferhelds Bein an dessen Brustkorb zu pressen versuchte. »Wichtigeres! Papperlapapp. Ich sage ja auch nicht, dass ich Wichtigeres zu tun habe, als in Ihre Invalidenhüfte wieder etwas Schwung zu bringen. Und gerade jetzt brauchen Sie allen Schwung, den Sie kriegen können, nicht wahr? Sie wollen doch nicht, dass die Hüfte im entscheidenden Moment nicht mehr mitspielt?«

Seifferheld hob die Augenbrauen. »Wie meinen Sie das?«

Olaf – Freundschaftslederarmbändchenträger, Patchoulibenutzer – strahlte über alle vier Backen. »Wie ich gestern Abend so gegen halb elf auf dem Mountainbike gen Heimat düse, komme ich doch zufällig im Lindach vorbei. Und wen sehe ich da?«

»Es ist nichts passiert!«, rief Seifferheld und wollte sich aufrichten, aber Olaf hielt sein Bein wie in einem Schraubstock fest.

»Weiß ich doch. Bin ja schließlich abgestiegen und habe mich wohlig in die liebliche Szene vertieft.«

»Spanner«, brummte Seifferheld.

»Da war definitiv ein Funke«, freute sich Olaf. »Definitiv.«

Seifferheld widersprach nicht. Er und MaC hatten sich nur fest die Hand geschüttelt, aber Seifferheld wollte verdammt sein, wenn es dabei bliebe. Zumal sie bei dem heißen Kakao aus dem Automaten, zu dem er sie nach dem Film noch eingeladen hatte, beiläufig in die Unterhaltung eingeflochten hatte, dass sie ungebunden war. Er wollte sie im Laufe des Tages in der Redaktion anrufen und sie morgen zu der Krimilesung mit Ralf Kramp und Jürgen

Ehlers in die Stadtbücherei einladen. Wenn er den Mumm dazu aufbrachte.

Seifferheld seufzte. Er war immer stolz darauf gewesen, sich vor nichts zu drücken. Mutig der Gefahr ins Auge zu blicken, wenn es einem höheren Zweck diente. Und wer sich vor Gefahren nicht scheute, der brauchte sich auch vor der Peinlichkeit nicht zu scheuen, jemand, der nur halb so alt wie er selbst war, um Rat zu fragen.

»Sagen Sie mal, Olaf …«

»Ja?«

»Wie baggert man heutzutage eine Frau an?«

## Wehe, wenn sie losgelassen

*Wecke den Lafer in dir!*

So hieß der Kochkurs für Männer, den die Volkshochschule Schwäbisch Hall in diesem Herbst schon zum dritten Mal anbot.

Männerkochen war total angesagt. Natürlich nicht das langweilige Alltagskochen für die Familie – Tag für Tag möglichst kostengünstig, reichhaltig und ausgewogen etwas Warmes auf den Tisch zu bringen, das war banal und somit etwas für Frauen –, sondern das Zelebrieren einer Kunstform, das Bezähmen der allerneuesten Herd-Technologie, das Erobern exotischer Genüsse. Kurzum: Brutzeln auf Vier-Sterne-Niveau. Nur was für die Crème de la Crème der Männlichkeit.

Die Qualifikation des Dozenten sprang sofort ins Auge: Zum einen war er selbst ein Mann, zum anderen war er bei seinem letzten Ameropa-London-Städtereisenkurzurlaub beim Umsteigen am Bahnhof Paddington Jamie Oliver begegnet und hatte sogar ein Autogramm von ihm bekommen. Außerdem war er Exil-Franzose und hieß François Arnaud, wiewohl ihn alle nur Bocuse nannten. So einer musste doch einfach kochen können, oder? Bislang waren jedenfalls noch keine Beschwerden eingegangen.

Seifferheld stürzte sich begierig auf diese Chance, ein Hobby vorzutäuschen, das gesellschaftliche Anerkennung fand. Es war ein kleiner Preis, einen Winter lang ein Mal die Woche in geselliger Runde am Herd zu stehen, wenn dafür das lästige Drängen seines Harems aufhörte, er solle sich doch endlich eine sinnvolle Ruhestandsbeschäftigung zulegen. Er würde aufgeschlagene Kochbücher im Haus herumliegen lassen. Das würde die Frauen besänftigen und sie nicht auf die Idee kommen lassen, in seinem Zimmer zu wühlen und seine Stick-Ausrüstung zu finden. Natürlich hatte Seifferheld nicht vor, tatsächlich kochen zu lernen. Essen war reine Energiezufuhr, warum daraus eine Art Kunst machen? Sollten ihn seine Mädels irgendwann bitten, für sie ein Drei-Gänge-Menü zu zaubern, gedachte er, alles kräftig anbrennen zu lassen oder wahlweise zu versalzen. Das würde sie lehren, ihn künftig nicht mehr an den Herd zu zitieren.

Es war der zweite Abend der Gruppe. Die erste Nervosität war verflogen. Die Grundhürden – Wie bringe ich Wasser zum Kochen? – waren genommen.

»Non, non, non!«, rief Bocuse und riss Nikolaus den Salzstreuer aus der Hand. »Man muss mit Zartgefühl streuen. Als ob man mit den Fingerspitzen zart auf die 'aut einer schönen Frau klopft!«

Chefkoch Bocuse machte es vor. »'ier bitte, aus dem 'andgelenk!«

Nikolaus, achtunddreißig Jahre alt, Golflehrer, hielt Bocuse insgeheim für schwul und glaubte daher nicht, dass der Koch wusste, wie man eine schöne Frau abklopft. Ganz im Gegensatz zu ihm, Nikolaus, der schöne Nick genannt, der seinen Golfschülerinnen gegen Aufpreis gern auch Zusatzleistungen erbrachte. Ein gutes Essen war Stufe eins des Vorspiels – und Nick wollte sein Dienstleistungsspektrum erweitern. Die Konkurrenz schlief nicht, und der neue blonde Golflehrer, ein Wikingergott, musste mit allen Mitteln ausgebootet werden, notfalls auch mit einem Kochlöffel.

An diesem Abend war die Gruppe beim Thema Salat und Salatdressing angekommen.

Seifferheld stand in der Ecke am Fenster und schleuderte die frisch gewaschenen Salatblätter. Natürlich von Hand in einem Handtuch. Er musste ständig an den zerquetschten Heißmangelbetreiber denken. Ihm fiel daher zu spät auf, dass er das Fenster hätte öffnen sollen. Es fiel ihm auch nur auf, weil Horst es ihm sagte.

»Tropfenteppich auf Glasscheibe«, lautete der exakte Hinweis von Horst, der sich als Mathematiklehrer keine Gelegenheit entgehen ließ, einen korrigierenden Kommentar zu tätigen. Seifferheld nickte, befand, dass es nun schon zu spät und mithin egal war, und schleuderte weiter.

»Das trocknen Sie hoffentlich nachher wieder ab«, sagte Guido, Schmälzle genannt, der hinter Seifferheld Möhren raspelte. Beim Raspeln gerieten ihm immer wieder die Finger zwischen Möhre und Raspelgerät, was nicht zu Blutungen, aber zu Hautschuppen auf dem Karottenhaufen führte. Seifferheld gelobte innerlich, auf keinen Fall vom Salat zu kosten.

Schmälzle war Wanderführerautor und mit einundsechzig der Senior der Truppe. Von seinem Bestseller *Mit Schmälzle fröhlich über Stock und Stein durch Hohenlohe* führte er immer einige Belegexemplare mit sich. Vor Kursbeginn schälte er sich zwischen Herd und Esstisch aus seiner schwitzigen Wandermontur (natürlich marschierte er immer zu Fuß von seinem Reihenendhaus im Vorort Michelfeld bis zur Volkshochschule mitten in Hall) und stieg in seine karierte, vom Vater geerbte Kochhose. Seit dem Tod seiner zweiten Frau schlug sich Schmälzle als Selbstversorger durch. Er tat sich in erster Linie durch seine Penetranz hervor. Er mischte sich in alles ein, hatte überall mitzureden, krittelte auch gern an Dingen herum, die ihn nichts angingen. Wenn er nicht gerade auf die Wasserschlieren an Wand und Scheibe hinwies, dann monierte er den Kochlöffel (»Meine Hilde hat immer Metall genommen, Holz ist unhygienisch!«) oder den Herd (»Da ist nicht ordentlich sauber gemacht worden, ich sehe da noch einen Fleck!«). Es war erst der zweite Abend, aber nur noch Günther, der im wirklichen Leben Pfarrer war, ertrug Schmälzles Dauerkritik. Wahrscheinlich aufgrund himmlischer Gelassenheit. Die anderen rückten unweigerlich – und deutlich – von ihm ab, wenn Schmälzle sich zu ihnen stellen wollte. Aber ihm schien das gar nicht aufzufallen. Er tauchte immer wieder auf, wie ein gegen Antibiotika resistenter Hautausschlag.

»Ich glaube, der Salat ist jetzt trocken«, vermeldete er. Und weil Schmälzle Schmälzle war, fügte er noch hinzu: »Er sieht aber nicht frisch aus. Die Verzehrfähigkeit ist bedenklich.«

»Très bien«, rief Bocuse, Schmälzle ignorierend, und

scharte seine Hammellämmer um sich. »Et maitenant, attention.«

Bocuse zeigte im Zeitlupentempo, wie man Salatblätter in mundgerechte Happen zerzupfte und in eine Salatschüssel füllte.

»Ist mir fast peinlich, aber ich habe noch nie einen Salat angemacht«, flüsterte Klaus. Er stand neben Seifferheld in der hintersten Reihe, während Bocuse die Salatblätter in bissgroße Happen vivisezierte. Man meinte förmlich, die Schmerzensschreie der grünen Blätter zu hören.

»Ich hasse Salat. Fleisch ist mein Salat«, flüsterte Seifferheld zurück.

»Wann kommen wir denn zu Steak?«, wollte Arndt wissen, der Klempner war und wie Seifferheld dachte. In seinem rechten Ohr blinkte es blau. Das lag daran, dass er Bereitschaftsdienst hatte und ständig erreichbar sein musste, falls irgendwo in Hall ein Toilettenrohr verstopfte. Sein Handy war hochmodern und bestand gewissermaßen nur aus einem blau blinkenden Pfropfen, den er sich in die Gehörmuschel gebohrt hatte, und aus einem schmalen Tentakel, das sich an seine Wange schmiegte.

»Ruhe da hinten auf den billigen Plätzen, man versteht ja nichts!« Mathematiklehrer Horst hatte zweifellos einen Witz machen wollen, aber aus seinem Mund klang jedes Wort wie die Androhung eines Eintrags ins Klassenbuch.

»Voilà!«, freute sich Bocuse. »Jetzt schnippeln wir eine Zucchini klein. 'orst, wären Sie so freundlich?«

Während Horst sich am Gemüse verging, schaute Seifferheld aus dem Fenster.

Die Volkshochschule befand sich in einem apricotfarbenenen Gebäude am Haalplatz. Man verstand, warum Ray Charles einmal gesagt hatte, für die Farbe Apricot lohne es sich, blind zu sein. Früher hatte sich in diesem Gebäude das Mädchenlyzeum befunden. Die höheren Töchter der Stadt hatten hier bei altjüngferlichen Fräuleins Latein und Bildende Kunst erlernt. Auch seine Schwester Irmi war seinerzeit, noch unter Direktorin Dengler und später Direktorin Nau, zur Reifeprüfung geführt worden.

»'allo, Siegfried, träumen Sie?« Bocuse stand plötzlich vor ihm, eine Zitronenpresse und eine Zitrone in der Hand.

Seifferheld stellte sich zwischen Klaus, der mit einem riesigen Messer das Baguette in krümelnde Scheibletten verwandelte, und Buchhändler Gotthelf, der schwarzen Pfeffer in einem Mörser zerstieß, an die chromblitzende Theke.

»In den Kochbüchern sieht immer alles so einfach aus«, meinte Gotthelf, während ihm beim Mörsern die Pfefferkörner nur so um die Ohren flogen.

»Sachte, sachte«, riet Bocuse. »Pfeffer ist wie eine schöne Frau. Stellen Sie sich beim Mahlen des Pfeffers vor, Sie massierten ihre Brüste.«

Gotthelf rollte mit den Augen. Hinter dem Rücken des Chefkochs murmelte er: »Für einen Franzosen ist alles wie eine schöne Frau. Salzstreuer sind wie eine schöne Frau. Pfefferkörner sind wie eine schöne Frau. Aber manchmal ist ein Pfefferkorn einfach nur ein Pfefferkorn.« Gotthelf klang ungnädig.

Seifferheld kannte Gotthelfs Ehefrau und wusste, woran der Mann wirklich laborierte. Es war jedenfalls nicht die eingleisige Bildersprache des Kochlehrers.

»Wir brauchen Pfeffer, viel Pfeffer«, rief Bocuse.

Gotthelf mörserte schneller.

»Kochen kann jeder«, jubilierte Bocuse, »aber Würzen, das ist die 'ohe Kunst!«

Der einzige Zwischenfall an diesem Abend geschah um exakt zwei Minuten nach neun.

Der Salat war fertig angerichtet und harrte in der übergroßen Keramikschüssel aus der Werkstatt von Monika und Stefan Fitzlaff darauf, verspeist zu werden.

Die Männer nahmen sich je einen Teller aus dem Schrank und stellten sich um den Esstisch.

In diesem Moment …

… ballerte das Maschinengewehr los.

Chefkoch Bocuse, der in seiner Jugend fünf Jahre lang bei den Fremdenlegionären gedient hatte, wenn auch nur in einer Feldküche im Tschad, reagierte im Automatikmodus und warf sich quer über den Tisch – wobei die Keramikschüssel mit dem Salat raketengleich durch die Luft flog – und versteckte sich unter der Tischplatte. Alle anderen ließen einfach nur ihre Teller fallen.

Es gab eine herrlich dissonante Kakophonie. Und gleich danach eine künstlerisch ansprechende Bodeninstallation aus türkisfarbenen und hellbraunen Tellerscherben sowie grünen Salatblättern.

Aus dem Raum links nebenan, in dem der Haller Lyrikertreff wie jeden ersten Mittwoch im Monat eigene Poeme vortrug und über ein dichterisches Thema diskutierte, an diesem Abend über die Lyrik Paul Celans, eilte mutig und mit wehendem, schlohweißem Haupthaar der oberste Dichter herbei.

Aus dem Raum rechts nebenan drang nur Stille. Wahrscheinlich waren die Kursteilnehmer samt Dozentin in Schreckstarre verfallen. Dort lehrte eine Diplom-Psychologin zum Thema »Selbstbehauptung durch Grenzensetzen«.

Seifferheld fühlte sich sehr an den Schusswechsel in der Bank erinnert, der seinem Leben, wie er es kannte, ein so abruptes Ende bereitet hatte. Gott sei Dank war er nicht so sehr traumatisiert, dass er sich jetzt die gute Cordhose benässte. Aber die coole Gelassenheit, die er früher an den Tag gelegt hatte, war ihm abhandengekommen.

»Was ist hier los?«, rief der Oberlyriker.

In diesem Moment fing bereits eine Männerstimme markig zu singen an und die Maschinengewehrsalve wurde mit rhythmischen Beats unterlegt. Man verstand über das Wummern hinweg nur die Worte »dead chicks« und »blood, blood, blood«.

»Sorry, tut mir echt leid!«, brüllte Arndt, der Klempner.

Der Lärm verstummte, als er sich ans Ohr griff und daran herumnestelte.

»Das ist meine Handymelodie. *Damn, what a son of a gun*. Geiler Rap. Von Eminem.« Arndt wies mit dem Zeigefinger in sein Ohr, das jetzt eine Nuance hektischer blinkte. »Ja?«, rief er in das Tentakelteil. »Okay. Bin schon unterwegs.« Schritt für Schritt tastete sich Arndt rückwärts in Richtung Tür. »Ich zahle natürlich für die Teller«, rief er. »Das tut mir wirklich enorm leid, aber ich brauche einen Song, der mich weckt, wenn ich beim Bereitschaftsdienst einpenne.«

Zack, war er weg.

Bocuse tauchte unter dem Tisch auf. Er wischte sich

Möhrenreste, Olivenölschlieren und Keramikscherben vom weißen Küchenchefkittel.

»Eh bien«, rief er, als ob nichts gewesen wäre. »Scherben zusammenkehren. Und dann 'eißt es: Essen fassen! Wir lernen: Immer zu viel kochen. Für den unerwarteten Gast. Oder für maschinengewehrbedingte Ausfälle.«

Der Abend endete kurz nach zehn, wie immer mit einem Glas Weißwein und einem Bastkörbchen, das die Runde machte, um sich mit je fünf Euro Unkostenbeitragsscheinen füllen zu lassen.

Seifferheld humpelte gemütlich nach Hause. Es war nicht weit bis in die Untere Herrngasse.

Das Haus lag im Dunkeln.

Sein Harem überraschte ihn, indem es keine Überraschungen gab. Kein Keifen. Kein Zetern. Keine Zettelchen mit diversen Ausrufungszeichen. Alles lag in friedlicher Beschaulichkeit. Nur Onis kam auf ihn zugelaufen, ließ sich durchkraulen und legte sich dann wieder auf seine flauschige Schmusedecke zum Schlafen nieder.

Die Ruhe gab Seifferheld zu denken. Waren seine Mädels krank? Oder hatten sie sich zurückgezogen, um die Auslöschung der menschlichen Rasse zu planen?

Seifferheld zuckte mit den Schultern und ging auf sein Zimmer, wo er noch bis weit nach elf mit pastellfarbenem Sticktwist die Worte »I love Germany« im Elfen-Alphabet auf einen Kissenbezug stickte, den er am nächsten Tag seinem Händler in Rothenburg ob der Tauber zu schicken gedachte.

Für einen kurzen Moment lang war alles gut und die Welt in Ordnung.

Für einen sehr kurzen Moment.

## Aus dem Leben eines Gefahrhundes: Entfesselte Tierwelt und Seifferheld mittendrin

Im Bett zu liegen ist eine Sache. Zu schlafen ist etwas völlig anderes. Seifferheld wälzte sich hin und her.

Nach dem Unfall hatten die Alpträume angefangen. Eigentlich war es immer derselbe Alptraum, der jede Nacht auf ihn gewartet hatte, unheimlich wie ein leerer Zug an einem stillgelegten Bahnhof. Wirr, diffus, kaum nacherzählbar. Grob ging es um einen Mann – das war dann wohl er selbst –, der sich mit einer Machete durch einen undurchdringlichen Dschungel kämpfte. Der Dschungel behielt immer die Oberhand. Die Alpträume hatten erst aufgehört, als er zur Sticknadel gegriffen hatte. Irgendwie hatte Seifferheld das Gefühl, der Traum wartete in dieser Nacht auf ihn. Aber in diesem leeren Zug am stillgelegten Bahnhof würden die ermordeten Männer sitzen.

Seifferheld setzte sich im Bett auf.

Es war Mitternacht. Im Sommer hätte man jetzt noch die Biergartenbesucher auf dem Unterwöhrd gehört oder vorbeiflanierende Freilichtspielbesucher, die sich nach einem Spätschoppen in einer der Haller Weinstuben auf dem Heimweg über den Theaterabend unterhielten und dabei nicht bedachten, wie laut in den engen Haller Gassen selbst leises Reden hallte. Aber es war Herbst, die Saison war vorüber, das Wetter war schlecht und niemand war unterwegs.

Stille lag über der Kocherstadt.

Nur das Schnarchen von Onis auf dem Bettvorleger war zu hören. Normalerweise schnarchte Onis sehr melodisch, quasi wiegenliedmäßig. Seifferheld schlief dabei immer unweigerlich ein. Nur nicht an diesem Abend. Zu viel ging ihm durch den Kopf.

Würde sein Kissen einen Abnehmer finden? Würde es MaC gefallen, mit ihm eine Lesung zu besuchen, wo sie doch berufsbedingt ohnehin dauernd unterwegs war? Wie konnte man einen Wäschereibesitzer in seiner Heißmangel plattwalzen und das Ganze wie einen Unfall aussehen lassen?

Plötzlich endete das Schnarchen abrupt. Onis erhob sich, ging zur Tür, stellte sich auf die Hinterpfoten, drückte mit den Vorderpfoten die Türklinke nach unten und ließ sich selbst in den Flur. Es war ihm im Schlafzimmer mal wieder zu warm geworden.

Seifferheld seufzte. Er hätte seinem treuen Gefährten niemals erlauben dürfen, das Türöffnen zu lernen. Tiefe Kratzspuren zierten nun sämtliche Türen des Hauses. Irmi pflegte regelmäßig zu schimpfen: »Wie sieht das denn aus! Was sollen die Leute denken, die uns besuchen!« Und Susanne sprach mit gerunzelter Stirn von »Wertminderung der Immobilie«.

Seifferheld seufzte erneut. Dann gab er es auf.

Er war wach.

Der Hund war wach.

Da bot sich ein Spaziergang an.

Schon bei Tag machte Onis seinem Spitznamen Hundini (frei nach dem großen Verschwindibus-Künstler Houdini) alle Ehre: Eben war er noch da, plötzlich war er weg. Und dann tauchte er an einer Stelle wieder auf, an der man ihn nie und nimmer vermutet hätte. Nun, um halb eins in der Nacht, führte er diese Nummer zur absoluten Perfektion. Er war weg und er blieb weg.

Seifferheld spazierte mit seiner »vermaledeiten Gehhilfe«, wie er den Stock nannte, durch die Ackeranlagen. Es war Vollmond, doch durch den Wolkenteppich blitzte nur hin und wieder ein Mondstrahl auf.

In Höhe des Lindach schaute Seifferheld über den Kocher zu MaCs Dachfenster, aber es brannte kein Licht. Selbst für eine bekennende Nachteule wie MaC war jetzt Bettgehzeit.

Er humpelte weiter.

Aus dem Anlagencafé tönte noch leise Musik, ein verliebtes Pärchen knutschte trotz bedenklicher Nachtkälte auf der Hollywoodschaukel vor dem Café. Holde Jugend, dachte Seifferheld und schritt zügig vorbei.

Onis war immer noch nirgends zu sehen. Hin und wieder meinte Seifferheld, in den Lichtkegeln der Straßenlampen am oberen Parkweg die weiße Rute seines Hundes zu erkennen, doch es hätten auch Glühwürmchen sein können oder Kugelblitze.

Seifferheld hasste es, seinen Hund anzuleinen. Wenn er selbst schon nicht mehr frei laufen konnte, dann sollte doch wenigstens sein treuer Gefährte kettenlos herumstreifen können. Nichts ist für einen echten Mann wichtiger als die Freiheit. Die Freiheit der Gedanken, aber auch die des Körpers. Und Seifferheld war sich sicher, dass das ebenso für vierbeinige Männer galt.

Früher hatte Seifferheld nie viel philosophiert. Wie hätte das auch gehen sollen. Als junger Beamter hatte er für seine kleine Familie sorgen müssen. Das Geld reichte oft hinten und vorn nicht. Nach dem Tod seiner Frau hatte es für ihn dann nur noch die Arbeit gegeben. Da kam man nicht viel zum Nachdenken.

Aber jetzt …

Freiheit, das war ein wichtiges Thema. Man konnte Seifferheld zwar im weitesten Sinne noch der 68er Generation zuordnen, aber die Revolution war damals wie heute spurlos an ihm vorübergezogen. Fragen der gesellschaftspolitischen Freiheit gingen ihm nicht durch den Kopf. Er suchte die kleinen, privaten Freiheiten im Hier und Jetzt.

Einen Hund frei laufen zu lassen.

Ohne das Eingreifen dreier Frauen sein Frühstück zusammenzustellen.

Sich ohne Gesichtsverlust als begeisterter Sticker outen zu können.

Seifferheld brummte.

Mittlerweile war er über eine der vielen überdachten Holzbrücken in Hall auf die andere Kocherseite gelangt. Wie ein eckiger Koloss ragte die Steinbacher Gartenschauhalle vor ihm in den Nachthimmel. Es brannte kein Licht mehr. Die Kleintierzüchter, die in diesen Tagen ihre Lieblinge zur Schau stellten, waren schon alle gegangen und hatten für die Tiere, die die Nacht in der Halle verbrachten, keine Schlummerleuchte angelassen.

Neben Seifferheld am Kocherufer quakte eine Ente genervt auf. Sie schätzte es gar nicht, im Schlaf von Menschen aufgeschreckt zu werden. Onis hastete an Seifferheld vorbei und war gleich darauf auch schon wieder verschwunden. Man hörte nur noch ein Rascheln im Gebüsch.

Seifferheld grübelte wieder über die verschwundenen Männer nach.

Es ärgerte Seifferheld. Es ärgerte ihn maßlos, dass außer ihm und MaC keiner diese Sache ernst zu nehmen schien. Jeder Mensch war doch wichtig! Auch skurrile Vögel, die bindungsunfähig durchs Leben segelten und auf den ersten Blick keinen bleibenden Eindruck zu hinterlassen schienen. Seifferheld kam dabei nicht der Gedanke, wie viel er mit diesen Männern gemeinsam hatte: Auch er war skurril, hatte nie große Nähe zugelassen und war früher, ohne seine Gehhilfe, ein absoluter Durchschnittsmann gewesen, den man, kaum dass man ihn sah, auch schon wieder vergaß.

Seifferheld verstand nicht, wie seine Kollegen so penetrant von Zufall sprechen konnten. Das hätte es früher nicht gegeben, dass das grummelnde Bauchgefühl eines erfahrenen Seniors einfach weggebügelt wurde.

Kaum hatte sich dieser Gedanke in seinen Gehirnwindungen gebildet, da versetzte sich Seifferheld innerlich eine Ohrfeige: Dieses »früher war alles besser« war ihm schon bei seinem Vater gehörig auf den Nerv gegangen. Es stimmte einfach nicht. Wahrscheinlich hätte er selbst in seinen frühen Jahren bei der Mordkommission auch nur den Kopf geschüttelt, wenn ein Abteilungsrentner mit einer Verschwörungstheorie aufgetaucht wäre. Nein, Seifferheld musste anders vorgehen. Er würde …

Grrrrrr.

Das Knurren war sehr nah. Extrem nah. Es drang aus zwei Hundekehlen.

Grrrrr.

Zu sehen war nichts, der Vollmond hatte sich mit einer Wolke zugedeckt.

Seifferheld bog nach rechts ins Unterholz. »Onis!«

Ein böses Zeichen, wenn sie nicht mehr bellten, sondern nur noch knurrten.

»Onis!«

In dem Moment, als Seifferheld auf den Parkplatz hinter der Gartenschauhalle trat, kam der Mond hinter der Wolkendecke wieder hervor und scheinwerferte punktgenau auf die beiden Rüden, die sich dort ein wildes Gerangel lieferten.

Es waren Onis und ein Dobermann. Der Besitzer des Dobermanns stand stocksteif daneben – typische Schockstarre – und hielt seinen Hund weiterhin fest an der Leine. Ganz falsch! Seifferheld fiel in einen leichten Gehhilfentrab.

»Onis!«

Ganz falsch war aber auch, dass er gleich darauf mitten in die sich prügelnden Hunde griff. In so einem Moment waren die Tiere nur noch triebgesteuert. Leicht konnte man dann vom eigenen Hund gebissen werden. Der dachte dann zwar: »Huch, schmeckt wie mein Mensch!«, aber da war es ja schon zu spät.

Seifferheld hatte jedoch Glück. Er bekam Onis am Halsband zu fassen und zog ihn mit aller Kraft zurück. »Pfui ist das!«, rief er. »Platz!«

Onis legte sich auf den felligen Bauch.

Der Dobermann wollte sich auf ihn stürzen, aber Gott sei Dank war er nicht an einer Flexi-, sondern an einer Fixleine. So hörte man nur noch ein Röcheln, als er mit einem heftigen Ruck an seine Lederhalsbandgrenzen stieß.

Seifferheld tastete Onis ab. Er blutete leicht am Ohr.

Der Besitzer des Dobermanns stand immer noch reglos.

»Alles okay mit Ihrem Hund?«, fragte Seifferheld.

Endlich kam Leben in den Mann. Er beugte sich jedoch nicht zu seinem Tier hinunter, sondern starrte nur mit ausdruckslosem Gesicht auf die Stirn des Dobermanns. »Pascha blutet.«

»Ja, mein Hund hat auch was abgekriegt.« Seifferheld tätschelte Onis. »Ihrer ist auch ein unkastrierter Rüde, was? Die Jungs verwickeln sich gern mal in Dominanzkämpfe. Aber wer will schon einen Kastraten, was?«, scherzte er.

»Er blutet«, wiederholte der Mann monoton.

»Schlimm?« Seifferheld konnte nicht wirklich etwas erkennen. Dazu war es zu dunkel.

»Ich werde mit ihm zum Tierarzt gehen«, verkündete der Mann.

»Ja, natürlich. Warten Sie, ich schreibe Ihnen meine Adresse auf«, sagte Seifferheld und fingerte in seiner Manteltasche nach einem Stift.

»Nicht nötig. Ich kenne Sie.«

Der Mann drehte sich abrupt um und zerrte seinen Dobermann, der immer noch bedrohlich in Richtung Onis knurrte, hinter sich her.

Onis ließ das kalt. Er hechelte und schaute unbekümmert.

Seifferheld sah den Umrissen von Mann und Dobermann nach, die sich jetzt, da der Vollmond endgültig hinter einer dichten Wolkendecke zu Bett gegangen war, in Sekundenschnelle in der Finsternis verloren.

Oi, dachte Seifferheld noch, wenn das mal keinen Ärger gibt.

Aus dem Polizeibericht

**HALALI!**

*Auf der Bundesstraße 19, Schwäbisch Hall in Richtung Kupferzell, war eine 24-jährige Opelfahrerin aus Crailsheim vorgestern gegen 21 Uhr unterwegs, als plötzlich ein kapitaler Keiler kühn die Straße kreuzte. Durch den unweigerlichen Aufprall wurde das Wildschwein getötet. Am Auto entstand Totalschaden. Die Fahrerin erlitt einen Schock und musste von ihrer Familie aus Crailsheim abgeholt werden. Die Angehörigen des Keilers konnten nicht ausfindig gemacht werden.*

## Alle Lust und alle List wachsen auf der Weiber Mist

»Sie wissen schon, dass Sie eine Fangemeinde haben?«

Olafs Finger flogen an diesem Tag erstaunlich sanft über Seifferhelds Haut. Wie ein Kolibri, der nur hin und wieder an der Blüte saugt und ansonsten warme Luft aufwirbelt.

»Hm?«, murmelte Seifferheld, eingelullt von den streichelzarten Berührungen und dem betörenden Duft des neuen Massageöls.

»Ihre Polizeiberichte in der Zeitung … Jetzt mal ehrlich, saugen Sie sich das aus den Fingern?«

»Aber nein.« Seifferheld holte wohlig Luft und atmete tief aus. »Ich halte mich streng an die Fakten, auch wenn ich die eine oder andere blumige Wendung einflechte. Nur mit der Auswahl der Meldungen gehe ich vielleicht etwas lockerer um als meine Vorgänger. Aber warum immer von den obligatorischen Auffahrunfällen oder den um sich greifenden Sachbeschädigungen berichten?«

Seifferheld beichtete nicht, wie sehr es an ihm nagte, dass man ihm das Verfassen des Polizeiberichtes quasi als Almosen hingeworfen hatte. Und dass er alles dafür tat, damit man ihm diese Aufgabe möglichst bald wieder entzog. Das, so glaubte er, war er seinem Stolz schuldig.

»Jedenfalls sind die Leute ganz verrückt danach«, fuhr Olaf fort. »Haben Sie heute die Leserbriefe gelesen?«

»Nein.«

»Allein drei zu Ihren Polizeiberichten!« Olaf klang mächtig stolz. Als ob er einen Promi vom Kaliber eines Bill Clinton unter den muskulösen Fingern hätte.

Seifferheld schmunzelte innerlich. Jetzt würde es zweifellos nicht mehr lange dauern, bis der Polizeichefin der Geduldsfaden riss.

»Erfrischung gefällig?«, rief es in diesem Moment von der sich öffnenden Tür.

»Karina!«, donnerte Seifferheld ungnädig. Mochte man ihn altmodisch nennen, aber es ging nicht an, dass seine Nichte ihn nackt sah.

»Cool bleiben, Onkelchen«, säuselte Karina und eilte mit einem Tablett auf die Massageliege zu, auf dem eine Mono-Teekanne und zwei Teetassen standen. »Grüntee aus Japan. Echter Sencha.«

»Massageölhände«, entschuldigte sich Olaf.

Seifferheld erkannte seine Nichte nicht wieder. Vorbei war auf einmal die Zeit der provokativen Hässlichkeit. Sie trug ein weißes Wollkleid, das samtig aussah und sich wie eine zweite Haut um ihren schmalen Körper schmiegte.

Die Zehennägel waren zartrosa lackiert, was man sah, weil sie barfuß herumlief. Und die Haare! Ein fast natürlich zu nennender Braunton. Und auch noch ordentlich frisiert.

»Keine Ausreden«, flötete Karina, schenkte etwas Tee in einen der Becher und hob ihn an Olafs Lippen. »Vorsichtig trinken.«

Olaf trank gehorsam. »Hm. Tatsächlich Grüntee. Schmeckt irgendwie nach Fisch.«

»Ist echt japanischer Grüntee mit Algen.«

»An denen offenbar ein Fisch sehr dicht vorbeigeschwommen ist. Der dabei noch einen hat fahren lassen«, mutmaßte Olaf und schüttelte den Kopf, als sie ihm den Becher neuerlich an die Lippen halten wollte.

Es war nicht herauszuhören, ob er begeistert war oder nicht.

»Karina, bitte«, brummte Seifferheld.

»Ist gut, ich bin ja schon weg«, sagte sie zu ihrem Onkel und »Man sieht sich« zu Olaf.

Irrte sich Seifferheld oder hatte Karina Olaf gerade zugezwinkert?

## Spätestens mit den dritten Zähnen drängt es den Mann zur Zweitgattin

Seifferheld wurde von einer jungen Frau in einem regenbogenbunten Hosenanzug von Dolce & Gabbana – er kannte sich mit Mode nicht aus, aber Dolce & Gabbana stand in großen, diamantengleichen Lettern auf dem Blazerrücken – in einen Raum geführt, dem die Bezeichnung Raum nicht gerecht wurde. Saal wäre ebenfalls noch eine

Untertreibung gewesen. Man hätte mühelos die Oper *Aida* aufführen können – inklusive hundert Statisten und drei Elefanten –, ohne dafür auch nur die Möbel verrücken zu müssen.

Die junge Frau zeigte auf einen riesigen Lederfauteuil, in dem Seifferheld weitgehend verschwand, als er sich hineingleiten ließ. Er fürchtete schon, das Polster würde über ihm zusammenklappen und er würde endlos in die Tiefe sinken und wie in Dürrenmatts Tunnelgeschichte nie wieder das Licht des Tages sehen. Aber in einem Akt übermenschlicher Willenskraft tauchte er gleich darauf, sich an seine Gehhilfe klammernd, aus den Untiefen des Sessels wieder auf und schnappte ein bisschen panisch nach Luft. Die junge Frau war jedoch verschwunden.

Seifferheld sah sich um.

Wer in Schwäbisch Hall Geld hatte, der pflanzte seine Villa auf den Monte Bonzo, den Bonzenberg, der eigentlich Klingenberg hieß – vorzugsweise mit Blick auf die Stadt und das Kochertal, aber auch die der Stadt abgewandte Seite des Hügels barg noch so manche dezent hinter Hecken verborgene Kostbarkeit.

Der Bungalow der Rettenbergs, in unmittelbarer Nähe zum Haus eines ehemaligen Kultusministers und der Villa des momentanen Vorstandsvorsitzenden der Bausparkasse, gehörte ebenfalls dazu. Von außen wirkte er wie ein schlichter Flachbau, aber sobald man die Eingangstür hinter sich hatte, nahmen die Dimensionen zu. Wie auch der Luxus.

Weil man nur sieht, was man kennt, sah Seifferheld natürlich nur, dass das Mobiliar äußerst edel war, auch wenn er die Designer nicht erkannte. Sein letztes Möbelstück hatte er noch zusammen mit seiner Frau im Haller Einrichtungshaus Gunst erstanden und das hatte er schon für etwas Besonderes gehalten. Er gehörte nicht zu denen, die sich mal eben einen Starck-Hocker aus Paris oder ein Ralph-Lauren-Sofa aus New York einfliegen lassen konnten.

Durch die Fenstertüren sah man hinaus in den herrlichen Garten, um den sich ganz zweifellos ein Fachmann kümmerte. Kein Blatt scherte aus der Reihe.

Das perfekte Vorzeigehaus.

Seifferheld war froh, seinen guten Anzug angezogen zu haben.

In dem er allerdings sehr wie ein Konfirmand aussah.

Und ziemlich stark transpirierte.

Früher mochte man seinen Reichtum durch teure Kunst an den Wänden demonstriert haben, doch im neuen Jahrtausend zeigte man durch kräftiges Verschwenden von Heizöl und Strom, dass man Geld hatte. Der Kristalllüster über seinem Kopf tauchte Seifferheld förmlich in gleißendes Scheinwerferlicht, die Heizkörper gluckerten und das echte Kaminfeuer links neben ihm loderte. Im siebten Kreis der Hölle konnte es auch nicht heißer sein. Seifferhelds Transpiration wuchs sich allmählich zu echtem Schwitzen aus. Er überlegte, ob er sein Jackett ausziehen sollte.

»Hat Gabriele Ihnen schon etwas zu trinken angeboten?«, ertönte plötzlich eine wohlmodulierte, geschlechtslose Stimme.

Am anderen Ende des Raumes stand eine Person im Türrahmen. Sie war so weit weg, dass man unmöglich Einzelheiten ausmachen konnte.

»Äh … nein«, sagte Seifferheld.

»Vielleicht einen Tee?«

Ein Heißgetränk war eigentlich das Letzte, was er jetzt wollte.

»Gern«, sagte er dennoch.

»Earl Grey, Oolong, Darjeeling, Assam, Lapsang Souchong, Verbene …«, fragte die Stimme weiter.

»Einfach schwarz«, unterbrach Seifferheld und outete sich damit natürlich sofort als Angehöriger einer minderen Gesellschaftsklasse, der einen First Flush nicht von einem Second Flush unterscheiden konnte. »Mit Milch«, setzte er noch eins drauf, weil es jetzt ohnehin egal war. Und weil er seinen Tee nun einmal gern mit Milch trank.

»Gabi, einen Beutel Meßmer für den Herrn«, rief die Stimme.

»Sie müssen entschuldigen, der Service in diesem Haus lässt schon länger zu wünschen übrig«, sagte die Stimme und kam auf ihn zu.

Seifferheld hatte die gepflegte, junge Frau, die ihn eingelassen hatte, eigentlich für die Tochter des Hauses gehalten. Aber offenbar trug sie nur die abgelegte Kleidung der Herrschaft auf – oder sie verdiente ausnehmend gut.

Die Stimme gehörte zu einer Frau mittleren Alters, was Seifferheld erkannte, als sie sich ihm bis auf hundert Meter genähert hatte. Dann blieb sie an einem kugelförmigen Objekt auf Rädern stehen, das sie gleich darauf öffnete. Man hörte Blubbergeräusche. Hinter der geöffneten Kugel meinte Seifferheld eine blaue Flasche Bombay Sapphire und eine transparente Flasche Schweppes Tonic auszumachen.

Die Frau sah seinen Blick. Und interpretierte ihn trotz

seiner Ausdruckslosigkeit richtig. Hochprozentiges am frühen Vormittag?

»Nur ein kleiner Underberg-Magenbitterlikör. Zwecks besserer Verdauung«, sagte sie, hielt aber ein Halbliterglas mit durchscheinender Flüssigkeit in der Hand, als sie hinter der Kugelbar hervortrat. Die Frau war extrem mager, doch ihr finsterer Blick verkündete: Ich frühstücke jeden Morgen öliges Rührei mit fetten Würstchen und einem Happen Eisbein mit Sahnesoße und brauche deswegen eine Verdauungsanregung. Sonst noch Fragen?

»Sie wollten mich wegen des Verschwindens meines Mannes sprechen?« Es klang irgendwie defensiv.

»Ja, und ich bin Ihnen sehr verbunden, dass Sie mir ein paar Minuten Ihrer Zeit schenken. Wie ich schon am Telefon sagte, bin ich nicht wirklich in offizieller Funktion unterwegs.« Das hatte Seifferheld zwar tatsächlich gesagt, aber psychologisch geschult, wie er war, hatte er viel öfter die Worte Kommissar und Mordkommission in das Telefonat eingeflochten.

Frau Rettenberg nickte. »Ich tue alles, was die Chancen erhöht, meinen Mann wiederzubekommen. Wiewohl ich spüre, dass er nicht mehr am Leben ist.«

Sie setzte ihre Durchquerung des riesigen Wohnzimmers fort und kam auf Seifferheld zu. Nach weiteren gefühlten fünfzig Metern hatte sie ihr Glas bereits geleert.

Von nahem sah man, wie attraktiv sie noch war. Porzellanweiße Haut unter orangerot gefärbten Haaren – es erinnerte Seifferheld an das Porträt von Vivienne Westwood, das in Karinas Zimmer hing, weil sie eines Tages selbst mediale Modeschöpferin werden wollte. Frau Rettenberg trug einen Hosenanzug ähnlich dem ihrer Hausangestellten, allerdings in Schwarz. Kein Schmuck, kein Make-up. Eine Frau in Trauer.

Sie kam weiter auf ihn zu. Noch fünfundzwanzig Meter, noch zwanzig Meter, noch fünfzehn Meter. Seifferheld hob eine Augenbraue. Wollte sie ihn rammen? Noch zehn Meter, noch fünf …

Dann setzte sich Frau Rettenberg doch tatsächlich auf die Armlehne des Ledersessels und beugte sich so tief über ihn, dass ihr schwarzes Jackett aufklappte und er ein lachsfarbenes Spitzenbustier erkennen konnte. Ein Schwall Eau de Gin hüllte ihn ein.

»Welches Interesse haben Sie an meinem Mann?«, raunte sie ihm ins Ohr.

»Äh …«, fing er an.

»Was immer ich für Sie tun kann, werde ich gern tun«, wisperte sie und krallte fünf blutrot lackierte Fingernägel in seinen rechten Oberschenkel.

Es war Seifferheld unverständlich, was in letzter Zeit mit den Frauen los war. Lag es an seiner Ernährung? Verströmte er libido-anheizende Pheromone, weil er als Rentner mehr Gemüse aß?

Die Rettung erfolgte in Form eines Hüstelns.

Gabi trat mit einem Tablett ein, auf dem es fröhlich dampfte. »Der Tee«, sagte sie nur.

Frau Rettenberg entfernte jeden Finger einzeln aus Seifferhelds Hosenbein und stand auf. »Der Tee kommt hier hin.« Sie zeigte auf einen Beistelltisch mit Intarsienarbeit, dann machte sie sich wieder auf den Weg zur alkoholgefüllten Kugel.

Gabi eilte herbei, was aufgrund der Ausmaße des Raumes dauerte. Als sie endlich so richtig in Schwung kam, war sie allerdings auch schon am Ziel, konnte jedoch, wie ein Ozeandampfer in voller Fahrt, nicht einfach anhalten.

Sie stieß den Beistelltisch mit dem Knie um.

»Ungeschickte Person!«, zischte Frau Rettenberg, die sich ein zweites Halbliterglas mit Gin Tonic eingeschenkt hatte.

Seifferheld wollte sich erheben, um Gabi beim Aufrichten des Tisches zu helfen, doch es war ihm unmöglich, ohne Hilfe den Tiefen des Ledersessels zu entsteigen. Dafür sah er aus seiner tiefer gelegten Position heraus den Zettel, der unter der Tischplatte des Beistelltisches klebte.

Seifferheld sagte nichts.

Gabi brachte es fertig, mit der Linken den Tisch aufzurichten, während sie mit der Rechten das Tablett balancierte. Allerdings hielt sie das Tablett in einer gewagten Schräglage, was der Tee nutzte, um überzuschwappen. Sie stellte das nur noch halbvolle Teeglas auf den Tisch. Das würde einen Rand geben.

»Milch oder Zitrone?«, hörte man Frau Rettenberg mit etwas schwererer Zunge aus der Raumesmitte fragen.

»Nur Milch, danke«, sagte Seifferheld.

Gabi blickte unschlüssig.

»Soll ich jetzt Milch holen?«, fragte sie.

»Nein, schon gut, ich trinke den Tee gern auch schwarz.« Seifferheld lächelte zu ihr auf.

»Wie blöd kann man sein?«, stichelte Frau Rettenberg.

Gabi zog einen Schmollmund – nicht süß wie bei der jungen Brigitte Bardot, sondern einfach nur schmollend – und verschwand.

Seifferheld nahm einen Schluck und musste an sich

halten. Von wegen Schwarztee. Es war irgendeine Kräuterbrühe. Er hätte die Flüssigkeit gern in weitem Bogen ausgespuckt, aber das verbot sich natürlich. Knigge würde sonst in seinem Grab rotieren. Möglichst unauffällig setzte er das Glas an die Lippen und ließ die Brühe aus seinem Mund sickern.

Frau Rettenberg schien nichts zu bemerken.

»Schwierig, gutes Personal zu finden«, scherzte Seifferheld, um die Situation aufzuheitern.

»Das ist meine Stieftochter«, korrigierte Frau Rettenberg mit eisklirrender Stimme.

Also doch.

So viel zur Aufheiterung.

Derartiges wäre Seifferheld früher nicht passiert. Früher hätte er im Vorfeld ausgiebig die Familienverhältnisse recherchiert, hätte sich mit den Betroffenen vertraut gemacht. Aber zwei Jahre Vorruhestand hatten ihn lax werden lassen. Er hatte einfach aus einer spontanen Idee heraus angerufen und war losgezogen.

Er konnte auch nicht mehr guter Cop, böser Cop spielen. Vielleicht hätte er Onis mitnehmen sollen? Onis war ein Frauenversteher. Frau Rettenberg hätte den Hund gekrault und wäre von ganz allein ins Reden gekommen.

Hätte, wäre, wenn. Konjunktivgedanken waren so sinnlos wie Diäten oder Nasenhaarscheren.

»Erzählen Sie mir von Ihrem Mann«, bat Seifferheld.

Frau Rettenberg zuckte fast unmerklich mit der Oberlippe. Aber nur fast. Dem scharfen Auge von Seifferheld entging nichts. Seinen Ohren jedoch schon. Sie nuschelte etwas, das er nicht verstand.

»Wie bitte?«, rief er.

»Ich habe meinen Mann das letzte Mal am Abend des dreißigsten August gesehen. Ein Sonntag. Er sagte, er wolle nur noch einmal kurz ins Büro, um seinen Montagmorgentermin vorzubereiten. Gegen Mitternacht bin ich eingeschlafen. Als mich am nächsten Morgen um halb zehn seine Sekretärin weckte und sich erkundigte, wo mein Mann denn bliebe, der Besuch sei schon da, informierte ich umgehend die Polizei, denn ein solches Verhalten sah ihm nicht ähnlich. Seitdem lebe ich zwischen Hoffen und Bangen.«

Sie kippte den Rest ihres zweiten Glases auf ex. Dafür, dass sie nunmehr einen Liter Gin Tonic intus hatte, stand sie noch bemerkenswert gerade im Raum.

Diesmal hatte Seifferheld alles verstanden, was aber im Grunde nicht nötig gewesen wäre, denn er hatte den exakt gleichen Text in der Polizeiakte bereits gelesen. Kein Mensch wiederholte seine Aussage Wort für Wort gleich. Außer, sie wäre einstudiert.

Frau Rettenberg, die beim Reden kleine Kreise durch den Raum gezogen hatte, machte sich erneut auf den Weg zu der Silberkugel mit der Alkoholfüllung, die Seifferheld zunehmend an eine riesige Weinbrandpraline erinnerte.

Während der üblichen Schwapp- und Blubbergeräusche ließ sich Seifferheld vom Sessel auf den Boden rutschen, von wo aus ihm das Aufstehen – dank seines Physiotherapeuten Olaf – mühelos gelang, indem er sich erst auf alle viere begab und sich dann aufrichtete.

Seifferheld pirschte sich zur Silberkugel vor.

»Das muss alles sehr schlimm für Sie sein, Frau Rettenberg«, sagte er mitfühlend.

»Unsere Ehe war nicht so besonders«, entgegnete sie.

Die Vokale dehnten sich inzwischen schon auf doppelte Länge.

»Ich meine ja auch die finanzielle Situation.«

Ihre Augen wurden groß.

Seifferheld zeigte auf den Beistelltisch. »Ich habe den Aufkleber gesehen. Ist alles gepfändet?«

Frau Rettenberg hickste. Eine Haarlocke löste sich aus ihrer Frisur. Sie holte mit der aufgeschraubten Gin-Flasche weit aus und taufte auf diese Weise diverse Möbelstücke. Eames, Le Corbusier, Häberlin. »Alles. Hicks. Alles. Weg. Wir sind pleite. Darauf einen Dujardin.«

Sie kippte ihren dritten Gin Tonic. Der vermutlich ihr sechster oder siebter an diesem Tag war.

Seifferheld nickte und hielt sie am Ellbogen fest, als sie ins Torkeln geriet.

»Pleite«, wiederholte Seifferheld. »Das muss sehr unangenehm für Sie sein.«

Er erinnerte sich an die Fotos im *Haller Tagblatt,* die Frau Rettenberg bei irgendwelchen Charity-Events an der Seite der Oberbürgermeistersgattin oder bei einer Kunsthallen-Vernissage im Dunstkreis der Familie Würth gezeigt hatten.

»Sie haben ja keine Ahnung!«, rief Frau Rettenberg.

»Ihre Freunde können Ihnen doch sicherlich finanziell unter die Arme greifen«, meinte Seifferheld, der zu Recht davon ausging, dass man gern unter sich blieb und reiche Leute viele andere reiche Leute kannten.

»Niemand darf das wissen. *Niemand*«, gellte die Rettenberg und hob die Gin-Flasche. Eine Sekunde lang überlegte Seifferheld, ob sie ihn erschlagen wollte und er mit seiner Gehhilfe gegen sie ankam, aber da brach sie auch schon schluchzend auf dem zehn Finger dicken Teppich zusammen.

»Das ist ja sooooo peinlich«, heulte sie. »Ich habe mein Gesicht verloren.«

Sie schlug mit der Faust auf den Teppich ein, dann strich sie ihn wieder glatt, als suche sie darin nach ihrem verlorenen Gesicht.

»Versprechen Sie mir, dass Sie es niemandem sagen werden«, wimmerte sie.

»Keiner Menschenseele«, log Seifferheld. Die Frau brauchte Hilfe. Aber erst wollte er seinen Verdacht bestätigt sehen.

»Mit dem Geld aus einer Lebensversicherung kann man eine Menge anfangen«, spekulierte er.

Frau Rettenberg schluchzte, verschluckte sich, hustete, schluchzte erneut, sagte aber nichts.

»Wie hoch war Ihr Mann versichert? Eine Million?« Seifferheld sah sich um. Mit einer Million kam man nicht weit, wenn man einen solchen Luxus gewöhnt war.

Frau Rettenberg gab einen Laut von sich. Es klang wie »Pöh!«.

Seifferheld wurde sich bewusst, dass er vor einem moralischen Dilemma stand. Er könnte sich nach vorn beugen und Frau Rettenbergs Schulter tröstend tätscheln – in die Hocke gehen ging wegen seiner Hüfte nicht – oder, tja, oder er könnte sie noch betrunkener machen, bis das Geständnis aus ihr herauskullerte wie M&Ms aus einer Packung, die man mit zu viel Schmackes aufgerissen hat.

Ja, ich war unglücklich in meiner Ehe.

Ja, die verschwundenen Männer brachten mich auf die Idee, meinen Mann zu töten und im Keller in der Tiefkühltruhe zwischenzulagern, damit ich mit der Lebensversicherungssumme in Brasilien einen Neuanfang wagen konnte.

Hm, gab es in diesen Flachbauten überhaupt einen Keller?

Seifferheld ging zu der Silberkugel, nahm ein frisches Glas und goss es bis an den Rand mit Gin voll. Jetzt war nicht der Moment für Skrupel. Und auch nicht für schwäbische Sparsamkeit.

Frau Rettenberg trank dankbar. Sie lächelte, woraufhin sich ihre beiden Augäpfel in unterschiedliche Richtungen aufmachten.

Seifferheld hatte das Gefühl, ein Stichwort liefern zu müssen. »Die verschwundenen Männer …«, fing er an.

»Genau!«, hickste Frau Rettenberg unfröhlich. »*Die* sind schuld!«

Seifferheld lehnte sich schwer auf seine Gehhilfe, die in dem dicken Teppich allerdings keinen rechten Halt fand.

Frau Rettenberg hickste neuerlich.

Seifferheld nickte. Gleich. Gleich würde sie ihre Beichte vor ihm ausbreiten.

Zur Abwechslung rülpste Frau Rettenberg, bevor sie weitersprach. »… *die* haben meinen Mann auf die Idee gebracht, unterzutauchen.«

»Unterzutauchen? Sie haben ihn ertränkt?« Seifferheld hatte definitiv Schwierigkeiten, sich von seiner Lieblingstheorie zu verabschieden.

»Ertränkt?« Die beiden Augäpfel von Frau Rettenberg fanden wieder zu einer parallelen Ausrichtung und blickten verständnislos.

»Ihr Mann. Er ist doch tot, oder etwa nicht?«

»Aber nein!«, empörte sich Frau Rettenberg und schnaubte: »Leider nicht.«

Sie erhob sich schwerfällig vom Teppich. »Wir haben eine einträchtige Lösung gefunden … Er markiert den Toten, und sobald das Geld von der Versicherung kommt, zieht er mit seiner Geliebten nach Brasilien und ich kann meinen gebührenden Platz in der Haller High Society wieder einnehmen.«

Seifferheld seufzte. Da ging sie hin, seine schöne Theorie. Immerhin in einem hatte er recht behalten:

Brasilien!

## Bauknecht weiß, was Frauen wünschen: Rache – eiskalt serviert

Seifferheld fand die Überreste dort, wo Frau Rettenberg gesagt hatte. In einem Waldstück bei Kirchberg, eine gute halbe Autostunde von Schwäbisch Hall entfernt. Onis war bei dieser Aktion zwar körperlich anwesend, aber ohne richtige Begeisterung dabei – er war mit einem Trüffelspürhund weder verwandt noch verschwägert. Sein Fachgebiet war das Bewachen von Hof und Heim. Schließlich apportierte er ja auch nicht. Die Würde des Hovawarts ist unantastbar.

Rettenberg hatte sich mannhaft von ein paar Tropfen Blut getrennt und damit ein Hemd getränkt. Er hatte sich sogar ein richtig voluminöses Haarbüschel ausgerissen und das Haar rund um das blutgetränkte, in Fetzen gerissene Hemd verstreut.

Es sollte so aussehen, als sei er ermordet worden und die Tiere des Waldes hätten die Leiche gefressen. Oder der

Mörder hätte sie in die Jagst geworfen. Egal. Hauptsache, die Versicherung zahlte.

Die Rettenbergs hatten ausgemacht, dass zwei Monate nach seinem Verschwinden seine Geliebte Selina anonym die Polizei anrufen und von menschlichen Überresten im Wald berichten sollte. Die DNA-Analyse würde ergeben, dass die Überreste zu Rettenberg gehörten. Drei Monate später wollte dann Frau Rettenberg aufgrund schwieriger wirtschaftlicher Verhältnisse beantragen, dass ihr Mann vorzeitig für tot erklärt würde – genau so, wie es bei Steve Fossett gelaufen war.

Bis die Versicherung zahlte, wollte Rettenberg in der Vierzimmerneubauwohnung von Selina im Stadtviertel Teurershof das zurückgezogene Leben eines Eremiten führen, mit viel Sex und Mitternachtsfernsehen.

Seifferheld meldete seine Erkenntnisse den Ex-Kollegen von Mord zwo in der Hoffnung, endlich ihr Interesse zu wecken. Sie meinten jedoch nur, Versicherungsbetrug falle nicht in ihr Arbeitsgebiet.

Immerhin durfte Seifferheld die beiden Beamten von der Abteilung für Betrugsdelikte begleiten, als diese der Wohnung von Selina Özdogan einen Besuch abstatteten.

Frau Özdogan ging allerdings gerade ihrer Tätigkeit als Nagelpflegerin in einem Kosmetikstudio nach. Daher öffnete Rettenberg, die Ahnungslosigkeit in Person, selbst die Tür. Nach dem ersten Schock angesichts der Hundemarken sagte er nur: »Hat die alte Schnapsdrossel ihre Klappe nicht halten können, wie?«

## Süße Geheimnisse haben den Vorteil, dass man unendlich viele davon haben kann, ohne dass auch nur eines davon auf die Hüfte geht

»Wenn mich dein Kürzel nicht jeden Morgen aus dem *Haller Tagblatt* anspringt, mache ich mir Sorgen«, sagte Seifferheld. »Bist du krank? Oder mit deinem Verleger durchgebrannt?«

Früher war er nur dann auf sein Zimmer geschlichen, wenn er sticken wollte. Jetzt tat er es, um mit einer aufregenden Frau flüsternd zu telefonieren. Seifferheld spürte den Kitzel des Verbotenen.

»Ich könnte ganze Seminare darüber abhalten, inwieweit die Häufigkeit von Kürzeln und Autorennamen in einer Ausgabe mit dem jeweiligen Zustand des dazugehörigen Journalisten korrelieren«, seufzte MaC. »Ich weiß ehrlich nicht, wo mir der Kopf steht – Redigierdienst, das anstehende Sonderheft nur neuen Würth-Ausstellung …«

»Also muss ich mir keine Sorgen um die verlockenden Reize von Fremdmännern machen?«, hakte Seifferheld nach.

MaC lachte unfroh. »Schön wär's.«

Das war nicht ganz das, was Seifferheld hatte hören wollen, aber immerhin war es auch kein »Doch, und wie!«.

Unvermittelt wechselte er das Thema. »Rettenberg ist gar nicht tot, war nur Versicherungsbetrug.«

»Das weiß ich schon. Kollege Döbelin schreibt bereits darüber. Wird der morgige Aufhänger.«

»Ich weiß einfach nicht, wie ich meine Kollegen von der Richtigkeit meiner These überzeugen kann. Die glauben immer noch nicht an einen Serienmörder.«

Eigentlich hatte er ihr noch ganz andere Dinge sagen wollen. Dass er sie gern wiedersehen würde. Dass er sich Sorgen um den Beißvorfall im Stadtpark machte. Dass er sie wiedersehen wollte. Aber irgendwie hatten sich dann doch wieder die toten Männer vorgedrängt. Penetrantes Pack.

»Wie viele müssen noch sterben, bevor endlich einmal eine penible Autopsie gemacht wird? Ich versteh's nicht.«

»Du klingst, als wolltest du das Handtuch werfen«, sagte MaC. »Das ist nicht der Siegfried Seifferheld, den ich kenne.«

Eigentlich kannte sie ihn ja noch überhaupt nicht, aber sie fand, er brauche jetzt ein wenig weiblichen Zuspruch.

Doch Zuspruch wofür?

Bevor sie diesen Gedanken zu Ende denken konnte, sagte er: »Danke, MaC. Du hast recht. Ich gebe jetzt nicht auf. Ich bin ein zäher Wadenbeißer, kein weinerlicher Schoßhund!«

Bevor er den Hörer auflegte, meinte sie, im Hintergrund noch Onis bellen zu hören. Es war ein zu allem entschlossenes Bellen. Vielleicht hatte es sich ja auch der Kehle von Seifferheld entrungen.

MaC machte sich Sorgen.

## Drei Dinge braucht der Mann – Feuer, Pfeife, Teerlunge

Roseanne Barr hat einmal gesagt, dass Männer mit Landkarten deshalb besser zurechtkämen als Frauen, weil nur Männer auf die Idee kommen könnten, ein Zentimeter entspreche hundert Kilometern. Wobei natürlich allgemein bekannt ist, dass Männer keine Straßenkarten brauchen. Niemals. Sie haben es im Urin, wohin es geht. Richten sich nach den Sternen oder der bemoosten Seite von Baumstämmen oder dem Juckreiz in ihrem linken Nasenflügel. Selbst wenn sie ein eingebautes Navigationssystem in ihrem Wagen haben, das sie der weiblichen Stimme wegen liebevoll »Bärbel« oder »Aische« oder »die blöde Tante schon wieder« nennen, folgen sie nur in Ausnahmefällen den melodischen Anweisungen der Navigatorin, sondern entscheiden meistens kurzerhand selbst, wann es nach links geht oder nach rechts oder wie lange man dem Straßenverlauf zu folgen hat. Männer brauchen ihre Freiheit!

Seifferheld war es erfolgreich geglückt, die Frauenstimme in Susannes BMW auszublenden, und er brauchte auch nur vierundzwanzig Minuten länger als die vom Navi angegebenen zwölf Minuten, um die Seitenstraße in dem Haller Teilort Gschlachtenbretzingen zu finden, in der Ludger Klier zur Untermiete gewohnt hatte.

Vor dem Haus gab es keinen Parkplatz, aber schräg gegenüber unter einer Linde konnte er den Wagen abstellen. Seifferheld kurbelte das Seitenfenster einen Spaltbreit herunter, damit Onis genügend Luft bekam. »Es wird nicht lange dauern, mein Alter«, versprach er dem Hund, der plötzlich Triefaugen wie ein Beagle bekam, weil er nämlich genau wusste, dass es länger dauern würde, als es der Hundeseele lieb war. Wieso wurde nie auf die Bedürfnisse des getreuen Vierbeiners eingegangen? Auch er war ein Mann – auch er wollte Freiheit!

»Ich hätte eine Decke unterlegen sollen«, murmelte Seifferheld, als er auf den angesabberten, vollgehaarten

Rücksitz der Luxuslimousine schaute. Susanne würde Zustände kriegen. Der BMW galt eigentlich als absolut hundefreie Zone, aber Seifferheld hatte Onis nicht schon wieder allein zu Hause lassen wollen. Na, er würde zusehen, dass er mit Handsauger und Wischlappen das Schlimmste aus der Welt schaffte.

Seifferheld fühlte sich von Hundeblicken durchbohrt, als er sich umdrehte und auf das schmucke Einfamilienhaus zuhumpelte.

Es war ein nieseliger Nachmittag mitten in der Woche, niemand war auf den Straßen unterwegs.

Von fern hörte er das Muhen von Kühen. Hier zeigte sich Schwäbisch Hall noch von seiner ländlichen Seite.

Er klingelte.

Bei Singlemännern dachte man im Allgemeinen an schmucke Einzimmerapartments, sturmfreie Buden mit hoher Besucherinnenfrequenz und unsortiertem Partymüll in den Küchenecken. Aber erstaunlich viele der Opfer hatten zur Untermiete gewohnt. Männer waren eben nicht dazu geschaffen, allein zu sein. Sie brauchten Familienanschluss. Seifferheld überlegte kurz, was er tun würde, sollte sich sein Harem je von ihm verabschieden. Der Fall könnte ja durchaus eintreten – Susanne könnte sich ins Ausland versetzen lassen, Karina würde sicher irgendwann heiraten oder doch wenigstens mit einem tätowierten Heavy-Metal-Drummer zusammenziehen, mit dem sie uneheliche Bälger am Fließband produzierte, und Irmgard könnte ins Kloster gehen oder, da sie evangelisch war, Diakonisse werden. In diesem Fall würde er eine WG gründen. Nur Männer. Vielleicht mit Klaus und Olaf. Und Onis, versteht sich.

Seifferheld klingelte erneut.

Wenn er ein altes Omchen mit Dutt und Kittelschürze erwartet hatte, sah er sich getäuscht. Die Frau war zwar sichtlich jenseits der fünfzig, trug jedoch ein elegantes Twinset mit Perlenkette und eine Jeans mit rasiermesserscharfer Bügelfalte.

»Ja bitte?« Es klang nicht wirklich unfreundlich, aber echte Gastfreundschaft hörte sich anders an.

Bevor Seifferheld etwas sagen konnte, setzte die Frau noch eins drauf. »Ich kaufe nichts!«

Seifferheld lächelte. »Und ich verkaufe nichts.« Er zog seine Brieftasche heraus und klappte sie auf. »Siegfried Seifferheld. Mordkommission. Ich hätte ein paar Fragen bezüglich Herrn Klier. Bitte entschuldigen Sie die neuerliche Belästigung, aber es gibt noch offene Punkte und wir erhoffen uns viel von Ihrer Aussage, gnädige Frau.«

Kliers Vermieterin, denn um sie handelte es sich, lächelte geschmeichelt. Ihr war vor lauter aufsteigender Hitze gar nicht aufgefallen, dass Seifferheld ihr mitnichten seine Hundemarke gezeigt hatte, sondern seinen Mitgliedsausweis vom Historischen Verein für Württembergisch Franken, Mitgliedsnummer 20641.

Seifferheld konnte durchaus charmant sein und es war nahezu unmöglich, sich der vollen Wucht seiner gletscherblauen Augen zu entziehen, sobald er einmal seine Charmeoffensive gestartet hatte. Frau Dorner, verwitwete Deichmann, geschiedene Plattberg, geborene Stratthaus, hatte keine Chance.

»Bitte, treten Sie doch ein. Sie müssen die Unordnung und den Schmutz entschuldigen. Meine kroatische Putzfrau kommt erst morgen.«

Sie führte Seifferheld in ein makellos sauberes, penibel aufgeräumtes Wohnzimmer. »Setzen Sie sich doch bitte.«

Der Plastikschonbezug auf dem Sofa quietschte obszön, als Seifferheld sich darauf niederließ. Das Wohnzimmer war ein kleiner, übervoll möblierter Raum. Was auf den ersten Blick wie ein Kaminfeuer knisternd flackerte, erwies sich auf den zweiten Blick als Fernsehbildschirm, auf dem eine Kaminfeuer-DVD lief. Auf einem Beistelltisch standen eine fast leere Karaffe und ein Glas.

»Ein Sherry? Ach, was sage ich denn da, Sie sind ja im Dienst.« Frau Dorner kicherte wie ein Teenager. »Tee? Kaffee? Fruchtsaft?« Sie kicherte erneut und Seifferheld hätte seine Invalidenrente darauf verwettet, dass mehr Sherry als Blut durch ihre Adern floss. Dies war jedoch nicht der rechte Moment, um sich in philosophische Betrachtungen über den Alkoholkonsum Haller Hausfrauen zu ergehen.

»Für mich nichts, danke.«

»Aber doch sicher eine Rauchware?« Sie öffnete die Tür des Eichenkabinetts neben dem unechten Kaminfeuer und trat zur Seite. Seifferheld sah eine Holzhalterung, in der sich mehrere Pfeifen befanden. »Ich finde, Männer sehen mit einer Pfeife in der Hand einfach männlicher aus. Welche darf ich Ihnen reichen?«

Seifferheld rauchte nicht. Ihm wurde schon beim Gedanken an Tabak übel. Er hatte seinerzeit quasi im Alleingang das Rauchverbot bei Mord zwo durchgesetzt. Aber wenn es der Ermittlung diente …

»Danke, sehr freundlich. Mich lacht die Meerschaumpfeife an.«

Sie reichte ihm Pfeife, eine Streichholzschachtel und

einen Tabakbeutel. Seifferheld, der keine Ahnung vom korrekten Procedere des Pfeifenrauchens hatte, griff beherzt in den Beutel und stopfte die Pfeife voll. Dann zündete er sie an und schob sich das Mundstück zwischen die Lippen. Er saugte. Er blies. Nichts tat sich. Keine kleinen Rauchwölkchen. Egal. Seifferheld beschränkte sich darauf, die leise glimmende Pfeife vor sich in die Luft zu halten. »Frau Dorner, was können Sie mir über Herrn Klier erzählen?«

Sie ließ sich sehr damenhaft auf den zum Sofa passenden Sessel nieder, ebenfalls mit Plastik überzogen. Bei ihr quietschte nichts.

»Was wollen Sie denn hören?« Ihre Stimme klang nicht mehr ganz so fröhlich, und als sie sich Sherry aus der Karaffe einschenkte, zitterte ihre Hand. Vor Wut, wie Seifferheld intuitiv zu erkennen meinte.

»Alles«, erwiderte er. »Jede noch so unbedeutende Kleinigkeit könnte sich für den Ermittlungsverlauf als wichtig erweisen.« Er wedelte ein wenig mit der Meerschaumpfeife, die ihm erstaunlich leicht in der Hand lag.

Frau Dorner zuckte mit den Schultern. »Er wohnte hier zur Untermiete. Das Zimmer habe ich allerdings schon räumen lassen. Was ihm gehörte, steht im Keller in einem Karton. Das städtische Notariat will mir Bescheid geben, sobald irgendwelche Verwandten gefunden werden. Und die Möbel habe ich der Haller Arbeit gestiftet. Bestimmt gibt es irgendeine Asylantenfamilie, die sich darüber freut.«

Sie sah seinen fragenden Blick. »Wir wollten ohnehin nicht noch einmal untervermieten. Es ist doch ein enormer Eingriff in die Privatsphäre, wenn man einen fremden

Menschen im Haus hat. Wir haben das auch nur gemacht, als mein Mann damals freigestellt wurde. Aber jetzt hat er ja wieder eine Stelle.« Ihr Blick wanderte zur Wand und von dort in weite Ferne.

»Ihr Mann ist viel unterwegs?«, mutmaßte Seifferheld. Wenn er in all den Jahren bei der Kripo eines gelernt hatte, dann das, seinem Bauchgefühl zu vertrauen. Und sein Bauch raunte ihm zu, dass eine sehr, sehr einsame Frau vor ihm saß.

Sie senkte den Kopf. »Wir führen eine Wochenendehe.« Sie schnorchelte leise. »Fast schon eine Alle-zwei-Wochen-Wochenendehe.«

Seifferheld nickte. »Da war es doch sicher tröstlich, jemanden im Haus zu wissen, der für Sie da war, nicht wahr?« Er legte eine Pause ein, die gerade lange genug andauerte, um einen Tick zweideutig zu sein, ohne anzüglich zu klingen. »Der Ihnen notfalls helfen konnte, wenn einmal handwerklich etwas zu erledigen war. Oder wenn nachts Geräusche zu hören waren?« Seifferheld tastete sich vor. Er klopfte mit der Meerschaumpfeife auf die plastiküberzogene Sofaarmlehne. Glimmender Tabak hüpfte heraus.

Frau Dorner leckte sich mit einer schlangengleich züngelnden Zunge über den rechten Zeigefinger, dann beugte sie sich vor und wischte mit dem angefeuchteten Finger die Tabakkrümel auf.

Seifferheld fiel es schwer, sein Pokerface zu wahren. Und nicht zu hüsteln.

Frau Dorners Lächeln fiel schmallippig aus. »O ja, es hätte mich wirklich beruhigt, nachts jemanden im Haus zu wissen. Aber Herr Klier war ja ständig auf Tour.«

Es klang vorwurfsvoll. Fast nörgelig. Wie von einer Ehefrau. Sie leerte ihr Glas und schenkte sich gleich noch einmal nach.

»Auf Tour? Mit seinem Rad?«

Sie lachte humorlos auf. »Nein, auf Tour durch die Kneipen. Meistens gabelte er irgendein billiges Flittchen auf und brachte es dann mit. Ich habe ihm mehrmals erklärt, dass ich solche Besuche in meinem Haus nicht wünsche. ›Wenn Sie sich wie ein Bekloppter ins Guinness-Buch der Rekorde rammeln wollen, dann mieten Sie sich gefälligst eine eigene Lustgrotte für Ihre Perversionen‹, habe ich zu ihm gesagt. Aber er wollte ja möglichst billig wohnen. So gut wie jeder Euro floss in sein Radlerhobby. Wissen Sie, was ein einziges Hochleistungsrad kostet? Und er hatte sieben Stück davon.«

Sie verstummte abrupt. Bestimmt hatte sie die Räder verscherbelt und sich für den Erlös mit Fässern voller Oloroso-Sherry eingedeckt. Aber das interessierte ihn momentan nicht.

Seifferheld musste an die exorbitanten Summen denken, die er schon für Stickgarn und Vorlagen ausgegeben hatte, doch auch diesen Gedanken wischte er zügig beiseite. Immer noch besser, sein Geld für ein Hobby auszugeben als für ein Laster.

»Frau Dorner, ich weiß nicht, wie ich das jetzt formulieren soll, aber …« Seifferheld räusperte sich und kratzte sich mit der Meerschaumpfeife geistesabwesend am Kinn. Wieder purzelten Tabakkrümel heraus, aber dieses Mal wurden sie unangefeuchtet aufgewischt.

Seifferheld legte den Schalter seiner gletscherblauen Augen um und ließ sie mitfühlend leuchten. »Wäre es möglich, dass Herr Klier die … äh … die Situation hier im Haus ausgenutzt hat?«

Ihre Mundwinkel zuckten.

»Hat er Sie belästigt?«

Dieses Mal lachte Frau Dorner glockenhell amüsiert. »Gott, sind Sie altmodisch!« Sie leerte ihr Glas und hätte es erneut gefüllt, aber die Karaffe gab nichts mehr her. Den letzten Tropfen auf dem Karaffenboden hätte man schon mit einem Strohhalm aufsaugen müssen. »Ich kann mich nicht erinnern, wann ich das letzte Mal mit meinem Ehemann geschlafen habe. Natürlich war ich da leichte Beute für Ludger. Aber ich wurde ihm bald langweilig. Als ich ihn rauswerfen wollte, hat er mich doch tatsächlich erpresst. Dieses Schwein!«

Frau Dorner presste die Lippen zusammen. Dann stand sie auf, ging zu dem Eichenkabinett, nahm mitnichten eine weitere Flasche Sherry heraus, sondern vielmehr eine riesige Monte Christo und kehrte zu ihrem Sessel zurück.

»Das hat Sie sicher sehr wütend gemacht?«, konstatierte Seifferheld.

Frau Dorner biss kräftig in die Zigarre. Man musste kein Freudianer sein, um zu ahnen, wem sie am liebsten was abgebissen hätte. Sie zündete die Monte Christo an und paffte mehrmals heftig.

Wie Katzen, die einen Katzenhaarallergiker auf hundert Schritt Entfernung erkennen und hinterlistig sofort zu ihm laufen, um sich an seiner Wade zu reiben, damit er am ganzen Körper Juckreiz bekommt und möglichst an einem asthmatischen Anfall erstickt, merkte auch der Rauch sofort, wem er Übelkeit verursachen konnte: Er waberte großflächig auf Seifferheld zu.

Inmitten des Rauches leuchteten die zornesroten Wangen von Frau Dorner. »Sie fragen, ob mich das wütend machte? Wütend? Sie haben ja keine Ahnung. Die Wände hier im Haus bestehen aus Papier. Ich habe jedes Stöhnen mitbekommen, jedes Ächzen, jedes einzelne ›Ja, ja, gib's mir‹. Aber ich konnte nichts tun. Eine Scheidung wäre mein Untergang. Mein Mann darf davon nie etwas erfahren.«

Seifferheld nickte. Er war sicher, dass ihr Mann bereits hinlänglich Bescheid wusste und es offenbar tolerierte, weil er während der Woche eigenen Freuden nachging.

Frau Dorner sprang auf. Die Zigarre fiel brennend auf den Plastikbezug des Sessels. »Sie müssen mir versprechen, meinem Mann nichts davon zu sagen. Versprechen Sie es. Bei allem, was Ihnen heilig ist.«

Es roch nach angebranntem Plastik. Seifferheld wurde schlagartig speiübel. Die Pfeife fiel ihm aus der Hand. Er nickte benommen. »Versprochen.«

Seifferheld stützte sich mit beiden Händen auf das Sofa und wollte sich hochstemmen, da hörte er ein Knirschen.

Seifferheld wog bei sehnigen hundertzweiundachtzig Zentimetern exakt achtzig Kilo und war mithin ein schlanker Mann. Nicht schlank genug jedoch für die Meerschaumpfeife. Er sah zu Frau Dorner. Doch die stand vor dem Eichenkabinett, aus dem sie eine Flasche Sherry extrahierte. Seifferheld beschloss, das unverhoffte Ableben der Meerschaumpfeife tunlichst unter den Tisch zu kehren. Ebenso wie den Meerschaumpfeifenbruch. Er wischte die Stücke vom Sofa auf den Teppich und schubste sie mit den Fußspitzen unter den Couchtisch.

Der Krug geht so lange zum Brunnen, bis er bricht,

dachte Seifferheld und sah zu, wie Frau Dorner zum Sessel zurückkehrte und sich setzte. Auf die immer noch glimmende Zigarre. Ob er etwas sagen sollte? Oder hatte sie mit ihrer Bügelfaltenjeans das Glimmen erstickt?

Seifferheld betrachtete nachdenklich die Frau mit der Perlenkette und dem spitzen Gesicht. War Frau Dorner an ihre Grenzen gestoßen? Hatte sie diesen Psychoterror nicht mehr ausgehalten? Aber selbst wenn, sie hätte doch nur Klier umgebracht. Frau Dorner hätte keinerlei Grund gehabt, die anderen Männer zu töten. Und außerdem, das wusste Seifferheld aus Erfahrung, waren Alkis nicht auf Dauer in der Lage, ihre Spuren so sauber zu verwischen, wie dies der Haller Serienmörder tat. Und dass Frau Dorner Alkoholikerin war, daran zweifelte Seifferheld spätestens ab dem Moment nicht mehr, als sie den Korken aus der Sherryflasche zog, die Flasche an ihre kirschrot geschminkten Lippen setzte und 0,75 Liter Sherry auf ex kippte.

Gleich darauf sprang sie schreiend auf und versuchte, mit einem – unbestickten – Kissen ihren qualmenden Hintern zu löschen.

In diesem Moment schrillte der Rauchmelder auf.

Seifferheld seufzte.

## Für berufstätige Frauen sind schallisolierte Toiletten und wasserfeste Mascara unabdingbar – wenn sie nicht in der Kaffeeküche Amok laufen wollen

»Ich wollte mich nur mal melden und von meinen allerneuesten Ermittlungsergebnissen berichten. Äh … störe ich?«

Zwei Telefonate an einem Tag. Seifferheld hatte sich kurz gefragt, ob das aufdringlich wirkte, ob er sie damit womöglich zu sehr bedrängte, ein allzu schnelles Tempo vorgab, aber seine Hand hatte in Eigenantrieb herz- und nicht hirngesteuert zum Hörer gegriffen.

»Nein, ich habe nur gerade eine Runde auf der Damentoilette geflennt.«

»Ärger in der Redaktion?«

»Das bringt mich nicht zum Flennen. Nein, Ärger mit meinem Ex. Er lässt seine Bomben am liebsten immer dann platzen, wenn ich es am wenigsten gebrauchen kann. Vor wichtigen Interviews. Oder lässt mich unter Vorgabe vermeintlicher Notfälle aus Redaktionskonferenzen rufen. Was für ein Idiot! Und für den habe ich einmal Gefühle gehegt. Ha! Perlen vor den Eber.«

Das wollte Seifferheld gar nicht hören. Natürlich musste eine Frau in MaCs Alter eine Vergangenheit haben, alles andere wäre ja extrem merkwürdig, aber er zog es vor, sie sich als unbeschriebene Tafel vorzustellen, auf der er mit Kreide sein »Siggi was here« kritzeln würde.

»Und?« MaC schniefte. »Was hast du herausgefunden?«

»Klier hatte was mit seiner Vermieterin.«

»Da schau her.«

»Vielleicht ist das die Gemeinsamkeit, die alle echten Toten miteinander verbindet? Dass sie bei alleinstehenden älteren Damen beziehungsweise älteren, getrennt lebenden Damen zur Untermiete beziehungsweise zur Miete wohnten und ihnen Avancen machten? Möglicherweise haben sich die Frauen verschworen? Möglicherweise gibt es in unserem beschaulichen Hall einen Club mit dem Motto: Wir bringen unseren Mieter um?«

MaC lachte. Schallend und ausdauernd. »Danke! Das habe ich gebraucht«, sagte sie und wischte sich hörbar Lachtränen aus den Augenwinkeln.

Seifferheld rümpfte die Nase. »Auf jeden Fall waren die Opfer alle nicht ganz koscher. In ihrer Beziehung zum weiblichen Geschlecht, meine ich. Da hatte offenbar jeder Dreck am Stecken.«

»Unbescholtene Bürger werden auch nur in Ausnahmefällen gemeuchelt.«

Hartes Statement für eine so weiche Frau, dachte Seifferheld, sagte es aber nicht.

»Wollen wir mal wieder ausgehen?«, fragte er stattdessen.

»Sehr gern.«

Seifferheld atmete auf. Wie angenehm, dass sie keine Spielchen spielte und nicht auf spröde machte.

»Du, ich muss los. Wir telefonieren, ja?« Und schon hatte sie aufgelegt.

Hm, wollte sie ihn abwimmeln? Seifferheld kam ins Grübeln. Verdammt, Liebe war mühsam. Mit sechzig ebenso wie mit sechzehn.

## Held trifft auf Eisprinzessin und zieht sich Frostbeulen zu

Das Haus atmete Gemütlichkeit.

Gepflegtes Fachwerk. Blumenkästen vor jedem Fenster, in denen es auch jetzt, im Herbst, noch blühte. Ein melodischer Klingelton. Ein kleines Paradies.

Die Frau, die Seifferheld die Tür öffnete, war allerdings aus anderem Holz geschnitzt. Eindeutig Hartholz. Wenn jemals Satan höchstselbst ein Gesicht modelliert haben sollte, dann ihres. Attila der Hunne hätte sich neben ihr als freundliche Lichtgestalt ausgenommen. Unwillkürlich trat Seifferheld einen Schritt zurück.

»Ja?«

Ihre Stimme ließ einem das Blut in den Adern gefrieren. Die Vögel im Garten, die bis eben noch gezwitschert hatten, verstummten abrupt.

Seifferheld wagte es nicht, seinen Mitgliedsausweis für den historischen Verein hervorzuholen. Die Frau hätte ihn unverzüglich durchschaut.

»Siegfried Seifferheld«, sagte er daher nur. »Ich hätte einige Fragen zu Herrn Prenzlau.«

»Mein Mann ist nicht da!«, Bäffte die Frau, die um die sechzig sein musste und einen beigefarbenen Kaschmirmantel trug. Sie erinnerte Seifferheld in ihrer Rigidität an seine Kindergartentante, eine kinderverachtende Diktatorin, die den Kleinen Pflaster über die Lippen zu kleben pflegte, weil ihr Kindergeplapper auf die Nerven ging.

Eine getigerte Katze tauchte hinter der Frau auf, strich an ihrer nylonbestrumpften Wade entlang und miaute.

»Ihr Mann?«, fing Seifferheld an, nach Worten ringend. Er musste sich durch ein unsichtbares Pflaster kämpfen. Oh, die Macht der Psyche!

»Ich hatte mit diesem Subjekt Prenzlau keinerlei Kontakt. Sie müssen mit meinem Mann reden«, fuhr die Frau fort und sorgte somit für Erleuchtung. Nicht aber für Gastfreundschaft, denn sie schlug Seifferheld die Tür vor der Nase zu.

Das war ihm zu seiner aktiven Zeit nie passiert, weswegen er einen Moment brauchte, um sich zu fangen.

Er klingelte erneut.

Die Haustür ging auf. Die Frau – an der Türklingel stand kein Name – hatte sich zwischenzeitlich ihres Mantels entledigt. Die Katze klebte ihr aber noch an der Wade.

»Ja?«

»Seifferheld«, wiederholte Seifferheld, als ob alles gut werden würde, wenn er noch mal von vorn anfing. »Erwarten Sie Ihren Mann denn in Kürze zurück? Ich habe einige ermittlungstechnische Fragen.«

»Ach so, ich dachte, Sie sind von der Presse. Na, dann kommen Sie herein. Mein Mann muss gleich wieder da sein. Er ist nur kurz zum Einkaufen.«

Seifferheld folgte ihr mit gemäßigtem Hinken durch den schmalen Flur in ein Puppenstubenwohnzimmer mit herrlichem Blick über die Stadt. Und die Rückseite von Seifferhelds ehemaligem Kindergarten. Vier Jahre lang hatte er dort unter Fräulein Elisabeth gelitten. Ihm war diese räumliche Nähe zu diesem Ort des Schreckens gar nicht bewusst gewesen. Kein Wunder, dass alte Erinnerungen in ihm hochkrochen wie fiese Monster aus einer schlammigen Urzeitbrühe.

»Setzen Sie sich.« Es klang mehr wie ein Befehl, nicht wie eine freundliche Aufforderung. »Aber lehnen Sie sich mit dem Hinterkopf nicht an die Sessellehne, sonst kriegt Walter Zustände. Die geklöppelten Zierdeckchen sind schmutzempfindlich.«

Drei Sessel und ein Sofa standen in dem kleinen Wohnzimmer und auf allen Rückenlehnen lagen filigrane Zierdeckchen. Und mittig auf dem Sofa thronte – Seifferheld wurde kurz schwindelig und er musste sich an einem der Sessel festhalten – ein Kissen. Ein Kissen, dass er – Siegfried Seifferheld – mit eigener Hand bestickt hatte. Ein Kissen von ihm. »I love Germany« stand in hellblauen Knötchenstichen darauf.

Etwas Warmes breitete sich in seinem Innern auf.

Gleich darauf hatte er sich aber wieder gefangen. Nur keine Schwäche zeigen. Nicht im Beisein dieses Klons von Fräulein Elisabeth.

»Es ist noch ein Rest Kaffee in der Küche. Moment«, sagte Frau Wegener.

Dass sie Wegener hieß, entnahm Seifferheld den gerahmten Zeugnissen über dem Sideboard. Sigrid Wegener. Bestandene Prüfung zur Fremdsprachensekretärin. Bestandene Fortbildung zur Business Executive Assistant. Auszeichnung zur Mitarbeiterin des Jahres. 1991. 1995. 2002. 2006. 2008.

Die Fotos auf dem Sideboard zeigten Sigrid Wegener im Kostüm mit Blumenstrauß, im Abendkleid mit Sektkelch, im Bikini am Strand. Es gab auch noch ein Foto von der getigerten Katze.

Von Herrn Wegener gab es nichts.

Bis auf die geklöppelten Zierdeckchen.

Seifferheld nahm sich vor, sie ausnehmend vorsichtig zu behandeln.

»Hier.« Frau Wegener drückte ihm einen Becher in die Hand, auf dem »Als Gott die Welt erschuf, hat sie nur geübt« stand. »Milch und zwei Stück Zucker. So in Ordnung?«

Seifferheld trank seinen Kaffee am liebsten schwarz, aber er war ja gut erzogen und nickte deshalb nur.

»Könnten Sie mir vielleicht doch ganz kurz einige Fragen allgemeiner Natur beantworten?«, bat Seifferheld.

Sie seufzte, sah auf ihre Uhr und nickte. Setzen wollte sie sich allerdings nicht. Also blieb auch Seifferheld stehen, obwohl ihm seine Hüfte an diesem Tag ordentlich zu schaffen machte. Aber das Höhengefälle zwischen Verhörendem und Verhörtem durfte nicht zuungunsten des Verhörenden ausfallen. Grundkurs Polizeimethoden.

»Herr Prenzlau war Ihr Mieter?«

Frau Wegener nickte. »Seit über zehn Jahren. Hinten im Gartenhaus. Man wird solche Leute ja irgendwann nicht mehr los. Nisten sich ein wie Filzläuse. Dabei machte er so einen soliden Eindruck, als er damals einzog.«

»Gartenhaus?«, sagte Seifferheld nur.

»Oben, am Hang. Das Grundstück zieht sich bis hoch zum Friedensberg.«

»Sie pflegten keinen Umgang mit Herrn Prenzlau?«

»Na, *ich* ganz bestimmt nicht. Man hat ja Niveau. Aber für meinen Mann würde ich nicht die Hand ins Feuer legen. Ich hatte ihn immer im Verdacht, hin und wieder für diesen Prenzlau zu kochen.«

»Ihr Mann ist …«

»Hausmann.« Frau Wegener senkte den Blick. Gleich darauf hob sie ihn wieder und guckte trotzig. Es war trotz allem ihr Mann. »Er war einmal im Management. Aber der Überlebenskampf war nichts für ihn. Tja, mit der Eheschließung geht man immer auch ein Risiko ein.«

So, so. Ein Risiko. Das gilt aber für beide Seiten, dachte Seifferheld und sah zum Sideboard. Die junge Sigrid Wegener wirkte rosig, wie das blühende Leben. Dass aus ihr ein vertrockneter Hagestolz werden würde, hätte ihr Mann sicher auch nicht gedacht.

»Hatte Herr Prenzlau hin und wieder Besuch?«

Frau Wegener lachte höhnisch auf. »Ha! Keine Frau von Anstand hätte sich mit ihm abgegeben. Manchmal kam in den frühen Morgenstunden ein ähnlich unsäglicher Mensch mit Gummihose vorbei. Wohl ein Anglerfreund. Ich muss allerdings zugeben, dass er hin und wieder abends in aufgerüschtem Zustand aus dem Haus huschte. Gott weiß, was er dann getan hat.« Sie verschränkte die Arme. »Hören Sie, dieser Mensch war mir völlig fremd. Er hat Hartz IV bekommen und das reichte für die Miete. Mehr muss ich nicht wissen. Wie er sein Leben gestaltete, war mir egal. Wenn Sie mich jetzt entschuldigen würden …«

Sie stakste hagerbeinig davon.

Die Katze huschte hinterher.

Seifferheld zweifelte keine Sekunde lang daran, dass es die Mieze weitaus besser bei Frau Wegener hatte als der Ehemann.

Seine Aufgabe hier war erledigt. Im Grunde hatte sie ihm seine Fragen beantwortet und er musste nicht auf ihren Mann warten. Außerdem empfand er die Atmosphäre in ihrem Dunstkreis als dermaßen eisig, dass ihm schon Frostbeulen an den Gliedmaßen sprossen.

»Auf Wiedersehen, Frau Wegener«, rief er im Flur, bekam aber keine Antwort.

Ein wirklich sehr gepflegtes kleines Häuschen. Der Mann von Frau Wegener schien seiner Hausmanntätigkeit mit Freude und Effizienz nachzugehen.

Seifferheld öffnete die Tür.

Und stand – Tusch! – Bocuse gegenüber.

Seinem Kochlehrer aus dem Volkshochschulkurs.

## Sobald Kühe Kondensmilch geben und Hühner Rühreier legen, wird man auch glücklich verheiratete Männer finden

Nachdem Seifferheld erklärt hatte, in offizieller Mission unterwegs zu sein, ließ François den Akzent bleiben.

»Im Kurs kommt es besser an«, meinte er, als sie sich in der Weinstube Gräter bei einem Trollinger gegenübersaßen.

Um diese Uhrzeit war es leer. Die Leute, die nach der Arbeit rasch auf ein Glas vorbeikamen, waren schon weg und die Abendgäste waren noch nicht eingetroffen. Und so nett es in der wegenerschen Puppenstube auch gewesen sein mochte, die Präsenz von Frau Wegener lag wie ein dunkler Pesthauch über allem, weshalb die Männer sich darauf geeinigt hatten, die wenigen Meter in die Gelbinger Gasse zu laufen und sich in der Weinstube zu unterhalten.

»Ich lebe jetzt fast vierzig Jahre in Deutschland, aber im Kurs kommt so ein französischer Akzent einfach besser an. Klingt authentischer«, meinte François Arnaud-Wegener alias Bocuse. »So muss es auch Rudi Carrell gegangen sein. Von wegen holländischer Zungenschlag.«

Seifferheld lächelte. »Ich werde Sie nicht verraten.«

Bocuse rieb sich mit der Hand über die Augen. »Furchtbar, das mit Peter. Ich kann's noch gar nicht glauben.«

Seine Trauer war echt. Aber auch Mörder können trauern, dachte Seifferheld.

»Waren Sie befreundet?«

»O nein.« Bocuse schüttelte die schwarzen Locken.

Die nicht gefärbt aussahen. Bestimmt war er eine ganze Ecke jünger als seine Frau. »Aber er war ein netter Kerl mit ordentlichen Geschmacksknospen und hin und wieder habe ich neue Rezepte an ihm ausprobiert.«

»Hatte er viel Kontakt zu anderen Menschen?«

»Seit sie ihn in seiner alten Firma gefeuert haben nicht mehr. Anfangs hat er sich ja noch um eine neue Stelle bemüht. Aber in seinem Alter ...« Das Gesicht des Franzosen wurde hart. Wie man eben schaute, wenn man über andere erzählte, was man am eigenen Leib erlebt hatte. »Hin und wieder kam ein Anglerfreund vorbei. Ein Schorsch Irgendwas. Peter hat uns einander nie vorgestellt.«

»Irgendwelche neuen Bekanntschaften in letzter Zeit?«, wollte Seifferheld wissen.

»Bekanntschaften?« Bocuse grinste anzüglich. »Frauenzimmer?«

Seifferheld zuckte unverbindlich mit den Schultern. »Als Hartz-IV-Empfänger hatte er sicher nicht viele Chancen. Kein Geld, um sich dort aufzuhalten, wo die Frauen sind. Und wenn doch, dann nicht genug Geld, um sie auf ein Getränk einzuladen.«

»Sie verstehen nicht viel von Frauen, oder?«, meinte Bocuse plump.

Seifferheld schwieg. Nicht schmollend. Männer schweigen nicht schmollend. Männer schweigen verbissen. Männlich eben. Er war sooo kurz davor, Bocuse von MaC zu erzählen. Aber dann versetzte er sich innerlich eine Ohrfeige. Bei Gesprächen mit Zeugen niemals an sich selbst denken. Distanz wahren. Ganz auf den anderen eingehen.

»Peter war ein gutaussehender Mann mit Charme. Er hätte an jedem Finger zehn Frauen haben können. Aber er ging lieber zum Angeln. Obwohl ich in letzter Zeit dachte …« Bocuse schaute versonnen.

»Ja?«, forderte Seifferheld ihn auf.

»Noch einen Trollinger«, rief Bocuse in Richtung Theke.

»Kommt sofort«, rief der Wirt, der gerade ein Weinglas mit dem Geschirrhandtuch auf Hochglanz polierte.

»Sie dachten?«, wiederholte Seifferheld.

»Ich dachte?« Bocuse schaute erstaunt. »Ach so … ja, ich dachte, er hätte jemand kennengelernt. Aber ich weiß nichts Genaues. Ich habe das nur daraus geschlossen, dass ich ihn vor ein paar Wochen abends ausgehen sah. Mit Krawatte!«

Seifferhelds linkes Ohrläppchen bitzelte, wie immer, wenn ihm sein Bauchgefühl etwas sagen wollte. Man hätte denken können, dass es für seinen Körper einfacher gewesen wäre, bei einem Bauchgefühl den Bauchnabel bitzeln zu lassen, aber nein, es war stets das linke Ohrläppchen.

»Sie wissen nicht, mit wem er ausgegangen ist?«

Bocuse nickte, meinte damit aber den Wirt, der ihm gerade sein zweites Glas Trollinger servierte.

»Ich wollte ihn nicht darauf ansprechen. Hätte ihm sowieso nur abraten können. ›Nie mit Frauen einlassen‹, das ist mein Rat an die Männer. Ja schön, es gibt den einen oder anderen Bonus. Aber es kann auch der Super-GAU eintreten: die Ehe!« Bocuse nahm große Schlucke Wein. »Die Ehe ist das Antimittel gegen Glück. In der Ehe werden deine Gedärme auf eine Ankerwinde gespult und in die Tiefsee versenkt. Du wirst auf ein Fadenkreuz genagelt und unablässig bombardiert, bis du dir nur noch den Tod wünschst.« Bocuse kippte seinen Wein und winkte mit dem leeren Trollingerglas dem Wirt zu.

Seifferheld seufzte. Frau Wegener hatte ganze Arbeit geleistet. Wenn sogar ein Franzose nicht mehr an die Liebe glaubte. Wiewohl, an die Liebe glaubte er womöglich schon noch, nur nicht an die Ehe. Tja, das war es dann wohl.

Doch eines galt es noch zu klären.

Seifferheld räusperte sich. »Ich habe in Ihrem Wohnzimmer das Kissen gesehen. Und die Zierdeckchen«, sagte er so unverbindlich als möglich.

Bocuse nickte.

»Sehr hübsch. Machen Sie auch Handarbeiten?«

Bocuse lachte schallend auf. »Handarbeiten? Mon dieu, wofür halten Sie mich? Ich bin ein Mann, keine Strickliesel mit Hosen!«

## Und hier ein Reiseruf: Die schwesterliche Solidarität und die brüderliche Nächstenliebe, unterwegs im Großraum Stuttgart, möchten sich bitte mit ihren Lieben zu Hause in Verbindung setzen

Wie immer, wenn er nachdenken wollte, saß Seifferheld in seinem Ohrensessel am Fenster und stickte.

Genauer gesagt, er stickte noch nicht, sondern teilte die Vorlage horizontal und vertikal mit einem Marker ein, bevor er dann die Mitte des feinen, weißen Leinenstoffes markierte. Die Mittellinie kennzeichnete er mit Nähseide in Kontrastfarbe. So würde er sich bei dem aufwendigen Muster, das er für die Weiß-Stickerei geplant hatte, leichter zurechtfinden.

Die Kissen à la »I love Germany« hatte er über. Er brauchte Abwechslung. Um auf neue Gedanken zu kommen.

Vernünftige Gedanken.

So faszinierend die Vorstellung auch für ihn war, aber ein Rudel mordender Vermieterinnen schloss Seifferheld mittlerweile aus. Schwesterliche Solidarität gab es unter Frauen nicht, wenn es um Geld oder Männer ging. Sorry, Alice, diesbezüglich hast du umsonst gekämpft.

Trotzdem, irgendwo musste es sein – das alles verbindende Element!

Seifferheld fädelte noch mehr Nähseide ein.

Alle Männer waren mehrere Tage verschwunden, bevor sie tot aufgefunden wurden. Aber offenbar waren sie nicht gekidnappt und in irgendeinem schmierigen Kellerloch gefangen gehalten oder gar gefoltert worden. Keiner der Toten wies äußere Verletzungen auf. Anscheinend verabreichte ihnen der Mörder ein Gift, dessen Wirksamkeit erst zeitverzögert einsetzte. Wenn die Männer merkten, wie schlecht es ihnen ging, war es a) schon zu spät und b) der Mörder längst an einem Alibi-gestützten Ort. Also musste der Mörder Zugang zu solch diffizilen Medikamenten haben. Ein Arzt. Ein Apotheker. Waren alle Opfer Kunden derselben Apotheke? Sollte er, Seifferheld, alle Innenstadtapotheken abklappern – Löwen, Mohren, Dreikönig, Brücken?

Nein, nicht auf Seitengleise führen lassen. Es musste etwas anderes geben, was die Opfer miteinander verband.

Etwas, das nicht sofort auf den Täter wies. So dumm mordete heute keiner mehr. Außerdem brauchten die Apotheken jeden Kunden.

Also noch mal neu nachgedacht.

Es handelte sich bei den Opfern durchweg um Männer. Massenmörder tobten sich meistens an Frauen aus, dieser nicht. Ein schwuler Serientäter mit einer Aversion gegen Heteromänner?

Alle Opfer waren alleinstehend ohne Anhang. Männer, die nicht so schnell vermisst wurden. Wie hatte der Mörder das herausgefunden? Eine solche Recherche erforderte Wochen, wenn nicht gar Monate, und doch wurden die Abstände zwischen den Morden immer kürzer. Saß der Mörder an der Quelle der Information? Arbeitete er für das Einwohnermeldeamt?

Was verband die Opfer noch?

Denk nach, Siggi, denk nach.

Und da fiel es ihm wie Schuppen von den Augen. So abrupt, dass sich die Nähnadel in seinen fingerhutlosen linken Zeigefinger bohrte.

Alle hatten sie Sport getrieben.

Sport war das verbindende Element.

Sport ist Mord, wie schon Churchill sagte. Und im Sinne brüderlicher Nächstenliebe half der Mörder dieser Parole ein wenig nach.

Seifferheld lutschte sich den Blutstropfen vom Zeigefinger und nickte sich innerlich zu. Er würde seine Nachforschungen ab sofort auf die Sportschiene konzentrieren.

Die einfachste Antwort war meistens auch die richtige.

# 4. KAPITEL

## Flipper lebt!

»Mein Gott, wie entsetzlich! Dagegen muss es doch ein Gesetz geben!«

Die Passantin, aschfahl im Mittsechzigergesicht, wandte sich rasch ab und hastete weiter in Richtung Marktstraße.

»Verschließen Sie nicht die Augen vor der Wahrheit!«, rief Karina ihr hinterher. »Versetzen Sie sich doch mal in die Lage der Tiere!«

Woraufhin die Frau noch schneller hastete. Ihrem Rücken meinte Karina anzusehen, dass sie in wenigen Minuten zwei Pfund Schweinehack im Laden der Bäuerlichen Erzeugergenossenschaft kaufen würde.

»Würden Sie auch Flipper essen? Oder Lassie? Oder Black Beauty? Nein? Dann lassen Sie gefälligst auch Schweinchen Babe am Leben!«, brüllte Karina dem entschwindenden Rücken nach.

Karina schmollte.

Und fröstelte.

Es war Viertel vor neun. Zusammen mit ihren Freundinnen Julia und Tiffi von Peta lag sie im Bikini auf dem Milchmarkt.

Mit Kunstblut überschüttet.

Unter einem Transparent mit der Aufschrift: *Wir sind alle aus Fleisch!*

Nur Sarah-Marie war vollständig bekleidet und wachte am Stand über die Peta-Flyer und diverse Schau-Schalen mit Zellophanhüllen. »So könnte im Supermarkt verkauftes Menschenfleisch aussehen!«, rief sie in unregelmäßigen Abständen niemand Besonderem zu.

Karina und die beiden anderen froren sich die jeweiligen Gesäßpartien ab. Wie man eben friert, wenn man weitgehend nackt – von der üppigen Kunstblutkörpermalerei einmal abgesehen – in übergroßen Fleischschalen lag, ebenfalls mit Zellophan überspannt. Auf übergroßen Preisschildern prangte die Mahnung: *Milliarden Tiere werden gequält und grausam getötet, nur weil* Sie *Fleisch essen!*

Diese Tatsache musste man den hirnlosen Konsumenten einfach auf drastische Weise ins Gedächtnis rufen, auch wenn manche der vorbeieilenden Konsumenten die Aktivistinnen mit Blicken bedachten, als wollten sie sich deren Gesichter für eine besonders unangenehme Methode der Ausrottung merken. Karina kam sich schon nach zwölf der geplanten hundertzwanzig Aktionsminuten wie ein räudiges Nagetier vor, dessen sich die Haller lieber heute als morgen entledigen wollten.

»Tiere bestehen wie wir aus Blut, Knochen und Fleisch«, rief Karina, weil es ihr wärmer vorkam, wenn sie zumindest die Stimmbänder bewegte. »Sie haben wie wir Ängste und Gefühle!«

Niemand achtete auf sie.

»Tiere sind auch nur Menschen!«, brüllte sie tapfer noch einen Tick lauter. Die Frühstücksgäste drüben im Salzwerk guckten genervt.

Im Landkreis Schwäbisch Hall befanden sich die beiden größten Schlachthöfe ganz Baden-Württembergs. Da war es jedem ehrlichen Tierschützer oberste Pflicht, öffentlich Stellung zu beziehen.

Ort und Zeit waren perfekt gewählt: Es war Samstag und an diesem Platz kamen so gut wie alle Haller vorbei, die auf den Wochenmarkt wollten.

Allerdings wünschte sich Karina, dass nicht Sarah-Marie, sondern sie beim Losverfahren verloren hätte – dann könnte sie jetzt in ihrem neuen rosa Häkelkleid am Stand stehen und Flyer über die Grausamkeit der Tierhaltung und der Tiertransporte sowie über die Gewalt in Schlachthäusern verteilen und müsste nicht frierend herumliegen. In der Nacht hatte es Bodenfrost gegeben. Und Zellophan hielt längst nicht so warm, wie man denken könnte. Karina meinte spüren zu können, wie ihr das Kunstblut förmlich auf der Haut gefror.

Reiß dich zusammen, du Weichei, schalt sie sich selbst. Die toten Tiere haben es auch nicht besser! Sei doch froh, dass du noch lebst und frieren kannst!

»Ich kann meine Beine nicht mehr spüren«, flüsterte ihr Tiffi schlotternd aus der Fleischschale neben ihr zu. »Wie war das doch gleich mit Zellophanhüllen? Verhindern die Gefrierbrand oder fördern sie ihn?«

Karina antwortete ihr nicht. Die Unterkühlung hatte zu einem akuten Müdigkeitsanfall geführt. Die eisigen Lider wurden immer schwerer. Das Zittern ihrer Gliedmaßen erfolgte im Takt zu *La-le-lu, nur der Mann im Mond schaut zu*. Ihr Bett in der Unteren Herrngasse schien eine Stimme bekommen zu haben und die rief lauter und lauter nach ihr.

Es kam, wie es kommen musste.

Karina schlief ein.

Sie wachte erst wieder auf, als eine halbe Stunde später vier Ordnungshüter eintrafen und die Peta-Mädels wegen

Erregung öffentlichen Ärgernisses kurzerhand mitnahmen.

Da hatte aber schon Fela Nneka, der schwarzafrikanische Fotograf des *Haller Tagblatts,* ein Foto der schlafenden Karina geschossen (Mund halb offen, Sabberfäden über dem Kinn), das in der Ausgabe am darauffolgenden Montag mit der Bildunterschrift *Aktivistin verschläft skurrile Aktion* auf der Titelseite des Lokalteils erschien. Pikanterweise gleich neben dem Foto, das ein Kollege von Nneka zehn Jahre zuvor geschossen hatte und auf dem man die kindliche Karina als Riesenbockwurst verkleidet auf einem Haller Faschingsfest sah. Unter den beiden Fotos stand die Bildunterschrift: *Heute Tofu, früher noch Rind.*

Peinlich.

Sehr peinlich.

Karina wurde das erste Peta-Mitglied, dem angetragen wurde, doch bitte wieder auszutreten.

Schande.

Große Schande.

Und außerdem laborierte Karina noch volle zwei Wochen an dem Schnupfen, den sie sich bei der Aktion geholt hatte.

Aus dem Polizeibericht

**RECHTS ANGETÄUSCHT, LINKS VERSENKT**

*Am Dienstag wollte um 8 Uhr 13 der Fahrer eines Ford Focus von der Schenkenseestraße nach links auf die Tüngentaler Straße einbiegen. Von links auf der Tüngentaler Straße kam ein VW Golf, der an-*

*geblich nach rechts blinkte. Der Ford-Fahrer ging davon aus, dass er einbiegen könne, und fuhr los. Es kam zu einem Zusammenstoß beider Autos. Die Fahrerin des VW Golfs bekam einen solchen Schreck, dass sie versehentlich auf das Gaspedal trat und durch eine angrenzende Hecke brach. Ihr Wagen kam erst im Zierteich eines Einfamilienhauses zum Stehen. Es entstand ein Sachschaden von 30 000 Euro. Die Polizei sucht Zeugen, vorzugsweise mit Fußballerfahrung.*

## Im Reich der atmenden Socken

Wenn Sport das verbindende Element war, dann war Sport auch die Antwort, befand Seifferheld, nicht intuitiv aus dem Bauch heraus, sondern seiner rationalen Logik folgend. Er stand mit Klaus vor den atmungsaktiven Wandersocken des Sportkaufhauses in der Marktstraße.

»Die hier sind gut«, meinte Klaus. »Da steht sogar *rechts* und *links* drauf. Ob das beim Laufen einen Unterschied macht, wenn ich den rechten Socken am linken Fuß trage?«

Klaus diente keineswegs der Tarnung. Er war vielmehr bei Seifferheld aufgetaucht, als der gerade zu Ermittlungszwecken das Haus verlassen wollte.

»Päuschen mit Kläuschen?«, hatte er gefragt.

»Geht nicht, muss arbeiten«, hatte Seifferheld geantwortet.

»Arbeiten im Ruhestand?«, hatte Klaus erwidert.

Und da hatte ihm Seifferheld von seiner Mission erzählt.

»Klaus, hör zu, du erinnerst dich doch sicher an die Berichte aus dem *Haller Tagblatt* über die verschwundenen Männer von Hall? Die allesamt einige Tage oder Wochen nach ihrer Vermisstenmeldung tot aufgefunden wurden?«

»Ich lese keine Zeitung. Lesen macht die Augen müde.«

Seifferheld hatte das nicht kommentiert. »Ich glaube da nicht an Zufälle. Ich tippe auf Mord.«

Klaus war der Unterkiefer in Richtung Knie geklappt. »Nein!«

»Doch. Und ich will die Wahrheit ans Licht bringen.«

»Mann ey, du willst die Männer rächen. Toll!« Klaus war echt beeindruckt gewesen. »Wie dieser Adlige, der als Rächer durch die Lande zieht. Wie heißt er doch gleich. Ach ja, Zorro, der Baron von Monte Löwenherz.« Klaus hatte gestrahlt.

Mehr Beweise für Klausens Unbelesenheit konnte man kaum verlangen, aber Seifferheld nickte nur und sagte: »So ähnlich.«

»Ich bin dabei!«, hatte Klaus erklärt.

»Du bist nicht dabei!«, hatte Seifferheld dagegengehalten.

Woraufhin Klaus ein Mittel eingesetzt hatte, das ihm schon seit über vierzig Jahren dienlich gewesen war: nein, nicht Erpressung. Er hatte gequengelt. Mit einer nasalen Stimme, die er sich als Dreijähriger angewöhnt und nie verlernt hatte. »Warum darf ich nicht mit? Ich bin auch ganz still. Ich sag kein Wort. Bitteeeee.«

Und jetzt standen sie hier. Im Sportkaufhaus. Vor den Socken.

»Was soll denn ›atmungsaktiv‹ heißen?«, fragte Klaus einen Jüngling, Cargohose, Muscle-Shirt und Stirnband, der sich zu ihnen gestellt hatte und entweder völlig hemmungslos einen privaten Lauschangriff starten wollte oder zum Verkaufspersonal gehörte.

»Das ist eine Funktionstextilie. Winddicht, wasserdicht, thermoregulierend, atmungsaktiv. Die Atmungsaktivität meint den Feuchtigkeitstransport und steht für die Wasserdampfdurchlässigkeit von innen nach außen.«

»Ich schwitze eigentlich nie so, dass es dampft«, erklärte Klaus ernsthaft.

Seifferheld überlegte, ob der Moment maximaler Peinlichkeit unmittelbar bevorstand oder bereits überschritten war.

»Das Material ist auch hautsympathisch. Bekleidungsphysiologisch machen Sie damit auf gar keinen Fall etwas falsch.« Der Junge hatte offenbar Abitur. Oder er hatte das Faltblatt des Herstellers auswendig gelernt.

»Gibt's die auch in Größe 46?«, fragte Klaus.

»Wir haben heute eine Lieferung neuer Socken bekommen, die sind nur noch nicht eingeordnet. Ich kann sie Ihnen aber holen, wenn Sie möchten«, sagte der dienstbeflissene junge Mann.

»Ja, gern«, rief Klaus, »haben Sie die hier auch in Marineblau?«

»Ich sehe gern einmal nach.«

»Nein danke, das ist nicht nötig«, erklärte Seifferheld und schubste Klaus mit Schmackes in Richtung Gymnastikhosen, während er sich an den Verkäufer wandte.

»Arbeiten Sie in Vollzeit hier?«, fragte er den jungen Mann, auf dessen Kinn zarter Flaum spross. Kinderarbeit mitten in Hall?

Sein Gegenüber hob eine Augenbraue. »Ich bin der Geschäftsführer. Was kann ich für Sie tun? Wir erfüllen gern auch besondere Wünsche unserer Kunden.«

Seifferheld stutzte nur kurz, seufzte innerlich, weil er merkte, wie alt er langsam wurde, wenn er das Alter von Erwachsenen nicht mehr einschätzen konnte und alles für minderjährig hielt, was jünger war als er, dann lächelte er entschuldigend und zog die Fotos, die MaC ihm aus dem Archiv der Zeitung besorgt hatte, aus dem Umschlag. »Kennen Sie diese Männer?«

Es waren Fotos der Toten. Als sie noch lebendig waren, versteht sich.

»Siggi glaubt, dass ein Massenmörder sein Unwesen in den Straßen von Hall treibt«, fiel Klaus ein, der sich wieder herangepirscht hatte. »Das sind die toten Männer, die man in letzter Zeit aufgefunden hat. Sie haben sicher davon gelesen.«

»Äh, nein.«

Klaus sah Seifferheld triumphierend an. Er war beileibe nicht der einzige Nichtleser.

Der jugendliche Geschäftsführer senkte den Kopf und vertiefte sich in die Porträtaufnahmen. Dabei sah man, dass sich sein Haar bereits lichtete. »Hm, kommen mir alle irgendwie bekannt vor. Aber die sehen sich ja auch total ähnlich.« Der doch nicht mehr ganz so junge Mann sah auf. »Stark! Vielleicht handelt es sich um einen Fall von Verwechslung? Der Mörder sucht einen ganz bestimmten Mann, erwischt aber immer die falschen? Das habe ich mal in einem Kinofilm gesehen. Könnte doch sein, oder?« Er strahlte.

Klaus strahlte auch.

Seifferheld konnte nur mit Mühe einen tiefen Seufzer unterdrücken. »Gut möglich«, zwang er sich zu sagen. »Fällt Ihnen zu diesen Männern noch etwas ein?«

Der Geschäftsführer zog das Foto von Ludger Klier heraus. »Der war nie hier, hat ja bei der Konkurrenz oben im Kerz gearbeitet. Aber ich kenne ihn. Ich fahre auch Rad, müssen Sie wissen.« Er zog noch ein Foto heraus. Es zeigte Fischer. »An den erinnere ich mich. Hat hier aber nie gekauft. Meine Frau bringt hin und wieder die Weißwäsche zum Mangeln zu ihm und einmal musste ich sie abholen. Der ist jetzt auch tot?«

»Sonst fällt Ihnen nichts ein? Haben Sie einen dieser Männer einmal in Begleitung gesehen? Bei einem Streit erlebt? Sonderwünsche für sie erfüllt?«, hakte Seifferheld nach.

Der Geschäftsführer schüttelte den Kopf. Hob den Blick. Schaute zur Decke. Schüttelte erneut den Kopf.

»Falls doch, erreichen Sie mich unter dieser Nummer.« Seifferheld gab ihm eine Visitenkarte, frisch gedruckt im Copyshop am Scharfen Eck. *Kommissar Siegfried Seifferheld* stand darauf und seine Handynummer. »Kommst du, Klaus?«

»Moment noch. Wie war das jetzt mit der neuen Lieferung – gibt's die atmenden Socken auch in 46 und Marineblau?«

»Bei mir geht es gerade nicht«, raunte Seifferheld in sein Handy. »Kann ich Sie zurückrufen?«

»Mich stört's nicht, telefoniere ruhig«, meinte Klaus.

Sie saßen in der Schaufensterecke von Pfisterer & Oettinger, mit Blick auf den Spitalbach – worunter man jedoch keinen plätschernden Bach verstehen durfte, sondern eine Querstraße mit Busverkehr –, je eine Butterbrezel und einen Milchkaffee vor der Nase. Die besten Brezeln der Stadt. Klaus mampfte schon die zweite.

Am anderen Ende der Leitung – hoffentlich unhörbar für Klaus, wie Seifferheld flehentlich hoffte – rief eine Männerstimme: »Das ist eine sensationelle Anfrage. Sie dürfen mich jetzt nicht enttäuschen. Sie dürfen unzählige Japaner nicht enttäuschen. Die Freundschaft unserer beiden Völker hängt davon ab!«

Seifferheld drehte sich ein wenig zur Seite.

»Jetzt bin ich aber beleidigt«, quengelte Klaus. »Geht es um die Morde?«

»Pst!«, zischte Seifferheld Klaus mit Blick auf die rot bekittelten Fachverkäuferinnen zu und: »Das ist jetzt wirklich gerade ein ganz ungünstiger Moment«, sagte er in die Handysprechmuschel.

»Aber der Herr vom Reisebüro ist gerade hier bei mir und erwartet meine Zusage. Umgehend. Sonst geht er zur Konkurrenz. Ja, freuen Sie sich denn gar nicht? Das ist wie ein Sechser im Lotto!«

»Mit seinen Freunden kann man alles teilen«, erklärte Klaus, sichtlich beleidigt.

»Ja, schon klar«, sagte Seifferheld zu ihm und in die

Sprechmuschel: »Ich weiß nicht, ob ich das schaffen werde.« Und vor allem wusste er nicht, ob er das überhaupt schaffen wollte.

»Das schaffen Sie! Fünfzig Kissen mit Rosenblüten und Herzchen und der Aufschrift ›I love Germany‹. Wir machen siebzig zu dreißig. Natürlich siebzig für Sie und dreißig für mich – ich bin einfach so ein herzensguter Mensch. Na, was sagen Sie? Schaffen Sie das, bis im nächsten Monat die Reisegruppe kommt?«

Seifferheld seufzte. »Abgemacht!«

Er klappte sein Handy zu.

Klaus war mit verschränkten Armen ein Sitzkissen weiter gerutscht. Er wäre gern um noch ein weiteres Kissen abgerückt, aber da lag schon die Handtasche einer grimmig aussehenden Trenchcoatträgerin, deren finsterer Blick jedwede Annäherung verbot.

»Klaus …«, fing Seifferheld an.

»Schon gut, schon gut«, sagte Klaus, aber es war eindeutig nicht gut.

Seifferheld wägte die Übel ab. Und kam zu einer Entscheidung.

»Das war meine neue Freundin«, log er.

Klaus strahlte und rutschte wieder näher. »Mann, Alter! Ich freue mich für dich!«

Seifferheld schämte sich. Einen guten Freund so zu täuschen. Und so zu tun, als sei das mit Marianne und ihm schon ausgemachte Sache. Am liebsten hätte er zur Handtasche gegriffen und sie sich gegen die Stirn geschlagen.

Aber die Trenchcoatträgerin sah wirklich verdammt giftig aus.

## Auftritt: Der Hundinator

Na toll, das hatte ihm gerade noch gefehlt!

Ein Schreiben vom Ordnungsamt. Der Dobermannbesitzer hatte Anzeige erstattet.

*Sehr geehrter Herr Seifferheld,*
*bla, bla, bla … kam zur Anzeige durch Polizeiobermeister Haspinger, dessen Dobermann Pascha von Ihrem Hund Aeonis unprovoziert angegriffen und so schwer verletzt wurde, dass Polizeihund Pascha für zehn Tage arbeitsunfähig geschrieben werden musste … bla, bla, bal … Weisen wir Sie darauf hin, dass Ihr Hund Aeonis nunmehr als Gefahrhund eingestuft wurde … bla, bla … Sie haben ihn künftig mit Maulkorb an der Leine auszuführen … darf nur von Personen mit Berechtigung zum Führen eines gefährlichen Hundes nach Paragraph zehn Absatz sieben des Gefahrhundegesetzes ausgeführt werden … bla … Die Hundesteuer wird auf eintausend Euro jährlich heraufgestuft … bla, bla, bla … Sie können bis zum … Widerspruch einlegen.*
*Mit freundlichen Grüßen*

»Unglaublich!«, rief Seifferheld und warf den Wisch auf den Küchentisch.

»Was ist los?«, fragte sein Harem unisono.

Es war Samstag.

Samstags und sonntags gab es für Seifferheld und Onis kein Entrinnen: Man frühstückte im Kreis der Familie und damit basta.

Karina schnupperte an ihrem Bio-Brot, das immer unglaublich schnell schimmelte. Nur echt mit dem Flaum, wie Susanne zu lästern pflegte. Dann nickte Karina und schnitt sich eine Scheibe ab. »Ärger mit der Stadt. Kenne ich zur Genüge. Hab ich gleich am Briefkopf erkannt.«

»Wie? Ärger?« Susanne klang besorgt. In ihrer Stellung konnte sie sich keinen Ärger erlauben. Sie stand kurz vor der Beförderung, das durfte ihr die liebe Familie nicht vermasseln. Karina war ja schon schlimm genug. Aber jetzt auch noch ihr eigener Vater? Abrupt wurde sie von Visionen heimgesucht, wie ihr unbekleideter Erzeuger sich an einen öffentlichen Platz gekettet hatte. Von Karinas Peta-Aktion wusste sie noch gar nichts, sonst hätten sich auch Kunstblut und Frischhaltefolie in ihre Vision geschlichen. »Was hast du getan?«

»Nichts!« Seifferheld goss sich wütend Kaffee ein. Natürlich schwappte der Kaffee über.

»Also wirklich, Siggi!« Irmi holte einen Wischlappen.

Karina angelte sich den Brief und las ihn laut vor. »Oha, Onis hat einen Polizeihund verprügelt.«

»Wie bitte?« Susanne wurde aschfahl. »Angriff auf einen Ordnungshüter?«

»Ich bin auch Ordnungshüter«, bellte Seifferheld. »Das hätte es früher nicht gegeben, dass man unter Kollegen nicht miteinander spricht, sondern gleich schwere Geschütze auffährt. Ja, wo sind wir denn!«

Er schlug auf die Tischplatte.

Karina hatte es kommen sehen und ihren Biomalzkaffee angehoben, aber aus den Tassen von Susanne und Irmi schwappte es reichlich.

»Siegfried, jetzt reicht es aber.« Irmi wurde noch strenger als sonst. »Wir wussten doch alle, dass dieser Tag kommen würde.«

»Wie bitte?« Seifferheld stand kurz davor, seine eigene Schwester zu schlagen.

Hund Onis lag unter dem Tisch und hob eine Augenbraue. Er spürte, dass es um ihn ging, war sich aber keiner Schuld bewusst.

»Darf ich dich daran erinnern, dass Onis letztes Jahr bei unserem Osterspaziergang rund um den Einkorn ein Huhn gefangen hat«, giftete Irmgard.

»Das war ein singuläres Ereignis«, brüllte Seifferheld.

»Er hat das Huhn mit den Vorderpfoten auf den Bauch gedrückt und dann mit der Schnauze eine Schwanzfeder nach der anderen ausgerissen.«

Seifferheld brummte. Es ließ sich nicht leugnen.

»Das hast du getan, du schlimmer Finger?« Karina beugte sich unter den Tisch und kraulte Onis über der Stirn, wie er es so gern hatte. Er schnurrte aber nicht, dazu lag zu viel Elektrizität in der Luft.

»Du hast dem Bauern fünfundzwanzig Euro gegeben, damit die Sache aus der Welt geschafft ist«, rief Irmi ihrem Bruder in Erinnerung. »Ein teures Huhn, ich muss schon sagen.«

»Onis war noch jung. Und das Huhn hat es ja überlebt.« Seifferheld ging in die Defensive.

Susanne schnaubte. »Wirklich, Vater. So geht das nicht!«

»Meine Güte, Kind. Das wird sich schon nicht bis zur Bausparkasse herumsprechen.«

»Ich weiß nicht, ob wir das Tier noch im Haus halten können. Es leben schließlich Kinder unter diesem Dach.«

Irmgard meinte es gar nicht so, aber manchmal gingen die Gäule mit ihr durch, wenn es sich um ihren Bruder und seinen felligen Gefährten handelte.

»Kinder? Meinst du damit mich und Karina? Muss ich dich daran erinnern, wem dieses Haus gehört?« Susanne kochte. Dampf stieg ihr förmlich aus den Ohren. Sie hätte atmungsaktive, wasserdampfableitende Ohrenschützer gebrauchen können.

»Onis tut niemandem was zuleide!«, erhitzte sich Seifferheld.

»Ich finde das herrlich subversiv. So einen doofen Polizeihund zu verprügeln … Hast du sehr gut gemacht, Onis.« Karina reichte der Pfote eine Scheibe Wurst unter den Tisch, die sie von der Brötchenhälfte ihrer Tante stibitzt hatte. »Hier bitte, mein Süßer, damit du auch morgen noch kraftvoll zubeißen kannst!«

## Nicht alles, was stinkt, ist Chemie

»Zu niemandem ein Wort, verstanden?« Seifferheld guckte streng.

»Meine Lippen sind versiegelt«, gelobte Bocuse.

»Ich schweige wie ein Sarg«, erklärte Klaus.

Seifferheld stand mit den beiden in einer Ecke des Kochkursraumes und hatte sie gerade auf die Parole Mundhalten eingeschworen. Er wollte nicht, dass der ganze Männerkochkurs von seinen Ermittlungsbemühungen erfuhr. Die meisten der Jungs waren Mitte vierzig, entsprachen also der Zielgruppe des Mörders. Nur keine Panik unter potenziellen Opfern, fand Seifferheld. Und fand gleich darauf, dass er wohl langsam paranoid wurde.

»Einer für alle«, rief Bocuse und streckte die Hand aus.

»Alle für einen«, tönte Klaus und legte seine Hand auf die von Bocuse.

»Was macht ihr denn da?«, erkundigte sich Arndt fröhlich und hielt im Hefeteigkneten inne. »Tauscht ihr etwa heimlich Rezepte aus?«

»Ich habe für diesen Kurs bezahlt, darum habe ich auch ein Anrecht auf alle Rezepte«, mischte sich Eduard ein, der gerade mit Bleistift und Lineal die genauen Ausmaße des Backblechs auf das Backpapier übertrug.

»Quark, wir tauschen doch keine Geheimrezepte aus!« Klaus gluckste. »Wir haben nur geschworen, dass wir nichts über Siggis Ermittlungen in dem Serienmörderfall verraten.«

*Danke, Klaus.* Seifferheld schrieb den Namen von Klaus ganz oben auf seine imaginäre Liste derer, die er mit einem gezielten Fußtritt in den Schlund der Hölle kicken würde, sobald sich dieser einmal vor ihm auftun sollte. Auf einer Höhe mit Polizeiobermeister Haspinger, der Onis bei den Behörden völlig grundlos als Beißer denunziert hatte.

»Serienmörder?«, erkundigte sich nun auch Gotthelf beim Mandelunterrühren.

»Serienmörder?«, riefen die anderen Jungs unisono und kratzten sich mit ihren Mehlfingern wahlweise am Kinn beziehungsweise im Schritt.

An diesem Abend stand Bienenstich auf dem Plan. Das war das Schöne an einem Volkshochschulkurs: Man hatte kaum den Salat gemeistert, war an der Vorspeise gescheitert und hatte das Hauptgericht gründlich versiebt, aber dennoch ging man stringent nach Plan vor und der Plan sah nun einmal Bienenstich vor. Glückauf, Jungs!

## *Bienenstich à la Bocuse*

**– Nur für Männer –**

Zutaten für ein Backblech
*Für den Hefeteig:*
400 Gramm Mehl, 25 Gramm Hefe, 125 Gramm Milch, 60 Gramm Butter, 40 Gramm Zucker, 1 Ei, ¼ Teelöffel Salz. Die abgeriebene Schale einer halben, unbehandelten Zitrone.
*Für den Belag:*
150 Gramm Butter, 200 Gramm Zucker, ein Esslöffel Honig, drei Esslöffel Sahne, 150 Gramm gehobelte Mandeln.
*Für die Füllung:*
140 Gramm Zucker, ein halber Liter Milch, ein Päckchen Vanillepuddingpulver, vier Eigelb, fünf Blatt Gelatine, ein halber Liter Sahne.

*Zubereitung:*
Alle Zutaten für den Hefeteig kräftig zu einem glatten Teig kneten und zugedeckt an einem warmen Ort zwanzig Minuten gehen lassen (heißt so viel wie: einfach stehen lassen, Teig quillt auf). Gleichmäßig stark (ohne Knubbel) zu einem Rechteck ausrollen. Backblech mit Backpapier auslegen und das Hefeteigrechteck darauflegen. Mit einer Gabel in kurzen Abständen einstechen, damit der Teig beim Backen keine Blasen wirft (nur hineinpiksen, nicht mit Smileys verkünsteln).

Für die Mandeldecke Butter, Zucker, Honig und Sahne aufkochen, vom Herd nehmen und die Mandeln unterrühren. Abkühlen lassen und auf den Hefeteig streichen.

Nochmals aufgehen lassen, bis der Teig ein ordentliches Volumen hat. Den Backofen auf 210 Grad vorheizen, dann das Backblech hineinschieben und nach Sicht knusprig braun backen.

Für die Füllung eine Tasse Milch mit dem Puddingpulver, dem Zucker und dem Eigelb gut verrühren. Die restliche Milch zum Kochen bringen, die Puddingpulvermischung hineinrühren und kurz aufkochen lassen. (Vorsicht: Brennt schnell an – also daneben stehen bleiben und aufpassen und nicht mal schnell die Bundesligaergebnisse im Fernsehgerät checken!) Durch ein Sieb in eine Schüssel geben und abkühlen lassen. Die in kaltes Wasser eingeweichte Gelatine ausdrücken und unter die Vanillecreme rühren. Die Sahne steif schlagen und unterheben.

Den abgekühlten Kuchenteig in rechteckige Stücke portionieren, die Mandeldecke in passend große Deckel schneiden. Die Creme auf den Teigboden streichen und dann die Mandeldecke daraufsetzen.

Den Bienenstich für mindestens zwei Stunden kalt stellen.

Voilà und bon appétit!

»Serienmörder?«, wiederholte Horst, der Mathematiklehrer. Er klang besorgt.

»Huch, hab mich verplappert«, sagte Klaus und besaß den Anstand, rosa Flecke im Gesicht zu bekommen.

»Serienmörder?«, rief Eduard. Er klang besorgt, weil dieser Punkt nicht Eingang in die Kursvorschau gefunden hatte.

»Serienmörder!«, rief Arndt und klang begeistert. »Wie in *American Psycho?*«

»Ja, so ein Charles-Manson-Typ macht die Straßen von Hall unsicher«, freute sich Klaus. Jetzt war die Sache mit der Verschwiegenheit ohnehin passé, da konnte er auch aus dem Nähkästchen plaudern. »Bloß, dass er keine Anhänger mit sich rumschleppt wie so ein Sektenguru. Also ist es wohl eher jemand wie Bartsch. Nur dass der Haller Killer keine Jungs meuchelt, sondern Männer wie uns, die wir in der Mitte unseres Lebens stehen. Also ist es wohl eher jemand wie Haarmann. Nur dass der Haller Killer niemand mit dem Metzgerhackebeil zerstückelt, also ist es wohl eher …«

»Es ist überhaupt nichts«, wiegelte Seifferheld ab. »Ich hatte nur das Gefühl, dass bei einigen Todesfällen der letzten Zeit womöglich Fremdverschulden nicht gänzlich auszuschließen sei, darum höre ich mich ein wenig um.« Er zuckte mit den Schultern. »Wirklich kein Grund zur Besorgnis. Ich kann einfach nicht so schnell loslassen. Der Schalter aufs Rentnerdasein ist noch nicht gedrückt.«

»Das verstehe ich gut. Dieses Pensionärsnichtstun ist wie eine Säure, die jede Begeisterung zerfrisst, jede Neugier abtötet, die man für etwas oder jemanden empfindet. Ich kenne das zur Genüge«, warf Eduard verbittert ein. Eine Sekunde lang wirkte er menschlich, und es keimte Mitleid in seinen Kochkumpanen auf. Doch dann wurde aus ihm wieder der unausstehliche Eduard, wie man ihn kannte und nicht liebte. »Quatschen wir jetzt noch lange blödes Zeug? Dafür habe ich meine Kursgebühren nämlich nicht gelöhnt.«

»Erst will ich mehr über den Serienmörder erfahren«, verlangte Arndt zu wissen. Wer sich nicht vor weiblichen Hygieneartikeln in Abflussrohren graute, der graute sich auch nicht vor massenmordenden Meuchelmördern. Im Gegenteil. Wen das Grauen sirenenhaft lockte, der wurde entweder Gerichtsmediziner oder Klempner.

»Es gibt überhaupt nichts zu erzählen«, erklärte Seifferheld genervt.

»Sag ihnen, dass er vorzugsweise Alleinstehende ermordet«, warf Klaus ein.

»Gott sei Dank«, seufzte Horst auf. Er war verheiratet. Unglücklich zwar, aber verheiratet.

»Sag ihnen, dass er seine Opfer offenbar mit einem zeitverzögert wirksamen Herzgift ermordet«, fügte Klaus hinzu.

»Klaus!«, schimpfte Seifferheld und blickte entschuldigend in die Runde.

»Sag ihnen, wie der Radfahrer gefunden wurde. Von Maden zerfressen und ausgeweidet. Nichts weiter als gelbliche Hautlappen über angenagten Knochen.« Klaus grinste triumphierend. Wissensvorsprung führte stets zu Triumphgefühlen, auch wenn es sich um unappetitliches Wissen handelte.

Die Runde wurde blass im kollektiven Gesicht.

»Sag ihnen, wie es den Wäschereibesitzer in der Heißmangel völlig zermanscht hat«, setzte Klaus noch eins drauf. Die ersten Grüntöne waren im Teint der Anwesenden auszumachen.

»Klaus!«, rief Seifferheld warnend.

Zu spät.

In diesem Moment setzte die Maschinengewehrsalve ein.

Arndt hatte mal wieder Bereitschaftsdienst.

Der Kurs musste anschließend abgebrochen werden,

weil Gotthelf sich vor Schreck auf den Hefeteig erbrochen hatte.

Kein Bienenstich für die Kochlöffel-Gang.

## Seifferheld wünscht sich den gläsernen Bürger – mit Sidolin geputzt

Seifferheld saß vor einem der Internet-Arbeitsplätze in der Stadtbücherei und fluchte. Natürlich verhalten nach innen, nicht laut nach draußen. Zumal die Chefin höchstselbst gerade im Gang neben ihm Bücher einsortierte.

Die Stadtbücherei war ein imposanter Glasbau, und somit hatte Seifferheld freie Sicht auf Onis, der angebunden an der Holzbank vor dem Optikerladen auf ihn wartete. Braver Hund.

Seifferheld schaute wieder auf den Bildschirm. Ihre Suche ergab keinen Treffer, stand da zu lesen.

Sein sage und schreibe dreiunddreißigster Versuch und wieder ein Satz mit x.

Seifferheld war ein Kind der internetlosen Zeit. WWW – das hatte seinerzeit für »Wir wollen Wasa-Knäcke« gestanden. Wo lagen denn die Vorteile dieser weltweiten Vernetzung, wenn man nicht einmal so simple Dinge wie die Mitgliedschaften eines Menschen in sämtlichen Vereinen abklären konnte? Er hatte auf der Homepage der Stadt eine Übersicht aller Vereine gefunden, aber keine Möglichkeit, herauszufinden, ob es einen Verein gab, in dem alle Opfer Mitglied gewesen waren.

Datenschutz. Humbug!

Dank Google erfuhr Seifferheld, dass Klier über www.elite.de eine »durchtrainierte, vollbusige Blondine im

Raum S, HN und SHA« gesucht hatte, dass Prenzlau bei der Weihnachtsfeier seiner früheren Firma mit phänomenalem Erfolg (drei Smileys) als Pamela Anderson aufgetreten war und den sogenannten Abtasttest durch Oberbuchhalter Marquardt bestanden hatte und dass Rettenberg bei seinem Studium an der Tübinger Uni unehrenhaft aus der Burschenschaft Teutonia entlassen worden war (keine Angabe von Gründen). Intimste Details eines Menschen – für immer gespeichert im weltweiten Datenbankgedächtnis. Aber ermittlungstechnisch nützliche Dinge durften nicht veröffentlicht werden.

Ha!

Jetzt müsste man Hacker sein.

Seifferheld echauffierte sich ein wenig, stieß abgehackt Luft durch die Nase aus und überlegte, was er als Nächstes tun könnte, um an die Informationen zu kommen, die er suchte.

Sein Blick wanderte vom Bildschirm nach rechts zum Fenster, hinaus auf die Straße, hinüber zur Bank vor dem Optiker und er sah … nichts!

Onis war weg.

Seifferheld vergaß seine Gehhilfe, seinen Notizblock, die halbleere Packung mit Ingwerbonbons und eilte die Treppe hinunter ins Erdgeschoss und hinaus ins Freie.

»Onis!«, rief er. »Onis!«

Ein Bellen erklang.

Gott sei Dank!

Der Felsen von Gibraltar fiel Seifferheld vom Herzen.

Onis war nicht spurlos verschwunden.

Onis lebte.

Onis bellte.

Pech nur, dass das Bellen aus einem Streifenwagen erklang.

Man hatte Onis verhaftet!

## Es gibt Menschen, die machen einen allein dadurch wütend, dass sie atmen

Haspinger!

Dieser vermaledeite Hundsfott. Dieser Idiot auf zwei Beinen. Dieses Kollegenschwein.

Manfred Haspinger hatte auf seiner Einkaufstour durch die Innenstadt den angeleinten Onis gesehen und prompt die 110 gewählt: Gefahrhund ohne Aufsicht in der Nähe von Kindern.

Wiewohl an diesem völlig normalen Schulvormittag weit und breit kein Kind zu sehen war. Und Onis auch überhaupt kein Gefahrhund war.

Seifferheld schäumte.

»Hören Sie mal, ich werde gegen das Schreiben vom Ordnungsamt Widerspruch einlegen!«, sagte er zu dem angegrauten Streifenbeamten, der sich vor den Wagenschlag des Polizeiautos aufgebaut hatte und ihm den Zugang zu seinem Hund verwehrte. »Das Urteil ist noch nicht rechtskräftig.«

Onis drückte die Schnauze an der Scheibe platt und wedelte mit dem Schwanz. In seinem canizentrischen Weltbild war er die Mitte des Universums, um die sich alles drehte. Als er sich an der Bank gelangweilt hatte, kamen diese beiden netten Männer in Uniform, kraulten ihn ein wenig und luden ihn dann zum Spielen in ihr Auto ein. Für ihn war die Welt in Ordnung.

Haspinger, der mit seiner Schlecker-Tüte und verschränkten Armen vor der Miedertruhe (Angebot der Woche: Sexy Bustiers von S bis XXL) stand, rief: »Man muss an die Kinder denken.«

»Von meinem Hund geht keine Gefahr aus!«, brüllte Seifferheld.

»Vom Hund vielleicht nicht, aber von Ihnen. Schalten Sie mal einen Gang zurück«, riet der jüngere Kollege des Streifenbeamten nicht unfreundlich.

»Ich will Ihnen mal was sagen ...«, fing Seifferheld in erhöhter Dezibeltonlage an. Bevor er sich um Kopf und Kragen brüllen konnte, ertönte eine melodische Frauenstimme.

»Wir haben unseren Hund nur kurz an die Bank angeleint, um ein paar Besorgungen zu erledigen, nicht wahr, Liebling?«

MaC hakte sich bei Seifferheld unter.

Seifferheld gab einen undefinierbaren Laut von sich.

»Onis ist absolut verträglich. Das haben Sie doch sicher gemerkt, als Sie ihn ableinten, oder etwa nicht?«

Sie schenkte dem älteren Streifenbeamten ein warmes Lächeln. Die Kruste schmolz. Der Kern blieb hart.

»Können Sie sich ausweisen?«, sagte er zu Seifferheld.

Seifferheld brummte.

MaC stieß ihn in die Rippen. Mehrmals. Heftig.

Seifferheld zog seinen längst abgelaufenen Berechtigungsschein für die Polizeikantine aus seiner Brieftasche.

Der jüngere Streifenbeamte nickte. »Kommissar Seifferheld? Von Ihnen habe ich schon gehört.«

»Gerüchte über Polizeibrutalität bei Verhören?«, lästerte Haspinger. »Wie der Hund so der Herr?«

»Danke für Ihr Bürgerengagement, Kollege Haspinger. Wir kommen jetzt allein zurecht«, sagte der jüngere Streifenbeamte.

Haspinger wollte etwas erwidern, überlegte es sich dann aber anders und zog davon, die Hand so fest um die Schlecker-Tüte gekrallt, dass die Fingerknöchel weiß schimmerten.

»Uns wurde gesagt, das Tier habe stundenlang unbeaufsichtigt hier gelegen.«

»Ich war keine halbe Stunde in der Stadtbücherei. Erkundigen Sie sich ruhig. Man muss einen Euro pro halbe Stunde im Internet zahlen. Die wissen da drin, dass ich erst vor achtundzwanzig Minuten gekommen bin.«

»Wir glauben Ihnen ja«, versicherte der jüngere Streifenbeamte. »Kollege Haspinger hat womöglich überreagiert, weil er mit seinem Pascha neulich durch die Polizeihundeprüfung gerasselt ist. Darum ist er momentan etwas dünnhäutig. Sie können Ihren Hund mitnehmen.« Er nickte seinem Kollegen zu, der zur Seite trat.

Onis sprang aus dem Wagen, beschnupperte die Beamten, leckte Seifferheld die Hand und bohrte dann seinen Hovawart-Schädel in den Schritt von MaC.

Sie lächelte, beugte sich vor und kraulte ihn sehr gekonnt von den Ohren bis zum Hinterteil und wieder zurück.

»Jetzt Hund sein«, seufzte der ältere Streifenbeamte sehnsuchtsvoll.

Seifferheld sah ihn finster an und stieß ein bärbeißiges Brummen aus.

## Die Hölle ist eine besondere Gunst, die denjenigen gewährt wird, die innig danach verlangt haben. Aber allen anderen auch – der Fairness halber

Aus irgendeinem ominösen Grund frühstückte Seifferheld schon wieder mit seinen Frauen.

Vielleicht war der Grund aber auch nicht so ominös: Er war ein Mann mittleren Alters. Nun ja, am oberen Ende des mittleren Alters, aber immer noch irgendwie mittig. Und Männer mittleren Alters verschwanden in letzter Zeit spurlos, um dann tot wieder aufzutauchen. Carpe diem – Seifferheld war von dem deutlichen Gefühl durchdrungen, er sollte seinen Harem genießen, solange es noch ging. Und für diesen Abend plante er, seinen Harem zu erweitern. Und das noch viel mehr zu genießen.

Man hörte nur das Geräusch von Messern, die Butter und dreierlei Gsälz auf Brotscheiben strichen, von Löffeln, die Heißgetränke umrührten, und natürlich das Schnarchen von Onis unter dem Küchentisch.

Vor Seifferheld standen eine Schale mit Veganermüsli – jeder Bissen so schmackhaft wie ein Stück Pappe im Mund –, ein Teller mit Spiegeleiern und Schinken, die in einer Fettlache den Freischwimmer zu machen schienen, und ein Halbliterglas mit schlammbraunem Gemüsesaftmix. In einer Art altersweisem Geistesblitz hatte Seifferheld herausgefunden, wie er drei Frauen auf einmal beglücken konnte: Er nahm von allem einen Bissen und zwinkerte dann der zuständigen Küchenfee in einem Augenblick, in dem die anderen beiden es nicht sahen, anerkennend zu. So waren alle drei glücklich und er konnte dann in Ruhe sein Leberwurstbrot essen und sein Gläschen Apfelmost trinken.

Zu der Geräuschkulisse gesellte sich nun noch das Rascheln der Tageszeitung. Nach einem Gipfeltreffen hatte man – beziehungsweise frau – sich darauf geeinigt, dass Susanne den Wirtschaftsteil, Irmgard die Lokalseiten und Karina die Kulturinformationen bekam. Für Seifferheld blieb vom *Haller Tagblatt* nichts übrig, aber wie hatte seine Tochter seinerzeit gesagt: »Du kannst ja lesen, wenn wir aus dem Haus sind.« Großzügig überließen ihm die Frauen jedoch die Werbebeilagen und an diesem Morgen studierte er nicht uninteressiert die Broschüre des Hohenloher Elektromarktes. Digitalkameras im Angebot.

Ich sollte mehr Fotos machen, dachte Seifferheld. Wie lange werden wir noch so beschaulich beieinander sein? Das muss man doch im Bild festhalten.

Seifferheld hatte sich schon immer sehr viel mehr dafür interessiert, selbst zu leben, als das Leben dokumentarisch aufzuzeichnen, aber das hatte sich böse gerächt. Von seiner Annemarie besaß er nach all den Ehejahren gerade einmal fünfzehn Fotos, davon allein sieben von der Hochzeit.

Zum Teufel mit meiner Rührseligkeit! Seifferheld schob sich unter den aufmerksamen Blicken von Onis – die Hoffnung stirbt zuletzt! – den letzten Rest Leberwurstbrot in den Mund. Ich passe nicht in das Beuteschema des Mörders. Zu alt und zu untrainiert. Meine Wenigkeit interessiert ihn nicht. Warum dann dieses ganze Carpe-diem-Gehabe? Ablenkung tat not.

»Also schön«, sagte er. »Was soll der Mehlsack?«

Karina, die altmodische Lockenwickler im Haar trug,

hatte sich über ihr psychedelisch gemustertes Schlabber-Riesenshirt, das ihr als Nachthemd diente, ein Batiktuch geschlungen, in dem sich – Seifferheld schaute nochmals hin – ein Beutel Mehl befand. Der Beutel war schweinchenrosa gefärbt und Karina hatte mit blauem Textmarker ein Smiley-Gesicht aufgemalt.

»Das ist mein Baby.«

Susanne machte hinter der Zeitungswand »Hmpf!« und Irmgard höhnte »Ha!«.

»Ihr habt richtig gehört, das ist mein Baby«, bekräftigte Karina entschlossen. »Es ist ein Projekt der Fachhochschule: Die Kunst ist unser Kind. Ich habe mich für eine einwöchige Real-Live-Performance entschieden. Gleichzeitig bereite ich mich damit auf meine künftige Mutterschaft vor.«

»Mit einem Sack Mehl?«

Karina nickte ernst. »Sicher doch. Das Mehl symbolisiert mein Baby. Ich nehme es überallhin mit. Heute Nacht bin ich um zwei aufgestanden, zum Füttern und Windeln. Es heißt Boris.«

Seifferheld verkniff sich ein Grinsen. »Boris hat ein Aua, wie ich sehe.«

Über dem rechten Smiley-Auge des Mehlbeutels klebte ein Pflaster.

Karina zuckte mit den Schultern. »Ich habe ihn heute Morgen auf das Waschbecken gestellt, und als ich mir die Zehennägel schnitt, bin ich mit der Nagelschere versehentlich …«

»Tolle Mutter«, spottete Susanne hinter der Zeitungswand.

»Ich übe eben noch.« Karina klang bockig.

»Ich finde das sehr löblich. Denn wenn Karina einmal wirft, wird ihr Kleines diesem Mehlsack verblüffend ähnlich sehen. Denkt an meine Worte«, sagte Irmgard und faltete den Lokalteil so präzise zusammen, dass man glauben könnte, er sei gebügelt worden.

Im Laufe der Jahre hatte Seifferheld ein ziemlich genaues Gespür dafür entwickelt, wann seine Schwester Spaß machte und wann nicht. Aber es gab immer noch Grauzonen, bei denen man besser nicht nachfragte.

»Dein Baby hat auch einen Brandfleck.« Susanne senkte die Zeitung und zeigte anklagend mit dem Finger auf eine kreisrunde, angekokelte Stelle dort, wo sich das Ohr des Mehlbeutels befunden hätte, wenn es Mehlbeutel mit Ohren gäbe.

»Hast du wieder auf deinem Zimmer geraucht?«, verlangte Irmgard streng zu wissen.

»Nicht streiten!« Entschlossen legte Seifferheld die HEM-Beilage zur Seite.

»Ich rauche nicht! Ich hasche nur hin und wieder.« Karina war kurz davor, ihrer Tante die Zunge herauszustrecken.

Doch da hörte man aus dem oberen Stockwerk ein schweres Knarzen.

»Was war das?«, fragte Irmi.

»Ein Geist?«, fragte Karina.

Susanne blätterte um. »Wir haben Besuch.«

»Besuch? Wieso weiß ich davon nichts?« Irmi war empört.

Susanne zuckte mit den Schultern. »Du hast schon geschlafen, als wir gekommen sind.«

Jetzt erst fiel Seifferheld auf, dass seine Susanne nicht

wie sonst in hundertprozentiger Makellosigkeit am Frühstückstisch saß. Eine Haarsträhne hatte sich aus ihrer Frisur gelöst und hing ihr ins Gesicht, was sie sehr weiblich aussehen ließ. Die weiße Seidenbluse schien einen Tick verknittert. Hatte Susanne heute Morgen etwa nicht zum Dampfbügeleisen gegriffen wie sonst immer?

In der eintretenden Stille hörte man die Toilettenspülung im ersten Stock. Sofort darauf erklangen Schritte im Flur.

»Aha, ein Mann«, konstatierte Karina. »Händewaschen ist nicht.«

»Susanne würde doch keinen fremden Mann ins Haus bringen, ohne ihn uns vorher vorzustellen«, erklärte Irmgard. »Nicht wahr, Susanne?«

»Sehr richtig«, sagte Susanne und leerte ihr Gemüsesaftglas, ohne die anderen anzusehen.

»Und wer ist das bitte?«, verlangte Irmi zu wissen.

»Wirst du ja gleich mitkriegen, Tantchen«, meinte Karina, als die knarzenden Treppenstufen das Näherkommen des Hausgastes verrieten.

Man hörte ein Räuspern vor der Tür. Es klang, als räusperte er sich Mut an. Dann wurde geklopft.

»Komm rein, Schatz«, rief Susanne.

Die Tür ging auf.

»Also, ich muss schon sagen!« Irmgard war empört.

»Nee, das ist jetzt ein Witz, oder?« Karina war fassungslos. Sie sprang auf. Das Batiktuch um ihren Torso löste sich und Boris, das Mehlbaby, knallte auf den Küchenfliesenboden. Der Beutel zerriss, Mehl stob auf. Lebwohl, Boris, du hattest ein kurzes, aber schönes Leben.

Physiotherapeut Olaf, mit völlig verwuschelten Haaren und Knautschfalten im Gesicht, winkte in einer Wolke aus Mehlstaub fröhlich in die Runde. »Morgen, allerseits.«

Susanne wurde rot.

Karina wurde weiß.

Onis blieb beige.

Seifferheld grinste.

> Aus dem Polizeibericht
>
> **KLEIN UND NICHT OHO**
>
> *Ein ungefähr siebzig Jahre alter Mann zeigte sich am Montag gegen 17 Uhr 30 einer Fußgängerin am oberen Ende der Neustädter Straße. Die vierundvierzigjährige Frau war mit ihrem Dackel in Richtung Kläranlage unterwegs, als sie den Mann mit heruntergelassener Hose am Wegesrand sah. Er manipulierte an seinem Geschlechtsteil. Als die Frau schallend auflachte und mit dem Finger auf ihn zeigte, nahm er Reißaus. Der Mann wird wie folgt beschrieben: Ungefähr 173 Zentimeter groß, faltig, hager, Ziegenbärtchen, kurzes, graues Haupthaar. Er trug eine helle Hose und seine Lederschuhe quietschten laut beim Davonlaufen.*

## Wolke 9 im Anflug

Seifferheld stand unter der Dusche. Schon seit annähernd zwanzig Minuten. Seine Haut schrumpelte zusehends.

Früher, vor der Zeit der Durchlauferhitzer, hätte er in

dieser Zeit bereits sämtliche Warmwasservorräte aufgebraucht und seit mehreren Minuten unter einem Kaltwasserstrahl gestanden. Dank moderner Technik war das Wasser aber immer noch heiß, so heiß, dass mittlerweile Dampfschwaden durch die Duschkabine, ja das ganze Badezimmer zogen. Man sah die Hand kaum vor Augen.

Seifferheld duschte jedoch nicht aus Freude über das Wunder der Installationstechnikfortschritte. Er duschte, weil er Angst hatte.

An diesem Abend würde er Sex haben.

Zum ersten Mal seit ... nun ja, das erste Mal in diesem Jahrtausend.

Siggi gehörte noch zu der Generation, in der Erotik, Sex und Leidenschaft im Alter etwas latent Peinliches hat. Alte Pärchen durften natürlich Händchen halten, das war rührend. Aber verschwitzte Leiber, Keuchen, Stöhnen, Beischlaf ...

Es waren prüde Zeiten gewesen, damals, zumal in einer Kleinstadt. Als 14-Jähriger hatte sein alter Hausarzt ihm noch die Gefahren der Masturbation vor Augen gehalten: Akne, Rückenmarksschwund, Hirnerweichung. Seifferheld hatte sich vor allem vor der Akne gegraut. Hatte aber nix geholfen. Die Natur war stärker gewesen. Und außer ein paar Pubertätspusteln war dann auch weiter nichts passiert.

Beim Bund hatte er seinerzeit noch Sprüche wie »Tausend Schuss, dann ist Schluss« gehört. Sexualität, das galt als zeitlich begrenztes Reservoir. Was man bis zum fünfunddreißigsten Geburtstag nicht erlebt hatte, das erlebte man auch nicht mehr. Dafür gab es ja körperliche Ertüchtigung und das wohltemperierte Salzwasserbecken im Schwäbisch Haller Solebad.

Und jetzt stand er hier, unter der heißen Dusche, knallrot wie ein Hummer, und dachte an Marianne alias MaC.

Seifferheld, der in seiner Jugend alte Leiber für unästhetisch gehalten hatte, nun aber selbst so einen alten Leib besaß, versuchte sich einzureden, dass guter Sex nicht zuallererst von der Ästhetik abhing.

Marianne hatte ja auch keinen Körper mehr wie eine 20-Jährige und er fand sie trotzdem unglaublich sexy. Vor allem ihre großen Brüste und ihre runden, weiblichen Hüften. Wenn er an das Gefühl ihrer warmen, weichen Haut unter seinen neugierig tastenden Händen dachte … allein dieser Gedanke ließ ihm das Blut heiß in beide Köpfe schießen.

Eigentlich war Seifferheld das ganze Getue im Bett nie so wichtig gewesen, aber womöglich aus reinem Selbstschutz, weil seine Frau nach der Geburt von Susanne nie wieder richtig Lust auf ihn gehabt hatte. Es genügte ihr vollauf, ihren ehelichen Pflichten ein Mal im Monat nachzukommen – selbstverständlich ohne jede Abwechslung im Ablauf –, und sie hatte es gerade noch zustande gebracht, dabei keinen Widerwillen zur Schau zu stellen. Trotzdem hatten sie eine gute Ehe geführt. Sie waren Freunde gewesen. Und Seifferheld hatte ja seine Arbeit gehabt.

Noch bis vor kurzem hatte er sich nichts weiter vom Leben versprochen, hatte sich mit seinem Schicksal, wie es denn geworden war, arrangiert. Und jetzt stand er hier, voller Begehren.

Und ja, er musste sich eingestehen, er hatte es vermisst, das Kribbeln im Bauch. Und in den Weichteilen.

Sein Lämpchen glühte noch.

Er freute sich auf Marianne.

Seifferheld drehte den Wasserstrahl ab und trat aus der Dusche.

Auf in den Kampf, Torero!

## Es ist noch kein Meister vom Himmel gefallen – deshalb gibt es die guten Ratschläge unserer Mitmenschen

»So willst du doch wohl nicht aus dem Haus gehen, oder?«

Seifferheld sah an sich herunter. Das neue Hemd saß perfekt, die Krawatte glänzte seidig, die Schuhe waren geputzt.

»Wieso nicht? Ich sehe scharf aus!«, behauptete Seifferheld kühn.

»Ja klar, wie die Peperoni-Verzierung auf einer Vier-Jahreszeiten-Pizza.« Karina seufzte schwer. »Du hast heute ein Date, oder?«

Seifferheld nickte. Es kostete ihn viel Kraft, nicht stolz zu nicken.

»Wieso hat sich Olaf für Susanne entschieden und nicht für mich?«

»Ach Kind.« Gefühlsgespräche waren etwas für Frauen. Seifferheld hätte seine Nichte gern abgewimmelt, aber er sah ein, dass sie mit Susanne nicht darüber sprechen konnte. Und bevor man mit Irmi über zarte Gefühle redete, konnte man sich gleich von der achtzig Meter hohen Kochertalbrücke ins ewige Nirwana stürzen. »Die Liebe ist …« Nein, das war zu hoch aufgehängt. Hier ging es nicht um Liebe, allerhöchstens um Begehren. »Herzensangelegenheiten sind …« Seifferheld wusste nicht weiter. Er war kein Fachmann für Emotionen. Außerdem war es ihm selbst auch schleierhaft.

»Hast du nicht schon einen Freund? Dieser …« Seifferheld hätte am liebsten »ungepflegte, penetrant müffelnde, wortfaule Norwegerpulliträger« gesagt, riss sich aber gerade noch zusammen. Wie hieß der Knabe gleich wieder? Es war einer dieser schrägen Vornamen, mit denen man zu Seifferhelds Zeiten allenfalls eine Hautkrankheit benannt hätte, nicht aber seinen männlichen Stammhalter. Arik? Keanu? »… dieser Kommilitone von dir?«

»Ach der.« Karina rollte mit den Augen. »Meine Männer müssen nicht klug sein, echt nicht, aber der wusste ja noch nicht mal, wer die Loreley war. Das wurde dann selbst mir zu bunt. Man will ja auch mal reden, oder?« Sie stemmte die Hände in die Hüften. Eine typische Pose der Seifferheldfrauen, wie Seifferheld klar wurde. »Aber Olaf und Susanne? Sie könnte doch seine Mutter sein. Die beiden passen überhaupt nicht zusammen. Bestimmt hat sie ihn so lange betrunken gemacht, bis er ihr zu Willen war – nur um mir eins auszuwischen.« Karina blies sich eine Haarsträhne aus dem Gesicht.

Das war jetzt albern, aber Seifferheld sagte nichts. Im Umgang mit Frauen galt: Lieber den Mund halten.

»Wenn er glaubt, ich blase jetzt Trübsal, hat er sich aber geschnitten.« Karina stampfte auf. »Ich kann an jedem Finger zehn haben, ich muss nur ›schnipp‹ machen.«

Seifferheld bekam es ein wenig mit der Angst zu tun. Er wollte lieber nicht wissen, was sein Bruder und dessen italienische Frau mit ihm anstellten, wenn ihr einziges, holdes Kind mit hundert zotteligen Bettgenossen im Schlepptau nach Hause kam. Er wollte »Tu nichts Übereiltes« sagen, schwieg dann aber lieber. Frauen taten grundsätzlich, was sie wollten, und meistens vorschnell. Man konnte als Mann gar nichts dagegen tun, allenfalls die Trümmer aufräumen. Allerdings waren Frauen auch leicht abzulenken. Am besten dadurch, dass man ihren Rat erbat. Da konnte keine Frau nein sagen. »Findest du nicht, dass ich heiß aussehe?«

Karina streckte den Finger nach ihm aus, berührte ihn am Revers, gab einen Zischlaut von sich und riss die Hand zurück, als hätte sie sich verbrannt. »Heiß wie Lava. Und entsetzlich hässlich. Nee, Onkel Siggi, das kann ich nicht zulassen. So kommst du mir nicht aus dem Haus.« Karina warf Schere und Hammer auf den Küchentisch. Sie arbeitete gerade an einem Modell. Oder einer Installation. Oder wie auch immer man das heutzutage nannte. Es ähnelte aber entfernt einem Schwein.

Seifferheld drehte sich vor dem Küchenfenster, in dem er sich spiegelte, im Kreis. »Was denn?« Er gefiel sich. Flott, wie der junge Heesters. Oder Peter Kraus, der Held seiner Kindheit.

Karina hielt sich die Nase zu. »Hast du die halbe Flasche Gucci for men über dich gekippt? Man kriegt ja kaum Luft in deiner Nähe. Und was ist das in deinen Haaren? Brillantine? Ich fass es nicht!«

Sie schritt um ihn herum wie um ein Ausstellungsstück im Museum. *Dinosaurier in der Brunft* würde die Metallplakette auf dem Sockel unter ihm verkünden.

»Jetzt mal ehrlich, Onkel Siggi – ist das dein Konfirmationsanzug?«

Seifferheld musste wider Willen schmunzeln. »Du bist und bleibst ein freches Ding. Nein, das ist nicht mein Konfirmationsanzug.«

»Die Beine sind aber zu kurz.«

»Das gehört so.«

»Nein, das sieht gruselig aus.«

Der Anzug hatte seinerzeit ein Vermögen gekostet. Annemarie hatte ihn ausgesucht. Doch vielleicht war es keine so gute Idee, eine aufregende Frau in einem Anzug erobern zu wollen, den eine andere Frau liebevoll ausgesucht hatte.

»Ich könnte mich umziehen«, schlug Seifferheld vor. »Wozu rätst du mir? Hast du Styling-Tipps?«

Karina hatte ihr eigenes Liebesleben mittlerweile völlig vergessen. Sie zog ihn am Anzugsärmel hinter sich her. »Wenn du wüsstest, wie lange ich schon auf diese Frage gewartet habe ...«

## Wer den Himmel auf Erden erwartet, hat im Geographie-Unterricht definitiv gepennt

*MaCJournalist* stand an der Klingel. Seifferheld holte tief Luft, rollte mit den Schultern, holte noch einmal tief Luft und presste seinen Daumen fest auf den Klingelknopf.

Die Tür wurde umgehend aufgerissen. Sie musste schon gewartet haben.

»Sind Sie bissfest?«, fragte er.

»Wie bitte?«

»Ich bin nicht allein.» Seifferheld zeigte auf Onis, der brav am Treppenkopf Sitz machte. Karina hatte dem unschuldigen Tier eine hellblaue Schleife in das Halsband geknüpft. Als Rüde mit Selbstachtung schämte er sich ein bisschen.

»Wenn *so* ein Gefahrhund aussieht, sollte es mehr Gefahrhunde geben.« MaC strahlte. »Na, du kleiner Hundinator?«

Sie beugte sich vor und streckte die Hand aus. Onis lief – nachdem Seifferheld es ihm mit einem Nicken erlaubt hatte – auf sie zu und schnupperte an ihr. Und rammte ihr gleich darauf den Schädel zwischen die Beine. Seifferheld musste dringend mit ihm an seinem Benehmen arbeiten.

»Kommen Sie doch herein. Ach, wie albern, nach allem, was wir schon erlebt haben – ich sag einfach du zu dir, okay?« MaC lächelte. Seifferheld lächelte auch und trat einen Schritt vor. Eigentlich wollte er sie küssen, traute sich dann aber doch nicht und sah stattdessen zum Klingelschild.

»MaCJournalist?«, fragte Seifferheld.

»Ach das.« MaC lachte. »Ein Geschenk meiner Kollegen. Ich bin nur väterlicherseits Österreicherin. Meine Mutter stammt aus Schottland. Das Kürzel MaC hat also gewissermaßen eine doppelte Bedeutung.«

»Und aus welchem Clan?«, fragte Seifferheld, der noch auf der Fußmatte mit der Aufschrift *Nur immer frisch herein* stand, während Onis bereits schnüffelnd vorauslief.

»Eine sehr gute Frage!«, lobte MaC. Sie nickte anerkennend. »Ich bin eine MacDonald.«

Seifferheld schürzte die Lippen und nickte anerkennend, so als hätte er irgendeine Ahnung von schottischen Clans und deren Hierarchien.

»Komm doch bitte herein.« MaC winkte Seifferheld ins Innere ihrer Wohnung.

Sie trug ein enganliegendes, rotes Kleid mit Pelzkragen. Ihre lockigen Haare glänzten, ihre Augen blitzten. Seifferheld verschlug es ein wenig den Atem. Hoffentlich gefiel er ihr in dem Ensemble, mit dem Karina ihn aus dem Haus gelassen hatte: weißes Hemd, dunkelblaue Jeans und dazu seine alte Fliegerjacke aus dunklem Leder.

Seifferheld hätte sich keine Sorgen machen müssen. Als er an ihr vorbei ins Wohnzimmer ging, glitt ihr Blick wohlig über seinen Rücken und blieb an seinem verlängerten rückwärtigen Ende hängen. Sehr knackig.

MaC holte tief Luft und strich sich eine Locke aus dem Gesicht.

Auf in den Kampf, Torera!

Onis kam schwanzwedelnd ins Wohnzimmer gelaufen, schnupperte hier, rieb sich dort und legte sich dann mit einer Selbstverständlichkeit mitten auf den Flokati vor dem Schaukelstuhl in der Leseecke. Mit jeder Pore schien er eine einzige Botschaft auszuströmen: Hier bleibe ich, hier bin ich daheim.

Im Grunde handelte es sich um eine Einzimmerwohnung, auch wenn sie sich über das ganze Stockwerk erstreckte. So gut wie alle Wände waren herausgerissen, und wo noch eine Wand stand, gab es große, bogenförmige Durchgänge. Von seinem Platz im Flur aus konnte Seifferheld den Wohn-, Ess-, Koch-, Arbeits- und Lesebereich einsehen. Nur Bad und Schlafzimmer waren abgetrennt. Er hätte auch eine phantastische Aussicht auf die Ackeranlagen gehabt, doch draußen war es bereits dunkel und so sah er in der Scheibe nur die Spiegelung der Wohnung.

Und sein eigenes Spiegelbild.

Karina hatte ihm seinen geliebten gelben Genscher-Pullunder strikt verboten. Und die Brillantine hatte er aus seinen Haaren waschen müssen. »So macht man sich seit 1959 nicht mehr zurecht«, hatte sie geschimpft. »Die Zeiten haben sich geändert.«

Seifferheld schämte sich ein wenig. Jeans und Lederjacke. Er sah aus wie ein alternder Rockstar. Ob er MaC erklären sollte, wer ihn so zurechtgemacht hatte?

MaC strich sich das rote Jerseykleid glatt, das ihre blauen Augen so gut betonte. Er sieht aus wie ein Rockstar, dachte sie und wusste nicht, ob die Hitzewallungen auf die lustvolle Erregung aufgrund seines Anblicks zurückzuführen waren oder ob sie im Rahmen ihrer Wechseljahrsbeschwerden auftraten.

»Ein Cocktail?«, fragte sie. »Oder lieber ein Bier?«

»Gern ein Bier.«

Der Esstisch war eingedeckt. Zwei Kerzen flackerten romantisch. Rosenblätter lagen rund um die Teller. Es duftete nach … irgendetwas Exotischem.

Seifferheld räusperte sich. Hinter ihm holte MaC das gute Löwenbräu aus dem Kühlschrank.

Mit zunehmenden Jahren hatte man immer weniger Zeit zu verlieren. Es brachte nichts, um den heißen Brei herumzureden und auf einen besseren Zeitpunkt zu warten. Der beste Zeitpunkt war immer jetzt gleich.

»Müssen wir sofort essen?«, fragte Seifferheld.

»Nein. Die Lasagne braucht ohnehin noch eine Weile.«

»Sehr gut.« Seifferheld ging auf MaC zu, nahm ihr das Bier aus der Hand, wartete, bis sie sich einen Campari Orange eingeschenkt hatte, stieß mit ihr an und sagte:

»Dreh den Backofen herunter. Ich finde, wir sollten uns erst näher kennenlernen.«

MaC lächelte. »Meine Güte, Herr Seifferheld, Sie gehen aber ran. Und ich dachte schon, du hättest kein Interesse an mir.«

Seifferheld lächelte ebenfalls. »Man nennt mich auch die Turboschnecke.«

Seine Lippen näherten sich ihren Lippen.

Ihre Finger strichen sanft über seine Brust und sie legte den Kopf schräg.

Seifferheld atmete schwer.

In seinen Ohren rauschte es.

Sein ganzer Oberkörper vibrierte in ahnungsvoller Erwartung.

Doch dann trat MaC einen Schritt zurück.

Seifferheld verstand nicht gleich, warum sie sich von ihm gelöst hatte. Und warum seine Brust trotzdem noch vibrierte.

Dann wurde ihm klar, dass sein Handy klingelte. Er hatte es über das Rauschen in seinen Ohren gar nicht gehört. Nur den Vibrationsalarm gespürt.

MaC seufzte. »Geh ruhig ran, Siegfried. Es könnte wichtig sein.«

»Wichtiger als das hier?« Seifferheld trat auf sie zu.

»Der Zauber des Augenblicks ist ohnehin verflogen. Wir werden einfach nach dem Nachtisch da weitermachen, wo wir jetzt aufgehört haben.«

Wie sich gleich herausstellen sollte, besaß MaC allerhand Qualitäten, eine prophetische Gabe gehörte jedoch nicht dazu. Das Schicksal hatte einen Nachtisch an diesem Abend nicht für die beiden Turteltauben vorgesehen.

Seifferheld zog sein Handy aus der Innentasche seiner Lederjacke. Warum mussten Frauen immer so pragmatisch sein? Was konnte wichtiger sein als der erste Kuss?

Er klappte sein Handy auf.

Am anderen Ende der Leitung war Kollege Dombrowski.

»Sorry, Siggi. Störe ich? Du, ich wollte dir nur Bescheid geben, dass wir eben schon wieder deine Nichte verhaftet haben.«

## Nur glückliche Schweine haben einen Ringel im Schwanz

»Karina, wirklich, kann man dich keine Sekunde allein lassen?«

Seifferheld klang vorwurfsvoll. Und weil er sonst nie vorwurfsvoll klang, wusste Karina, dass jetzt keine freche Retourkutsche, sondern Zerknirschtheit angebracht war.

Ungewöhnliche Umstände erforderten ungewöhnliche Maßnahmen. Seifferheld war mit dem Taxi nach Wackershofen ins Freilandmuseum gefahren.

Onis hatte er bei MaC gelassen. Auf Wunsch von MaC. Sie dachte, dass der Herr immer dahin zurückkehren wird, wo der Hund ist. Und sie hatte nicht die Absicht, die Nacht allein zu verbringen.

Hovawart Onis hatte sich nicht gesträubt, hatte nur fragend den Kopf gehoben und sich anschließend wieder in die Weichheit des Flokatis fallen lassen. Sein Paradies auf Erden. Versüßt durch die Hundekekse, die MaC extra nach einem aus dem Internet heruntergeladenen Rezept gebacken hatte und mit denen sie ihn gelegentlich fütterte. Liebe geht durch den Magen. Onis war schwer verliebt.

Weit weg vom Flokati, Onis und MaC saß Karina im Streifenwagen und Seifferheld durfte sich hineinbeugen und mit ihr reden.

»Was sollte das hier?«, verlangte er von ihr zu wissen.

»Das ist eine Protestaktion gegen die Massentierhaltung. Ein Fanal für die geschundene Kreatur, ein …«

»Karina!« Der böse Cop in Seifferheld kam durch. Das musste am Blaulicht liegen. »Das hier ist ein Freilandmuseum mit einem Streichelzoo. Es gibt nur einen Eber und zwei hällische Landschweinsauen mit ihren Ferkeln!«

Karina schmollte verbissen. Immer mehr zeigte sich für sie in diesem Moment, dass ihr Lieblingsonkel Siggi nur deshalb ihr Lieblingsonkel geworden war, weil sie sonst keine anderen Onkel hatte. »Ich dachte, du verstehst mich.«

»Nein, ich verstehe dich nicht! Wenn die Tiere jetzt drüben auf die Gleise laufen und vom Zug aus Heilbronn erfasst werden?«

Karina wurde blass. Das konnte man mitten in der Nacht, nur mit Autoscheinwerfer- und Blaulichtbeleuchtung natürlich nicht sehen. Was man sah, war das Paradebeispiel einer verbohrten Aktivistin.

»Also gut, ihr wolltet ein Zeichen setzen, aber dann setzt eure Zeichen auch dort, wo es angemessen ist. Nicht irgendwo da, wo es euch gerade passt, weil man mit dem Bus hinfahren kann und keine Wachen herumstehen.«

Karinas Unterlippe zitterte.

»Hast du das Schwein eingesprüht?« Seifferheld schaute in Richtung Wald, wo man gerade noch einen fluoreszierenden Fleck zwischen den Bäumen verschwinden sehen konnte.

Da Karina ihrer Selbstbeherrschung nicht traute und unter gar keinen Umständen zu weinen anfangen wollte, schüttelte sie nur den Kopf.

Seifferheld schwieg.

Das Schweigen zog sich.

»Ich bin echt erst zwei Sekunden da gewesen, als die Polizei kam. Ehrlich!«

»Aber in diesen zwei Sekunden hast du dich aktiv an der Schweinebefreiung beteiligt, wie ihr es nennt?«

Karina nickte trotzig. »Man muss etwas tun. Man darf nicht nur zusehen.«

»Deine grenzwertig legal-illegalen Aktionen sind lächerlich! Hast du jemals versucht, etwas in den Grenzen von Recht und Gesetz zu tun? Ich glaube, dir liegt gar nichts an den Schweinen. Du bist nur süchtig nach dem Adrenalinkick.«

So unverblümt hatte Seifferheld noch nie mit seiner Nichte gesprochen.

Als sie anfing zu weinen, tat es ihm bereits leid, aber da war es zu spät.

»Folterst du die Gefangene?« Ein Streifenbeamter, den Seifferheld von früher kannte, trat näher.

»Es ist keine Folter, wenn es innerhalb der Familie geschieht. Dann nennt man es Erziehung«, erklärte Seifferheld.

Drüben aus dem Wald hörte man Schreie. Sie klangen unmenschlich. Ein Lichtblitz schoss durchs Unterholz.

»Versucht ihr, das Tier einzufangen?«, erkundigte sich Seifferheld.

»Nie und nimmer. Der kommt schon zurück, wenn er Hunger kriegt.«

»Wer schreit denn da, wenn es nicht die Treiber sind?«

»Wahrscheinlich jauchzen irgendwelche Wildschweinbachen begeistert angesichts dieses potenten Zuchtebers. Ich wette, der Eber genießt jede Sekunde seines Ausflugs.«

»Sag ich doch«, murrte Karina.

## Wer schläft, sündigt nicht

*Es ist offen,* stand auf dem gelben Post-it-Zettel, der an der Eingangstür klebte. Seifferheld stellten sich die Nackenhaare auf. Noch leichter konnte man es potenziellen Einbrechern nicht machen. Außer vielleicht, man stellte schon draußen auf der Straße Hinweisschilder auf die unverschlossene Wohnung auf.

»MaC?«, rief er versuchsweise.

Als Antwort hörte er jedoch nur ein Klopfen.

Die ans Bett gefesselte MaC, die mit ihren Füßen um Hilfe morste?

Nein, der regelmäßig gegen die Schrankwand im Wohnzimmer schlagende Schwanz von Onis. MaC hatte ihn am Sessel angeleint, damit er nicht durch die nur angelehnte Eingangstür fortlaufen konnte, und hatte sich dann unter einer dicken karierten Decke – bestimmt ein MacDonald-Tartan – auf dem Sofa eingerollt. Sie schlief tief und fest und gab dabei leise Schnarchgeräusche von sich.

Seifferheld versenkte sich eine Weile ganz in ihren Anblick. Sie strahlte so eine Wohligkeit und Wärme aus, eine Welle der Behaglichkeit durchlief seinen Körper. Wie gern wäre er jetzt ein Schuft gewesen und hätte die Situation ausgenützt. So aber hauchte er nur einen zarten Kuss auf ihre Locken, band Onis los und schrieb auf den Post-it-Block, der auf dem Couchtisch lag: *Habe Karina befreit und gehe jetzt nach Hause. Bis ganz bald, dein Siegfried.* Dann machte er sich schweren Herzens auf den Weg in sein Junggesellenzimmer in der Unteren Herrngasse.

# 5. KAPITEL

## Mit dem Seelenklempner auf der Suche nach Psychosen und Neurosen und Windhosen

Seifferheld wusste nicht genau, wie er sich die Praxisräume eines Psychologen vorgestellt hatte, so jedenfalls nicht. Vielleicht eher wie bei Sigmund Freud, mit viel dunklem Holz, einer roten Couch, unzähligen Büchern und einem Gummibaum. Oder ganz nüchtern, nichts als Chrom und Stahl und eine weiße Ledercouch. Jedenfalls nicht so ... so normal.

Normal im Sinne von absolut unspektakulär. Durchschnittlich. Inklusive dem angebissenen Käsebrot auf dem Teller neben dem Telefon und den matschverkrusteten Joggingschuhen unter dem Schreibtisch. Er lag auch nicht auf einer Couch, sondern saß in einem Ikea-Sessel. Der Blick aus dem Fenster zeigte die Stadtmauer von Vellberg, wo Barth seine Praxis hatte. Irmgard hatte Seifferheld extra chauffiert, weil um diese Zeit kein Bus fuhr.

Volker Barth schob sich die randlose Brille auf die Nase. »Also schön, Herr Seifferheld, ich habe Sie dazwischengeschoben, weil ich MaC noch einen Gefallen schuldete. Wir wollen aber gleich auf den Punkt kommen, ja? Eigentlich müsste ich schon längst in der Psychiatrie in Heilbronn sein. Eine Patientenbegutachtung«, fügte er im Nachsatz hinzu, als ob Seifferheld vermuten könnte, er solle selbst eingewiesen werden.

Während ihm Seifferheld von den verschwundenen Männern erzählte, die tot aufgefunden worden waren, und von seiner These, dass es eine Verbindung geben müsse, seiner Meinung nach den Sport, versuchte Barth, eine Kaffeemaschine in Gang zu setzen, die versprach, aus einem kleinen, weißen Beutelchen ein dampfendes Heißgetränk zu zaubern. Das Gerät wehrte sich und Barth musste mehrmals mit der Handkante dagegenschlagen. »Sorry«, sagte er dann über seine Schulter in Richtung Seifferheld. »Reden Sie ruhig weiter, ich höre Ihnen zu.«

Als Seifferheld fertig war und sich tatsächlich eine braune Flüssigkeit in den beiden angeschlagenen Tassen befand, die Barth auf den Teppich aus Papieren gestellt hatte, die den Schreibtisch unter sich begruben, beugte sich Barth über die Fotos der Toten, die Seifferheld mitgebracht hatte, stieß mehrmals kehlige Laute aus und lehnte sich dann auf seinem Ikea-Schreibtischstuhl zurück.

»Der Täter will gefunden werden«, erklärte Barth.

»Er hinterlässt aber doch keinerlei Hinweise. Und er sammelt auch nichts – den Toten fehlten weder Besitztümer noch irgendwelche Körperteile«, sagte Seifferheld.

Barth lächelte sphinxgleich und trank schlürfend seinen Kaffee.

»Außer dem Sport erkenne ich da keinen roten Faden«, sagte Seifferheld.

Das Lächeln der Sphinx schien plötzlich zu besagen, dass Seifferheld selbstverständlich nichts erkennen konnte, weil er ja auch kein psychologisch geschultes Tiefenverständnis besaß.

Volker Barth war Seifferheld zutiefst unsympathisch. Er musste aber einräumen, dass es nicht an dem melierten Bärtchen, an der randlosen Brille oder dem Fischgratblazer lag, sondern eventuell damit zusammenhing, weshalb er Barths Bekanntschaft überhaupt gemacht hatte.

MaC hatte die Männer zusammengebracht. Barth schulde ihr etwas, hatte sie Seifferheld erklärt. Was denn? Hatten die beiden eine Affäre gehabt? Wieso war ihr dieser Mann etwas schuldig? Seifferheld schnaubte.

Barth stellte seine Tasse ab und presste die Fingerspitzen aneinander. Lange, schmale Pianistenfinger. Finger, wie sie Frauen liebten. MaC auch?

»Die Toten wurde mit vernachlässigbaren Ausnahmen an öffentlichen Orten gefunden. Das ist ein deutliches ›Schaut her‹, eine Art Visitenkarte des Täters.« Barth lächelte noch breiter. »Ein ganz klassischer Fall. Wie aus dem Lehrbuch. Die Abstände zwischen den Morden werden immer kürzer. Dem Täter geht offenbar die Zeit aus, weil er in Bälde ein halbes Jahr für das Rote Kreuz nach Afghanistan muss. Oder weil er merkt, dass er nicht finden wird, was er sucht. Er wird immer hektischer. Er weiß, dass er auf diese Weise keine Erfüllung finden kann. Darum mordet er jetzt wie besessen. Weil er gefunden werden will. Weil er dann im Gefängnis wieder dem Prinzip Hoffnung anhängen kann. Im Moment sieht er sich der Realität gegenüber. Hinter Gittern kann er hoffen.«

»Ach ja?« Seifferheld hatte nicht ganz so höhnisch klingen wollen.

Barth nahm die Brille ab.

Die Männer sahen sich an und schwiegen.

Im Schweigen war Barth leider Gottes besser.

»Er wird also weitermachen?«, fragte Seifferheld nach gefühlten zehntausend Jahren.

»Mit absoluter Sicherheit.« Barth klopfte mit einem knochigen Finger auf die Fotos. »Und ich sage Ihnen noch was: Ihr Täter ist entweder schwul oder eine Frau.«

Seifferheld bemühte sich sehr um ein Pokerface.

»Schauen Sie sich diese Männer an«, forderte ihn Barth auf. »Durchtrainierte Kerle, alle von südländischer Feurigkeit. Das nennt man Beuteschema.«

Vielen Dank auch, hätte Seifferheld gern gepampt, aber er hielt sich zurück. Der Mann hatte ja recht.

»Und da es keine jungen Männer mehr sind, würde ich rein intuitiv auf eine Frau tippen. Ein Schwuler wäre da sicher anders gepolt. Ja«, Barth nickte, »ich glaube, Sie sollten nach einer Frau suchen. Eine Frau in den besten Jahren. Nach außen hin angepasst, aber innen schwer gestört«

Es klopfte an die Tür.

Irmgard steckte den Kopf herein und rief: »Ich stehe im Halteverbot und die Politesse ist im Anmarsch. Bist du fertig?«

Barth und Seifferheld sahen Irmgard stumm an.

»Was ist?«, rief sie, dass ihr grauer Zopf erbebte.

Barth und Seifferheld tauschten einen Blick aus. Barth nickte. »Eine Frau wie sie.«

## Plötzliche Erkenntnis ist nicht nur buddhistischen Mönchen vorbehalten, sondern kann jeden treffen – gern auch in der Küche bei der frühmorgendlichen Zeitungslektüre

»Ich wünsche mir einen Konfettiregen zum Geburtstag!«, erklärte Karina mit der unschuldigen Naivität eines Kindes, das bereits vollkommen vergessen hat, wie unartig es gewesen war.

»Konfettiregen führt unweigerlich zu Konfettiteppich.

Und wer, bitte schön, soll das wegsaugen?«, brummte Irmgard ungnädig. Bevor Karina zu ihrer Erwiderung ansetzen konnte, ergänzte sie: »Nein, du wirst nicht wieder den Vorwerk-Vertreter zu einer Schauvorführung herzitieren!«

»Du hast vielleicht Nerven, Kleine«, setzte Susanne noch eins drauf. »Wenn das so weitergeht, verbringst du deinen Geburtstag nächste Woche hinter Gittern. Mal sehen, ob dir die anderen Mädels aus deiner Zelle aus dem Toilettenpapier eures Gemeinschaftsklos ein paar neckische Schnipsel zum Verstreuen basteln.«

Susanne war auf 180. Sie saß über dem *Haller Tagblatt*, das an diesem Morgen nicht nur von der Tierschützeraktion in Wackershofen berichtete, sondern auch ein großes Foto von Schweinehirtin Karina abgebildet hatte.

Karina war aber auch ein Hingucker. Die Haare zwar züchtig unter einem blau-weiß gestreiften Tuch versteckt, dafür nur ein Bikinioberteil und Gummistiefel zu den Hotpants tragend. »Musstest du dich wie ein Flittchen anziehen?«

Karina zuckte mit den Schultern. »Sex sells und wir wollten unbedingt mit Foto in die Presse«, sagte sie nur. »Außerdem lande ich sicher nicht allein im Kittchen. Und Verführung Minderjähriger wäre mir persönlich sehr viel peinlicher als berechtigter politischer Aktivismus.«

»Olaf ist volljährig«, fauchte Susanne. Sie war jedoch mehr über die Bildunterschrift erbost als über die Anspielung auf ihre Auswahlkriterien bei der Partnerwahl:

*Karina Seifferheld aus einer alten Haller Familie – zu der auch Susanne Seifferheld gehört, deren Name für die anstehenden Vorstandswahlen der Bausparkasse im Ge-*

*spräch ist – fühlt sich dem Tierschutz verpflichtet (Foto Nneka).*

»Ich finde, ich sehe gut aus«, urteilte Karina, die Susanne über die Schulter schaute. »Der hat mich echt gut getroffen.«

»Kannst du immer nur an dich denken!«, röhrte Susanne, klatschte die Zeitung auf den Tisch und stürmte aus der Küche.

Ein ganz normaler Morgen der Familie Seifferheld.

Seifferheld hatte Susanne ebenfalls über die Schulter geschaut und dabei die Traueranzeige auf der gegenüberliegenden Seite entdeckt.

Wie es in letzter Zeit Mode war, zierte die Anzeige auch ein Foto des Verblichenen. Es handelte sich um das Konterfei von Peter Prenzlau. Eigentlich ein typisches eigenschaftsloses Passbild mit dem neuerdings vorgeschriebenen ernsten Nichtlächeln im Gesicht, aber dennoch überkam Seifferheld das große, kosmische Aha-Erleben.

Aha, dieser Prenzlau.

Sieht auf den ersten Blick aus wie Klaus.

Ja, dachte Seifferheld, es war höchste Zeit, dass er sich aus den Niederungen des reinen Nachdenkens in den Olymp aktiven Ermittlertums schwang. Möglich, dass er für seine schnüfflerische Verbissenheit wie Faust mit seiner Seele bezahlen musste oder zumindest mit dem Teil, der ihn befähigte, in der realen Welt zu leben, aber er konnte nicht anders. Die Erkenntnis war wie eine Glühbirne aufgeleuchtet und verlangte danach, umgesetzt zu werden.

Klaus würde als Lockvogel herhalten.

Zeit für ein Päuschen bei Kläuschen!

Aus dem Polizeibericht

**JUNGGESELLE KOCHT, STADT BRENNT**

*Ein Wohnungsbrand in der Langen Straße wurde am Donnerstag um 19 Uhr 55 gemeldet. Feuerwehr und Polizeibeamte konnten schnell Entwarnung geben: Überhitztes Fett auf einer Herdplatte in der Wohnung eines alleinstehenden Mannes war die Ursache der Rauchentwicklung und des nachfolgenden Küchenbrandes. Es entstand geringer Sach-, aber großer Ego-Schaden.*

## Wie man ein Lämmlein zur Schlachtbank führt

»Hast du schon vom schönen Nick gehört?«, fragte Klaus, während Seifferheld sich noch aus dem Mantel schälte.

»Ich habe nicht nur davon gehört, ich habe sogar darüber geschrieben.« Seifferheld lehnte die Gehhilfe gegen den Garderobenschrank. Onis lief voraus in die Küche, in der es für ihn immer Wurstreste gab. Er nahm vor dem Kühlschrank Aufstellung. »Du hast darüber geschrieben?«, rief Klaus erstaunt aus Richtung Fernsehsessel, wo er hastig Luft aus etwas Großem herausließ, bei dem es sich – wie Seifferheld nur hoffen konnte – um eine Luftmatratze handelte.

Bei Klaus gab es eigentlich keine Räume, Klaus wohnte in einer Art Loft. Von außen sah es wie ein ganz normales Fachwerkhaus aus, gelegen zwischen dem Café Ableitner und der Pizzeria Rose mit einem phantastischen Blick auf das Globe Theater. Aber Klaus hatte alle Wände herausreißen lassen und so trotz der niedrigen Decke ein Gefühl von Weite erzielt. Manch ein Besucher fand es allerdings bedauerlich, dass wirklich kein einziges Raumsegment, geschweige denn ein Raum, weder Schlaf- noch Badezimmer, wirklich nichts, abgetrennt war. Der Kühlschrank stand neben der Badewanne – »damit ich nicht extra aus dem Wasser muss, wenn ich Durst kriege« – und die Toilette thronte zwischen dem Bücherregal (hauptsächlich Comicbücher) und der Stereoanlage und hatte eine Extra-Halterung für die Fernbedienung des überdimensionalen Breitwandfernsehgeräts in der Loftmitte.

»Der schöne Nick hat doch seine Küche abgefackelt. Ich habe im Polizeibericht darüber geschrieben«, erläuterte Seifferheld. »Liest denn kein Mensch den Polizeibericht?«

»Ach das!« Klaus winkte ab. Das aufblasbare Teil, mittlerweile gefältelt, verstaute er hinter den Polstern der Couch. »Nein, ich spreche davon, dass er sich die Witwe Nonnenmacher geschnappt hat.«

»Oho«, entfuhr es Seifferheld.

Die Witwe Nonnenmacher war eine noch verdammt knackige Endfünfzigerin, die ihren fünfundvierzig Jahre älteren Gatten – einen sehr renommierten Dirigenten – nun schon um einige Jahrzehnte überlebt hatte, aber immer noch Schwarz trug. Allerdings keine schwarze Kittelschürze mit Dutt, sondern hinreißend elegante Roben von Dior oder Versace, die man eher auf den Straßen von Mailand oder Paris erwartet hätte als in den engen Pflastersteingassen von Schwäbisch Hall. Eigentlich war sie Malerin und unterrichtete wohl auch abstraktes Pinseln in Kassel oder Karlsruhe oder wo immer. Früher hatte man sie des Öfteren bei festlichen Anlässen wie einer Kunsthallen-Vernissage oder dem Bausparkassen-Weihnachtskonzert in der Stadt gesehen, aber seit man ihr verwehrt hatte, den Oberbürgermeister in Öl zu porträtieren (er ließ sich lieber lebensecht von Jan-Peter Tripp abbilden, als am Ende als roter Klecks auf lila Grund im großen Rathaussaal zu hängen und künftige Generationen zu gruseln), hatte sie sich völlig aus dem gesellschaftlichen Leben Schwäbisch Halls zurückgezogen und sich förmlich in ihrer Villa auf dem Monte Bonzo verbarrikadiert.

Klaus grinste breit. »Vorletzte Woche hat sie sich bei ihm zum Golfunterricht angemeldet und gestern sind sie angeblich zusammen nach Rom durchgebrannt.«

»Rom?«

Klaus strahlte. »Na, da lebt doch dieser Gynäkologe, der auch 64-Jährigen noch zu einer Schwangerschaft verhelfen kann …«

»Dumme Gerüchte.« Seifferheld gab nichts auf Klatsch und Tratsch.

Er ließ sich auf die Couch fallen. Das Gummiteil hinter dem Polster in seinem Rücken gab flatulenzartige Geräusche von sich.

Klaus grinste entschuldigend.

Seifferheld überlegte, wie er es am besten anfangen sollte. Durfte man der Ziege klipp und klar erklären, dass man sie an einen Pfosten anbinden wollte, um damit einen Tiger anzulocken? War man als Lockvogel- beziehungsweise Lockziegenverursacher verpflichtet, ihr die Prozentzahl zu nennen, wie hoch die Wahrscheinlichkeit war, dass der Tiger sie reißen würde, bevor man rettend eingreifen konnte?

»Du hast Haustiere«, konstatierte Seifferheld ausweichend. Vor ihm auf dem Couchtisch sah er einen erklecklichen Schwarm *Drosophila melanogaster*. Fruchtfliegen. Sie umschwirrten eine Schale mit Gammelobst.

Klaus war jedwede hausfrauliche Scham fremd. »Man muss sie nicht Gassi führen und ich spare mir das teure Hundefutter. Die Kleinen mümmeln alles, was auf den Tisch kommt. Also, ich hab sie richtig liebgewonnen«, verkündete er.

Seifferheld schüttelte den Kopf. »Klaus, deine Wohnung braucht dringend eine weibliche Hand.«

»Die Hand der Witwe Nonnemacher ist ja nun leider vergeben.« Klaus wand sich vor diebischer Schadenfreude.

Seifferheld seufzte. Es nützte ja nichts, er musste auf den Punkt kommen.

»Klaus, ich will nicht lange um den heißen Brei reden: Du musst mir einen Gefallen tun.«

## Männer, lernt sticken!

Seifferheld saß in seinem Schaukelstuhl und stickte zu den gedämpften Klängen der bachschen Klavierkonzerte in der frühen Interpretation von Glenn Gould.

Onis lag auf seinem Lieblingsplatz vor dem Fenster. Das einfallende Vollmondlicht umspielte seinen leuchtenden Hundekörper. Ein Bild des Wohlbefindens. Er schnurrte leise, obwohl ihn niemand streichelte. Wahrscheinlich wurde er im Traum gekrault. Vierhandgekrault.

Seifferheld fühlte sich nicht ganz so wohl wie sein Hund. Zu viel ging ihm durch den Kopf.

War es ethisch-moralisch vertretbar, Klaus als Lockvogel zu benutzen? Er hatte schon früher junge Kollegen in den Undercover-Einsatz geschickt, aber der gesamte Polizeiapparat hatte stets zur Verfügung gestanden und das Risiko war einschätzbar gewesen. Jetzt gab es nur ihn, Seifferheld, und ein völlig unbekanntes Risiko. Wenn Klaus etwas zustoßen sollte, würde Seifferheld sich das niemals verzeihen.

Seifferheld ging aber noch mehr durch den Kopf. Wie sollte er seinem Bruder jemals wieder in die Augen schauen? Sein Bruder hatte ihm seine einzige Tochter anvertraut, ein unschuldiges, behütetes Geschöpf mit hellbraunen Haaren im Schottenrock, und was gab ihm Seifferheld zurück? Eine mehrfach angezeigte, demnächst zweifellos vorbestrafte, bauchfreie Polit-Aktivistin mit frisch in Knallpink gefärbten Haaren.

Würde die Sache zwischen Susanne und Olaf halten? Olaf war um einiges jünger und führte ein ganz anderes Leben. Wer würde da wem das Herz brechen? Susanne mochte taff wirken, aber das verletzliche, kleine Mädchen schlummerte immer noch in ihr, daran hegte er keinerlei Zweifel – und nicht nur, weil er ihr Vater war. Andererseits hauste diese zarte Mädchenseele in einem knallharten Managerinnenkokon, und wenn Susanne entsprechend aufgelegt war, würde sie Olaf ohne Gewissensbisse nach der Paarung bei lebendigem Leib verschlingen und auf ewig traumatisiert wieder ausspucken. Und wer würde ihn, Seifferheld, dann massieren?

An dieser Stelle musste er aus irgendeinem Grund automatisch an MaC denken. Wie würde es mit ihm und MaC weitergehen? Hatten zwei alte, lebenssatte, durch zahlreiche Schicksalsschläge herzvernarbte Menschen überhaupt noch eine Chance auf Liebesglück?

Und musste er sich Sorgen um Irmi machen? Natürlich glaubte er keine Sekunde, dass sie nächtens durch die Haller Gassen zog und Männer mordete. Aber sie schien in letzter Zeit immer verbitterter zu werden. Ob sie wohl das Gefühl hatte, ihr Leben sei ihr zwischen den Fingern zerronnen? Wie konnte er dafür sorgen, dass sie auf ihre alten Tage noch erfülltes Glück fand? Er musste an die rot umkringelte Anzeige im *ZEIT-Magazin* denken. Seifferheld hatte die Zeitungsbeilage extra aus dem Altpapier gefischt. *Unternehmer, 49, dunkel, schlank, gänzlich ohne Anhang, sucht Powerfrau, gern älter, für Bach, Baselitz, Brecht. Raum Süddeutschland. Bitte mit Bild. Chiffre xxx.*

Onis wachte auf, hob abrupt den Kopf, gähnte, sah sich um, sah, dass es nichts zu sehen gab, legte den Kopf wieder ab, seufzte tief und war sofort wieder eingeschlafen.

Noch so ein Thema für Seifferheld. Wie würde es mit Onis weitergehen? Würde er mit dem Widerspruch durchkommen? Das war doch kein Leben, immer mit Maulkorb an der Leine unterwegs zu sein. Wie konnte es angehen, dass ein völlig unbescholtener Hovawart, der sich ein einziges Mal mit einem anderen Rüden gekabbelt hatte, ebenso abgestraft wurde wie der Pitbull eines Zuhälters, der auf einem Spielplatz auf ein Kleinkind losgegangen war? Eine eklatante Ungerechtigkeit.

Aua!

Vor lauter Empörung hatte sich Seifferheld in den Finger gestochen. Bloß nicht auf den Stoff bluten. Er saugte die kleine, kreisrunde Einstichstelle blutfrei.

Das kam davon, wenn man im Akkord sticken musste. Seifferheld zweifelte sehr daran, ob er die Kissenlieferung nach Rothenburg rechtzeitig würde fertigstellen können. Ob er mit der Enttäuschung der Japaner leben konnte?

Apropos Sticken. Warum dieses Leben der Heimlichkeiten? Wieso war Stricken für Männer angesagt, Sticken aber nicht? In New York und Tokio saßen jedes Wochenende Dutzende heterosexueller Männer gemütlich zusammen, tranken Bier, aßen Hot Dogs oder Sushi und tauschten Stricktechniken aus.

Warum waren diese unsäglichen Strickliesеln, die nichts als Wollwürste produzierten, angesagt, Stickrahmen aber nicht? Warum galt es als mutig und zukunftsweisend, wenn Männer strickten, aber als unerotisch, wenn sie stickten?

Würde er sich jemals MaC offenbaren können? Man durfte heutzutage als Mann offen zugeben, auf SM zu stehen. Oder gelegentlich rosa Damenunterwäsche zu tragen. Oder bei Liebesfilmen zu weinen. Aber was passierte mit der Libido einer Frau, wenn sie erfuhr, dass ihr Partner gern zu Nadel und Faden griff?

Seifferheld sehnte sich sehr danach, dass seine Geschlechtsgenossen in absehbarer Zukunft das Sticken für sich entdeckten und es bald eine eigene Stick-Ecke mit Stich-Tipps in der *BILD* gab und eine halbstündige Servicesendung auf ARD oder ZDF – »Männersticken mit Wladimir Klitschko« – und dass womöglich gar Abgeordnete im Bundestag Kissen stickten.

## Warum Männer keine Ahnung von Menstruationskrämpfen haben und Frauen nicht in Thermoskannen pinkeln können – und warum das auch gut so ist

Ü-40-Nacht in der Innenstadtdisco Barfüßer.

Manchmal kam es vor der Tür der Disco zu kleineren Turbulenzen. Streit zwischen denen, die nicht eingelassen wurden. Streit mit dem, der Einlass gewährte. Alkoholinduzierter, grundloser Streit. Aber an diesem Abend ging es gesittet zu. Der Türsteher könnte sich langweilen. Wenn da nicht dieser verdächtige dunkle BMW gewesen wäre, in dem zwei Gestalten mit Hund saßen. Die Balkanmafia? Dauernd starrten sie ihn an.

Er starrte zurück.

Seifferheld machte sich nichts daraus.

In jungen Jahren hatte er oft an Überwachungsaktionen teilgenommen. Meistens war das in eine öde, ereignislose Warterei ausgeartet, bei der man mit dem Kollegen Wetten abschloss, wer es am längsten ohne Pinkelpause aushalten konnte.

Seifferheld saß jetzt schon seit fast zwei Stunden auf seinem Posten. Aber Zeit war relativ und der BMW von Susanne war bequemer als sein alter Streifenwagen. Er hatte Susanne nicht gesagt, wozu er das Auto brauchte.

Und dass er den Hund mitnehmen würde.

Onis lag auf der Rückbank und langweilte sich tödlich. Wenn er sich langweilte, intensivierte sich sein Sabberfluss.

Seifferheld wünschte nicht zum ersten Mal, er hätte dem Hund eine Decke untergelegt. Susanne war Sauberkeitsfanatikerin. Es würde definitiv eine Szene geben.

Neben ihm auf dem Beifahrersitz saß Mimi, die Gummifreundin von Klaus.

Er hatte ihr einen Schal um den Hals gebunden, damit man ihren o-förmig geöffneten Mund nicht gleich sah. Und auf dem Kopf trug sie die Fellmütze im Russen-Stil von Klaus. Mimi war auf Wunsch von Seifferheld mit dabei. Es war unauffälliger, wenn zwei Menschen in einem Auto saßen, sich scheinbar unterhielten, auf etwas oder auf jemanden warteten. Aber wen hätten sie schon fragen können? Sicher keine der Pappnasen aus dem Kochkurs. Also hatten sie Mimi aufgeblasen.

Onis stieß einen tiefen Seufzer aus.

Seifferheld hatte den BMW halblegal vor die Treppe zum Marktplatz abgestellt. So hatte er den Eingang zum Barfüßer – wenn auch nicht direkt die Tür – gut im Blick und konnte gegebenenfalls sofort losfahren, sobald Klaus mit einer Verdächtigen auftauchte. Das war ja der Sinn der Sache: auf gar keinen Fall Klaus aus den Augen verlieren.

Sie hatten vereinbart, dass Klaus mit seinem weißen Herrenschal wedeln würde – ursprünglich wollte Klaus mit seiner bordeauxfarbenen Herrenhandtasche wedeln, aber deren Mitführung hatte Seifferheld ihm strikt untersagt –, sollte er sich mit der Verdächtigen darauf geeinigt haben, zu Fuß in seine Wohnung zu gehen. Andernfalls, falls also die Verdächtige ihn mit dem Auto zu sich nehmen wollte, wedelte er nicht. Schlicht, einfach, genial. Das konnte nicht einmal Klaus verbocken.

Da ging die hintere Wagentür auf und jemand quetschte sich neben Onis auf die Rückbank.

»Großer Gott!«, entfuhr es Seifferheld. Sein Herz schlug ihm abrupt bis zum Hals.

»Papa, was machst du hier?« Susanne musste wirklich sehr aufgewühlt sein, wenn sie nicht als Erstes über den Sabberhund auf der Rückbank ihrer geliebten Luxuslimousine schimpfte. »Ich hatte Menstruationskrämpfe und konnte nicht schlafen.«

»Das ist doch albern. Dann trink einen Kräutertee und mach dir eine Wärmflasche zurecht. Um diese Zeit hast du im Bett zu sein.«

Es war elf. Susanne würdigte diese lächerliche Bemerkung mit keiner Silbe.

»Papa, ich frage dich nochmals: Was machst du hier?«

»Kind, geh nach Hause.«

»Du ermittelst doch in diesem Serienmörderfall, oder? Ist das hier eine Überwachung? Ach Papa, warum verbeißt du dich nur in diese Idee. Das ist ja schon fast eine Zwangsvorstellung von dir. Ich mache mir wirklich Sorgen!«

»Susanne.« Seifferheld versuchte, streng zu klingen. Aber das war nicht so einfach gegenüber einer granitharten Mittdreißigerin im Powerhosenanzug. Und im Beisein einer lächerlichen Gummipuppe auf dem Beifahrersitz. »Susanne, du gehst sofort wieder nach Hause!«

»Ich denke ja nicht daran.« Susanne verschränkte die Arme vor der Brust.

Eine Zeitlang schwiegen sie sich an. Aber letzten Endes zeigte sich, dass Susanne die Tochter ihres Vaters war. Die Neugier siegte.

»Wen hast du im Verdacht?«, fragte sie.

Seifferheld krallte seine Finger hilflos ins Lenkrad. »Niemand Bestimmtes. Ich warte nur auf Klaus. Er schaut sich im Barfüßer um.«

»Aha. Ein Lockvogel.« Susanne war nicht auf den Kopf gefallen. Und offenbar hatte sie ihn schon durchschaut, als er sich ihren Wagen ausgeliehen hatte. Sie reichte ihm nämlich eine Thermoskanne nach vorn.

»Hier. Was Warmes.«

Seifferheld drehte sich zu ihr um. »Schätzchen?«

»Mama hat dir früher auch immer eine Thermoskanne mitgegeben, wenn du eine Überwachung hattest. Ihr geheimes Kaffeerezept zum Wachbleiben hat sie es doch genannt, nicht wahr?«

Seifferheld lächelte. Er drehte sich wieder nach vorn und öffnete den Schraubverschluss. »Das geheime Rezept von Mama. Ach Susanne, wie schön.«

Er goss das dunkle Gebräu vorfreudig in den Becher und pustete. Dann wagte er einen Schluck.

»Großer Gott«, rief er erneut und musste sehr an sich halten, den Schluck im Mund nicht gleich wieder in den Thermosbecher zu speien. »Was ist das denn?«

»Kaffee. Mit einem Hauch Zimt und etwas Eierschale.« Susanne klang ahnungslos. »Wieso?«

»Mama hat mir immer Kaffee mit Schuss mitgegeben. Mit viel Schuss!«

»Aber ihr habt immer gesagt, es sei Kaffee mit Zimt und Eierschale. Von Hand aufgegossen.« Susanne schmollte.

Seifferheld schmollte auch. Er schmollte mehr über sich als über seine Tochter. Es rächte sich immer, wenn man seinen Kindern Lügen auftischte. Kaffee, der nach Zimt schmeckte. Widerlich.

Gern hätte er den Inhalt der Thermoskanne aus dem Wagenfenster gekippt und die leere Kanne mit etwas gefüllt, was ihm gerade sehr auf die Blase drückte. Seit es gemischte Teams in Streifenwagen gab, war diese schöne Tradition jedoch aus der Mode gekommen. Und mit seiner Tochter im Fond würde er sie jetzt ganz sicher nicht erneut zum Leben erwecken.

»Ich habe immer Angst um dich gehabt«, räumte Susanne plötzlich ein. »Immer. Nicht nur bei Überwachungen. Grundsätzlich. Ich habe immer gedacht, jemand schießt irgendwann auf dich.«

»Ach Kind.« Seifferheld wusste nicht, was er sagen sollte.

»Und dann hat tatsächlich jemand auf dich geschossen und dein Leben stand auf der Kippe.« Sie schniefte und wischte sich eine Träne aus dem Augenwinkel.

Seifferheld drehte sich zu ihr um. Susanne hatte nicht mehr geweint, seit ihr als Vierjährige die von der Großmutter ererbte Schlummerle-Puppe in den Kocher gefallen war.

»Susele, es ist alles gut«, flüsterte er und strich ihr über die Haare.

»Ach Papa.« Sie schlang von hinten die Arme um ihn.

In diesem Moment sah Seifferheld aus den Augenwinkeln Klaus aus dem Barfüßer kommen, eine quirlige Frau an seiner Seite.

Wedelte er mit dem Schal?

Nein.

Seifferheld ließ den Motor an. »Susanne, steig aus, es geht los.«

»Ich steige nicht aus.«

»Susanne. Du verlässt auf der Stelle diesen Wagen.«

»Es ist mein Wagen und ich bleibe.« Ostentativ schnallte sie sich an. Onis setzte sich auf.

Keine Zeit für Diskussionen. Klaus und die Unbekannte verschwanden um die Ecke der Sparkasse.

Seifferheld fuhr los.

Er bekam nicht mit, wie sich der Türsteher vom Barfüßer die Autonummer des BMWs notierte.

Die Frau, die Klaus aufgegabelt hatte, fuhr einen roten Golf und hatte hinter dem Entenbäck geparkt.

In aller Ruhe zuckelten Golf und BMW durch die Stadt, am Kocher entlang, vorbei an der Großbaustelle Kocherquartier und vor bis zur Ampel an der Friedensbrücke, die auf Rot stand.

Doch auf einmal schoss der Golf nach vorn und bog rechts ab.

Wildes Gehupe des Porsche Cayenne, der gerade über die Brücke gebrettert kam.

Meine Güte, dachte Seifferheld, sie weiß Bescheid und will mich abhängen. Ich muss Klaus retten!

»Nein!«, schrie Susanne, als auch Seifferheld nach kurzer Schrecksekunde bei Rot nach rechts bog, den Porsche überholte und dem Golf nachsetzte. Den er aus den Augen verloren hatte. War er nach links Richtung Gelbingen abgebogen? Nein, da fuhr er. Rechts in Richtung Langer Graben.

Seifferheld drückte aufs Gas.

»Bist du des Wahnsinns!«, rief Susanne von hinten. »Du fährst fast hundert mitten in der Stadt!«

Aus dem Parkhaus Landratsamt bog, ebenfalls zu schnell, ein Audi und schob sich auf diese Weise zwischen Golf und BMW.

Mist, dachte Seifferheld. Er fuhr auf.

»Papa, so geht das nicht«, nölte Susanne.

»Ruhig, ich bin im Dienst«, schimpfte Seifferheld.

Hinter der Michaelskirche wurde die Fahrbahn zweispurig. Der Audi nahm die andere Spur.

Seifferheld setzte sich direkt hinter den Golf, der aber den Braten roch und bei der Ampel abrupt rechts abbog, ohne geblinkt zu haben. Seifferheld bremste ab, was den Porsche hinter ihm zu einer erneuten Hup-Orgie veranlasste.

Seifferheld setzte zurück und bog ebenfalls rechts ab.

Der Porschianer zeigte ihm den Stinkefinger.

Seifferheld trat aufs Gas. Es war ein BMW 750i der dritten Generation mit einem auf 5,4 Liter vergrößerten Zwölfzylindermotor. Schon James Bond hatte so ein Auto gefahren, zeitweise sogar vom Rücksitz aus. Der Wagen ging ab wie eine Rakete.

»Papa!«, gellte Susanne.

Während Seifferheld mit affenartigem Tempo dem Golf nachsetzte, schrie Susanne »Anhalten!« und krallte sich in Mimis Schultern.

Mimi war derlei grobe Behandlung nicht gewöhnt, außerdem hatte Susanne seit längerem keine ordentliche Maniküre mehr gehabt. Jedenfalls gab es einen explosionsartigen Knall.

Onis bellte wie verrückt.

Susanne schrie auf.

Seifferheld verriss das Steuer und schrammte knirschend an dem goldenen Lancia entlang, der ihm auf der anderen Spur entgegenkam.

Der Golf fuhr weiter.

Seifferheld auch.

»Papa!«, gellte Susanne, inzwischen kreidebleich.

In Höhe der AOK bog der Golf wieder nach rechts.

Seifferheld hinterher. Das Adrenalin schoss ihm durch die Adern. Er hatte sich lange nicht mehr so lebendig gefühlt.

Vor dem Amtsgericht blieb der Golf stehen.

Sehr überraschend stehen.

Seifferheld konnte nicht mehr rechtzeitig bremsen und fuhr auf. Mit lautem Knall bliesen sich die Airbags auf.

»Bei euch alles in Ordnung?«, rief er und sah sich nach Susanne und Onis um.

Onis hechelte ungerührt, als gehöre derlei Action zu seinem täglich Brot – beziehungsweise Frolic-Napf.

Susanne hatte die Augenbrauen finster zusammengeschoben und sah aus wie Frida Kahlo an einem nicht so guten Tag.

Seifferheld sprang aus dem Wagen.

In der Ferne hörte man eine Polizeisirene.

Die Türen des Golfs gingen auf und ein Pärchen stieg aus. Gott sei Dank schien ihnen nichts weiter passiert zu sein.

Er ein Schlacks mit Wollmütze, sie eine Hochschwangere in lila Latzhose – der Schlacks kreidebleich, offenbar vor Angst, die Hochschwangere knallrot, ziemlich sicher vor Wut.

Definitiv nicht Klaus und die Verdächtige.

Seifferheld seufzte.

Dumm gelaufen!

## Wer Gen-Mais sät, wird Widerstand ernten ... Wer Abführtee trinkt, darf nicht mit Verstopfung rechnen ... Wer sich bei einer lustigen Verfolgungsjagd auf die Straßenverkehrsordnung ein Ei pellt, hat kein lecker Spiegelei zu erwarten

Susanne Seifferheld überlegte einen kurzen, verzweifelten Moment lang, ob sie ihren Namen ändern und ihr Äußeres völlig umgestalten sollte. Dann könnte sie sich bei Wüstenrot oder der LBS bewerben. Bei der Bausparkasse waren ihre Karrierechancen doch jetzt gleich null. Vater, Cousine und Haushund waren polizeibekannte Straffällige. Sie würde es niemals ins oberste Management der Bausparkasse Schwäbisch Hall schaffen.

Seifferheld stand derweil einer jungen Streifenbeamtin gegenüber, die einen geschätzten halben Meter größer war als er. Wenn er den Kopf in den Nacken legte, konnte er ihre dunklen Augen beim Ausfüllen des Strafzettels hin und her flitzen sehen, was ihn sehr an eine aufgeschreckte Kakerlake erinnerte, die beim Einschalten des Küchenlichts panisch die Zickzackflucht ergreift.

»Er hat uns verfolgt. Es war wie im Film. Gruselig«, rief die Schwangere anklagend und zupfte die Streifenbeamtin am Hemd.

»Ich kümmere mich darum«, sagte die Beamtin und schüttelte die Zupffinger der Schwangeren ab.

Ich muss an der Abzweigung nach Gelbingen dem falschen Golf gefolgt sein, dachte Seifferheld.

»Der hat doch 'nen Knall, den muss man aus dem Verkehr ziehen«, rief der Wollmützenschlacks, noch zitternd.

»Aus dem Verkehr ziehen!«, bekräftigte er.

Und so kam es dann auch.

Drei Monate Führerscheinentzug.

Und eine gepfefferte Rechnung für die Reparaturen am Lancia und am BMW.

Und das abstrafende Schweigen seiner Tochter.

Aber das war alles nicht weiter schlimm.

Schlimm war, dass Klaus von diesem Abend an spurlos verschwunden war.

Aus dem Polizeibericht

**HANSDAMPF LÄSST GRÜSSEN**

*Wegen nicht angepasster Geschwindigkeit geriet ein etwas zu flotter BMW-Fahrer am Samstag zwischen 23 und 24 Uhr unterhalb der Schied auf die gegenüberliegende Fahrbahn und streifte einen Lancia. Seine Fahrt endete, als ein vor ihm fahrender Golf zum Stehen kam. Der BMW-Fahrer rammte den Golf trotz Vollbremsung. Der Schaden beläuft sich auf 2500 Euro. Dem BMW-Fahrer wurde wegen Gefährdung des Straßenverkehrs der Führerschein auf drei Monate entzogen.*

# 6. Kapitel

## Wenn sich die kalte, klamme Hand der Angst in ein Männerherz krallt, bleibt kein Auge trocken

Klaus war verschwunden! Und er, Seifferheld, war schuld!

Wieder war es kurz vor Ultimo. Es war also doch eine Frau. Eine Frau, die einen Golf fuhr. Und sich Klaus geschnappt hatte!

Was tun?

Während des ganzen Sonntags klingelte Seifferheld bei Klaus durch. Ging auch zwei Mal in die Bahnhofsstraße und läutete Sturm.

Nichts.

Das Handy blieb abgeschaltet, in der Wohnung brannte auch abends kein Licht.

Seifferheld wartete bis zum Montagvormittag. Dann rief er exakt eine Minute nach elf, also gleich nach der Revierbesprechung, seinen Ex-Kollegen Wurster an.

»Du hast *was* getan?«, rief Wurster. Entgeistert?

»Ihr wolltet mir ja nicht glauben. Und das ist der Beweis!« Seifferheld schnürte es fast die Stimmbänder ab.

Doch Wurster war nicht ent-geistert. Er war be-geistert. »Rudi, das musst du dir anhören. Siggi, darf ich dich auf Lautsprecher legen? Der Siggi hat seinen Kumpel als Lockvogel in den Barfüßer geschickt.«

Im Hintergrund war Männerlachen zu hören. Es drang aus mehr als einer Kehle.

»Und stellt euch vor – der Freund ist vorgestern Nacht mit einer Frau abgezogen, die er in der Disco aufgegabelt hat, und seitdem ist er spurlos verschwunden. Was mag passiert sein?«

In Bass und Bariton und einem Countertenor (das musste Bauer zwo sein) erklangen obszöne Andeutungen. Sieger im inoffiziellen Vorschlagswettbewerb wurde eindeutig Dombrowski von der Sitte, der mit dem gewagtesten Vorschlag aufwartete.

»Jungs!«, brüllte Seifferheld in die Sprechmuschel, aber vergeblich.

Das Gelächter brandete in den Hörer.

»Das ist nicht komisch! Ich bin für den Mann verantwortlich!«

Das Gelächter ging weiter.

»Ihr müsst etwas unternehmen!«

»Siggi, altes Haus, krieg dich wieder ein. Dein Freund hat einen horizontalen Volltreffer gelandet. Mehr ist da nicht. Außerdem weißt du, dass wir ohne begründeten Verdacht erst nach achtundvierzig Stunden aktiv werden dürfen.«

»Es gibt einen begründeten Verdacht. Klaus passt in das Beuteschema des Serienmörders!« Seifferhelds Stimme überschlug sich.

»Was für ein Serienmörder? Siggi, finde dich damit ab, es waren Unfälle. Muss ich dir das erst buchstabieren? U-n-f-ä-l-l-e.«

Das Gelächter im Hintergrund war verklungen. Es herrschte peinliches Schweigen. Die Männer dachten beklommen darüber nach, ob sie im Ruhestand auch paranoid werden würden. Bis auf Bauer zwo, der grundsätzlich nie dachte.

»Scheiße. Wenn man die Leiche von Klaus findet, wirst

du zu Kreuze gekrochen kommen, aber dann ist es zu spät!« Seifferheld knallte den Hörer auf die Gabel.

Als Nächstes rief er bei MaC in der Redaktion an.

»Klaus ist weg!« In aller Kürze erläuterte er ihr den Lockvogelplan und seine Folgen. »Kannst du ihn noch für die morgige Ausgabe als vermisst unterbringen?«

MaC schien zu nicken. Seifferheld hörte, wie ihre Ohrringe gegen den Hörer klickten. »Ich brauche ein Foto. Kannst du mir vor fünf eines mailen?«

»Äh …« Seifferheld stockte. »Ein digitales Foto …« Seine Stimme verlor sich.

»Oder ein Papierfoto. Du wohnst ja um die Ecke. Bring es vorbei, dann scannen wir es ein.«

»Äh …«

Als Susanne auf die Welt gekommen war, hatte er über einen Kumpel eine in der Sowjetunion hergestellte Hasselblad-Kopie bekommen, deren Blitzlicht so hell war, dass die Fotografierten mindestens für fünf Minuten völlig erblindeten. Seine Frau hatte ihm verboten, das Neugeborene damit zu traumatisieren, und so hatte er bei der Taufe nur die Verwandten abgelichtet, die man auf den Fotos durchweg nie erkannte, weil durch die Überbelichtung die Haut totenbleich war und nur aufgerissene Zombieaugen zu sehen waren. Seit damals hatte Seifferheld nicht mehr fotografiert. Das digitale Zeitalter war ohnehin an ihm vorübergegangen. Kurzum: Er hatte kein von Foto von Klaus.

»Ich habe kein Foto von Klaus«, sagte er folglich zu MaC.

»Ohne Foto bringt so ein Suchaufruf nichts«, wandte sie ein.

»Mist!«, fluchte Seifferheld, der sonst nie fluchte.

»Hast du keinen Schlüssel für seine Wohnung?«, erkundigte sich Mac. »Klaus hat doch bestimmt ein Foto von sich. Notfalls würde sogar ein Passbild gehen.«

Seifferheld ging kurz in sich.

»Ich besorge ein Foto und bringe es vorbei.«

»Aber spute dich. Du musst vor fünf Uhr hier sein, sonst kriege ich das nicht mehr rechtzeitig in die morgige Ausgabe rein«, mahnte MaC.

Klaus wohnte ja nicht weit weg, das würde schon klappen.

»Okay«, sagte Seifferheld. »Spätestens um fünf in der Redaktion.«

Er sagte ihr nicht, dass er keinen Zweitschlüssel für die Wohnung von Klaus besaß.

Seifferheld würde sich gewaltsam Zutritt verschaffen müssen.

## Dra di net um, der Kommissar geht um …
## (Sorry, musste ja mal kommen)

Man sollte nicht denken, dass jemand, der mit einer aufblasbaren Gummipuppe zwischen Pizzakartons und leeren Bierflaschen wohnte, eine hochmoderne Schließanlage sein Eigen nannte. Aber Klaus war offenbar die Ausnahme von der Regel. Mit der abgelaufenen Kreditkarte in Höhe des Schlosses zwischen Tür und Rahmen zu fummeln, genügte jedenfalls nicht.

Onis spielte den Wachhund, während Seifferheld das schwere Gerät auspackte. Wobei das schwere Gerät nur aus einer Drahtschlaufe und einem Schraubenschlüssel bestand. Es muss wohl nicht extra erwähnt werden, dass Seifferheld damit nicht weit kam. Sollte er jemals ein Wörtchen mitzureden haben, würde er sich vehement dafür aussprechen, dass in die Polizistenausbildung unbedingt auch das kleine Einmaleins des Einbruchs integriert wurde. Jedes Straßenkind hatte mehr Ahnung als er.

Als Seifferheld gerade die Drahtschlaufe im Schloss umdrehen wollte, schlug Onis an. Man hörte, wie die Eingangstür quietschend geöffnet wurde. Einen Sekundenbruchteil keimte Hoffnung in Seifferheld auf.

Klaus!

Aber nein. Eine altmodische Dauerwelle mit silbernen, leicht lila changierenden Löckchen tauchte am Fuß der Treppe auf.

Ein Stöhnen, ein Ächzen, ein »Ach herrjemine«, ein dumpfes Plop-Geräusch war zu hören.

Seifferheld wollte die Drahtschlaufe aus dem Schloss ziehen. Sie hatte sich natürlich verklemmt.

Onis machte noch einmal »Wuff!«

»Grundgütiger!«, rief es krächzend von unten. »Ist da wer?«

Seifferheld ruckelte an der Drahtschlaufe. Hässliche Schabegeräusche hallten daraufhin durchs Treppenhaus.

»Hallo? Wer ist da? Ich warne Sie! Ich bin bewaffnet!«

Seifferheld seufzte. Wahrscheinlich nestelte die Oma gerade ihre Pfefferspraydose aus der Einkaufstasche. Mit zunehmender körperlicher Schwäche bekamen die meisten Menschen unverhältnismäßig große Angst vor Fremden. Zu seiner Zeit hatte er schon auf manch verstörten Anruf von Rentnern in Filzpantoffeln und Uraltwitwen in Kittelschürzen reagieren müssen, die einen Einbrecher gehört zu haben glaubten und dann mit einem Kleiderbügel oder einem Nudelholz in der altersfleckigen Hand verängstigt auf das Eintreffen der Polizei warteten.

Seifferheld zog mit Schmackes.

Die Drahtschlaufe rutschte heraus.

Leider hatte er seinen Schmackes und die Nachgiebigkeit der Schlaufe falsch, nämlich zu seinen Ungunsten, berechnet und so katapultierte es ihn jählings auf den Rücken. Seine Gehhilfe fiel donnernd zu Boden.

Sein einziger Gedanke: Hoffentlich klappt mein Mantel jetzt nicht auf!

»Wuff!«, erklärte Onis schwanzwedelnd und legte sich auf den felligen Hundebauch.

Aus seiner horizontalen Lage sah Seifferheld den graulila Lockenkopf auftauchen. Die dazugehörige Frau war allerdings keine Kittelschürzenträgerin mit Bügeleisen in der Hand, sondern eine zwar runzlige, aber sehr elegant in einem altrosa Alcantara-Hosenanzug gekleidete Dame jenseits der achtzig, die einen 50 000-Volt-Taser in der Hand hielt. Ihr Blick verhieß nichts Gutes.

Seifferheld stockte der Atem.

»Wuff.« Onis rettete die Situation, indem er sich auf den Rücken rollte und seinen wolligen Bauch präsentierte. Kraul mich, sagte der Blick seiner großen, braunen Augen.

»Was bist du denn für ein süßer Fratz«, rief die Dame mit seltsam krächzender Stimme, beugte sich vor und presste den Taser auf die Leibesmitte des Hundes.

»Nein! Nicht!«, brüllte Seifferheld.

Frau und Hund zuckten zusammen.

»Tun Sie meinem Hund nichts«, flehte Seifferheld und versuchte mühsam, sich aufzurichten.

»Halten Sie mich für eine Tierquälerin?«, empörte sich die Frau. »Das Teil funktioniert nicht, ich hab's nur zur Abschreckung immer dabei. Ein Geschenk meines Schwiegersohnes aus New York.« Sie sah ihn streng an. »Was machen Sie denn da auf dem Boden?«

Kalter Schweiß stand Seifferheld auf der Stirn. An seiner Gehhilfe zog er sich nach oben.

»Ich wollte Ihnen keine Angst einjagen«, entschuldigte er sich. »Mein … äh … Freund Klaus ist nicht da und ich sollte in der Wohnung nach dem Rechten schauen … äh … und jetzt habe ich doch gerade bemerkt, dass ich den falschen Schlüssel eingesteckt habe«, stotterte Seifferheld. »Ich Schussel«, setzte er noch eins drauf. »Am besten gehe ich nach Hause und hole den richtigen Schlüssel. Komm Hund.«

»Ich kann Ihnen doch aufschließen, ist gar kein Problem.« Aus der Alcantara-Jacke holte sie einen Schlüsselbund mit Fotoanhänger. »Schauen Sie, das ist mein Enkel Kyle-Luca. Und das ist meine Tochter Ingrid. Und das ist mein Schwiegersohn Günther.«

Seifferheld nickte und lächelte angetan. Hässliche Menschen. Alle drei. Besonders der Enkel.

»Ich kenne Sie«, sagte die Alcantara-Dame plötzlich. »Sie sind Kommissar Seifferheld, nicht wahr?«

Leugnen zwecklos. In einer Kleinstadt gibt es so etwas wie Anonymität nicht.

Er nickte. »Ich will Sie wirklich nicht länger aufhalten, gnädige Frau«, säuselte Seifferheld. »Vielen Dank, dass Sie mir behilflich sind.«

Sie schloss die Tür auf. Es ging enorm schwer. Wahrscheinlich hatte er mit seiner Drahtschlaufe irreparable Schädigungen am Schloss hinterlassen. Jedenfalls bekam sie den Schlüssel nicht wieder aus dem Schloss. Er steckte fest.

Seifferheld pfriemelte den Schlüssel vom Schlüsselbund. »Ich kläre das für Sie«, versprach er. »Klaus wollte ohnehin ein neues Schloss installieren lassen. Unsichere Gegend hier.«

»Wem sagen Sie das«, fing sie an. »Letztens höre ich doch tatsächlich, wie mitten in der Nacht …«

»Ich muss leider weiter«, sagte Seifferheld und schloss die Tür vor ihrer Nase.

Was mehr Wirkung gezeigt hätte, wenn er nicht gleich darauf die Tür wieder hätte öffnen müssen, um seinen Hund zu sich zu rufen.

## Einblicke in die Welt eines Junggesellen – Achtung: nicht jugendfrei

Seifferheld fragte sich, ob er auch so verkommen leben würde, wenn er seinen Harem nicht hätte.

Begrüßt wurde er von den Fruchtfliegen, die als waberndes Wölkchen über dem Obstteller schwebten. Seit seinem letzten Besuch hatten sie sich signifikant vermehrt.

Außerdem nahm ihn ein Duftschwall in Empfang. Ein Raumduft namens Alpenglühen, der – mit Enzian verziert, aber nach Chemielabor müffelnd – neben dem Obstteller stand. Sehr penetrant. Und süßlich. Bestimmt wähnten sich die Fruchtfliegen im Nirwana.

Pizzakartons und Bierdosen, getragene Socken und Unterhosen, offene DVD-Hüllen – kurzum: das Übliche.

»Klaus?«

Irgendetwas in ihm hoffte, dass Klaus doch noch unversehrt nach Hause gekommen sein könnte und sich aus Langeweile in einen alkoholisierten Stupor getrunken haben könnte.

Doch der leeren Wohnung konnte er keine Reaktion entlocken.

Seifferheld öffnete seinen Mantel und zog die sterblichen Überreste von Mimi darunter hervor. Karina hatte die Löcher, die Susannes Nägel in die Gummischultern gerissen hatten, mit Fahrradreifenkleber repariert, woraufhin sich Mimi wieder zu ihrer offenmündigen Größe aufblasen ließ. Aber die Löcher waren nicht wirklich abgedichtet und ständig entwich etwas Luft. Druckversuchen würde Mimi schon gar nicht standhalten.

Seifferheld nahm sich dennoch die Zeit, Mimi aufzublasen. Dann drapierte er sie auf der Couch.

Anschließend humpelte er in Richtung Schlafzimmerecke.

Onis lief zum Küchenblock in der Loftmitte und schleckte über den Fliesenboden, der schlammbraun aussah, jedoch einmal türkisblau gewesen war, wie Seifferheld sich erinnerte. Offenbar schmeckten die Fliesen gehaltvoll. Seifferheld schritt nicht ein.

Das Bett war ungemacht, aber weder darin noch darunter, noch dahinter lag ein Mensch. Oder eine Leiche.

So weit, so gut.

Wo mochte Klaus seine Fotos aufbewahren? So etwas

Offensichtliches wie einen Schrank gab es im Loft nicht. In der Billy-Regalwand, die sich an der Kopfseite des Lofts von links nach rechts zog, standen allerdings diverse Pappkartons. Unbeschriftet, damit das Suchen nicht langweilig einfach wurde. Es gab natürlich keinen Karton, in dem sich alle Fotos befanden (abgesehen von dem Karton mit allen Playboy-Centerfolds seit Sommer 1991). Klaus hatte zwischen mäßigen Schulzeugnissen und eselsohrigen Gebrauchsanleitungen für Plattenspieler aus dem Jahr 1967 diverse Schnappschüsse seines ereignislosen Lebens deponiert: Abschlussfeier am Gymnasium St. Michael (Klaus in einem lila Samtsmoking mit weißer Rüschenbluse, aber eine Papiertüte mit Gucklöchern über dem Kopf tragend), Seepferdchenprüfung im Schenkenseebad (Klein-Klaus in einer froschgrünen Badehose mit gelber Gummiente unter die Achsel geklemmt und riesiger Schwimmbrille, aber zu jung, um sich heute noch ähnlich zu sein).

Die Suche zog sich hin. Seifferheld gestaltete sie zwar systematisch, jedoch rücksichtslos. Einen Karton nach dem anderen riss er aus der Regalwand, durchwühlte ihn gründlich, wandte sich mehr oder weniger angeekelt ab (die adäquate Entsorgung von Essensresten hatten Klausens Erziehungsberechtigte offenbar nie so recht mit ihm durchgesprochen oder ihre Bemühungen waren kläglich gescheitert) und ging zum nächsten über. Seifferheld fand Unaussprechliches (getragene Damenunterwäsche von Größe 36 bis Größe 54) und Ungepflegtes (eine Haarbürste mit jeder Menge Haaren, denen man DNS-Proben von Klaus entnehmen konnte), aber keine Fotos mit dem wiedererkennbaren Konterfei von Klaus.

Die Minuten vertickten unaufhörlich.

Irgendwann hörte man ein entsetzliches Röcheln. Gleich darauf erbrach sich Onis links neben der Couch. Was immer die Küchenbodenfliesen braun gefärbt hatte, es hatte dem Hundemagen nicht sonderlich gutgetan. Seifferheld überlegte sich kurz, ob er das Häufchen aufwischen sollte, entschied sich aber dagegen. Das Foto hatte Priorität. Mittlerweile war es fast vier. In spätestens dreißig Minuten musste er fündig geworden sein, um es noch rechtzeitig zur Redaktion zu schaffen.

Das Erbrechen hatte Onis durstig gemacht. Er schlabberte Wasser aus der offenen Toilette.

Seifferheld riss den letzten Karton aus dem Regal.

Blieb mit dem Ärmel seines Trenchcoats an einer hervorstehenden Schraube hängen.

Wurde ungeduldig.

Und zog.

Mit Schmackes.

War ja klar, dass jemand wie Klaus beim Zusammenschrauben eines Ikea-Regals keine handwerkliche Sorgfalt hatte walten lassen. Statt dass Seifferhelds Ärmel riss, gab das Regal klein bei.

Ungläubig musste Seifferheld zusehen, wie in diabolischer Kettenreaktion ein Regalbrett nach dem anderen nach unten krachte.

Als der infernalische Lärm endlich, endlich verklungen war und der aufgewirbelte Staub sich gelegt hatte, standen Seifferheld und Onis reglos da. Inmitten eines Chaos aus zerdrückten Kartons, zerfledderten Magazinen, zerborstenen Glastierchen, Pizzaresten. Nur die mit Muscheln beklebte Schmuckschatulle von Klausens Mutter selig (Aufschrift: *Erinnerung an St. Peter Ording*) war unversehrt geblieben – mal abgesehen von den aufgeklebten Muscheln, die allesamt abfielen.

Nach einer gefühlten Ewigkeit fragte eine verblüffte Männerstimme von der offenen Eingangstür in die Stille hinein: »Was ist denn hier los?«

Klaus!

## Der verlorene Sohn kehrt heim, aber statt Schlachtkalb gibt es kalte Pizzareste. Willkommen in der Neuzeit!

»Göttlich!«, lautete der Kommentar von Klaus, nachdem Seifferheld ihm seine panischen Schuldgefühle in Form eines lauthals geschmetterten »Wo um alles in der Welt bist du gewesen, verdammt noch eins! Ich habe mir Sorgen um dich gemacht!« offenbart hatte.

»Göttlich? Göttlich? Das ist alles, was dir dazu einfällt? Kein ›Entschuldigung, ich hätte mich ja mal melden können‹?« Seifferheld klang einen Tick genervt. Auch etwas, was er früher nicht an sich gekannt hatte.

»Entschuldigung, dass ich von der üblichen Lockvogeletikette keine Ahnung habe. Bin nicht so der Krimi-Fan. Fand es nur lustig, einen Grund zu haben, warum ich Frauen aufreißen soll.«

»Klaus!«, donnerte Seifferheld. »Du solltest keine Frauen aufreißen. Du solltest dich aufreißen lassen! Vorzugsweise von der Massenmörderin!«

»Eben hattest du noch Angst, mir könnte was passiert sein, und jetzt brüllst du mich an«, muffelte Klaus. Er stand immer noch so in der Eingangstür, wie er gekommen war: im marineblauen Trainingsanzug, eine neongrüne Reisetasche in der Linken, eine leere Bierflasche in der Rechten.

»Ja, du hast recht.« Seifferhelds Wut wich der Zerknirschung. »Ich hätte dich da überhaupt nicht mit hineinziehen dürfen. Gott sei Dank ist dir nichts passiert.«

»Nee, wieso auch?« Klaus freute sich. Er stellte die Bierflasche auf einen Hocker, beugte sich vor, zog einen Pizzarest aus dem Chaos, das einst seine Regalwand gewesen war, und biss hinein. »Es lief viel besser als sonst«, erzählte er kauend. »Lauter süße 20-Jährige. Die Gabi hat mich sogar mit zu sich genommen und wir haben noch nett einen Absacker getrunken, bevor sie mich dann hinausgeworfen hat. Okay, sie hat mich blöderweise in irgendeinem Kaff bei Gaildorf rausgeworfen und ich musste nachts noch nach Hall laufen, aber ich bin immerhin rechtzeitig um sechs Uhr früh am Busbahnhof eingetrudelt, um noch mitfahren zu können.«

Wie sich herausgestellt hatte, war Klaus auf dem jährlichen Besäufnis-Ausflug seines Kegelvereins Alle Neune e.V. mit dem Bus in Rothenburg ob der Tauber gewesen. Dort hatte man sich – nach dem obligatorischen Marathoneinkauf im Käthe-Wohlfahrt-Weihnachtsladen – mit einer japanischen Reisegruppe ein Kampftrinken geliefert, das die Japaner haushoch gewonnen hatten. Der Busfahrer hatte sich geweigert, die gesichtsgrünen Wackelkandidaten zurück nach Schwäbisch Hall zu fahren, weil Erbrochenes noch monatelang wie ein Pestilenzhauch über den beschmutzten Sitzen zu schweben pflegte. Also hatten die Kegler sich in einem billigen Hotel einquartiert und erst am Montagvormittag die Rückreise per Bahn angetreten. Bei vermutlich 3,0 Promille Restalkohol im Blut fand

Klaus es nur allzu verständlich, dass ihm Kleinigkeiten wie ein kurzer Bescheid per Telefon entfallen waren.

»Also gut, dann eben jetzt Statusbericht«, sagte Seifferheld. »Ist dir im Barfüßer eine Verdächtige aufgefallen?«

»Eine?« Klaus lachte humorlos auf. »Was für eine Parade von vertrockneten, torschlusspanischen Mauerblümchen. Jeder Einzelnen würde ich einen Mord zutrauen. Selbst die Ingrid …«

Weiter kam er nicht.

Klaus riss die Augen auf. Seine Hand fuhr unwillkürlich an seinen Hals. Er röchelte.

»Klaus?«, rief Seifferheld.

Die rechte Hand von Klaus ließ die Reisetasche zu Boden fallen, der linken entglitt der Pizzarest. Beide Arme schossen nach vorn, die Zeigefinger wurden ausgefahren.

Klaus röchelte etwas Unverständliches.

Er zeigefingerte in Richtung Couch. Dann endlich entrang sich ihm ein Schmerzensschrei, den Seifferheld akustisch und inhaltlich verstehen konnte.

»Mimi!«

Klaus lief zur Couch und ging vor der arg mitgenommenen Gummifreundin in die Knie. »Mimi …«, flüsterte er.

Unter den Klebestellen war im Laufe des Tages reichlich Luft entwichen. Mimi sah aus wie eine zerschrumpelte Pflaume. Ein erbärmlicher Anblick.

Seifferheld räusperte sich. »Ja, äh, also … bei dir ist offenbar eingebrochen worden. Wilde Verwüstungen.« Er zeigte zum Regalrest. Und die Täter haben sich an Mimi vergangen.«

»Mimi«, flüsterte Klaus erneut.

Weinte er etwa?

Ach herrjemine, dachte Seifferheld und schämte sich. »Wir besorgen dir eine neue Gummifreundin, okay?«

Klaus drehte sich um und sah ihn aus großen Welpenaugen flehend an. »Aber dann eine Blondine. Und wir kaufen ihr auch richtige Kleider zum Anziehen. Au toll!«

Und schon war Klaus freudig aufgesprungen und suchte in den Regalwandüberbleibseln nach weiteren Pizzaresten. Seine Welt war wieder in Ordnung.

Ach, wenn es immer so einfach wäre, dachte Seifferheld.

Ein Klaus müsste man sein.

Aus dem Polizeibericht

**ÄTSCH**

*Mit brachialer Gewalt durchwühlte ein Unbekannter eine Wohnung in einem Gebäude in der Unteren Bahnhofstraße, zu der er sich in der Zeit zwischen Sonntag 6 Uhr und Montag 12 Uhr Zugang verschafft hatte. Den in der Wand eingebauten Tresor übersah er, der Versuch, eine Schmuckschatulle aufzubrechen, misslang. Unverrichteter Dinge zog er ab, hinterließ jedoch einen Sachschaden an der Schließanlage in Höhe von 200 Euro.*

Zu Seifferhelds Ehrenrettung muss gesagt werden, dass er sich beim Verfassen dieses nunmehr zweiten Polizeiberichts, den er über sich selbst schreiben musste, innerlich krümmte.

Er gelobte sich, künftig netter zu Klaus zu sein. Auch wenn Klaus entgegen seinem Rat eine Anzeige gegen unbekannt erstattet hatte. Das Billy-Regal hatte keinen weiteren Schaden genommen und ließ sich problemlos wieder aufbauen. Der Schlosser hatte das Schloss binnen fünf Minuten ausgewechselt. Aber Mimi 2 und ihr Outfit (ein Satinnachthemd mit dazugehörigem Morgenmantel) gingen ganz schön ins Geld. Klaus hatte es Seifferheld überlassen, Mimi 2 und den Fummel zu besorgen. Natürlich bestellte Seifferheld das Gummi-Fräulein bei einem Markenführer für Erotikexpressversand im Internet, ebenso wie die Satinsachen, die allerdings etwas zu groß waren und die er dann eigenhändig enger schneidern musste. So gesehen, ging diese Episode glimpflich aus. Bis auf den Nachmittag, an dem Seifferheld über das Satinnachthemd gebeugt Schneiderarbeiten erledigte. Urplötzlich ging die Tür auf.

Irmgard.

»Was machst du denn da?«

Seifferheld spürte, wie er rot anlief. Passend zum Nachthemd. »Kannst du nicht anklopfen?«, brummte er. Angriff war immer die beste Verteidigung.

»Ich habe angeklopft, aber dir rauscht offenbar das Blut der Erregung in den Ohren.« Irmgard runzelte die Stirn. »Ist das etwa für deine neue Freundin? Ist ihr Flanellnachtwäsche nicht gut genug?« Sie setzte noch ein empörtes »Was für eine unmögliche Person!« hinzu.

»Irmi, was willst du?«

»Plötzlich gar nichts mehr. Meine Güte, Siggi, die Zeit des zweiten Frühlings ist bei dir doch schon ewig vorbei. Bei dir steht der Winter vor der Tür, da nützt auch ein letztes Aufbäumen nichts. Füg dich den Tatsachen in Würde! Ehrlich, dass du dich nicht schämst. Ich glaube, diese Frau ist nicht gut für dich!« Irmgard drehte sich um und verließ demonstrativ den Raum.

Seifferheld seufzte. Seine Schwester hielt ihn für einen geilen Bock und würde MaC beim ersten Kennenlernen wie ein Flittchen behandeln. Ganz toll.

Na, immerhin: Irmi hatte Mimi 2 nicht gesehen und das Nachthemd passte nach Seifferhelds Bemühungen mit Nadel und Faden einfach perfekt. Klaus würde glücklich sein! Sie waren quitt.

**Die Frau soll den Mann weniger lieben und besser verstehen. Der Mann soll die Frau mehr lieben und gar nicht erst versuchen, sie zu verstehen. (Chinesische Weisheit)**

»Ich habe nämlich gar kein Foto von dir«, sagte Seifferheld zur Begründung.

Seifferheld war nach neun, als er sicher sein konnte, dass MaC aus der Redaktion zurück war, mit einer Flasche Chardonnay in den Lindach gepilgert. Er wollte ihr danken, dass sie ihm am Vortag so spontan hatte helfen wollen. Und er hoffte auf ein klein wenig altmodisches Necking und Petting. Von wegen in Würde dem Winter entgegenblicken. In ihm loderte es frühsommerlich!

MaC räkelte sich auf ihrer Couch. Schon fast im Halbschlaf. Seifferheld hoffte, dass es an Überarbeitung lag und nicht daran, dass ihr Gesprächspartner sie langweilte.

Onis schnarchte auf dem Flokatiteppich.

»Ich bin nicht fotogen«, wehrte MaC ab.

»Doch, das bist du. Gar kein Zweifel möglich.« Seifferheld hielt sein Hasselblad-Imitat hoch und drückte auf den Auslöser. Der nachfolgende Blitz war bis auf die andere Kocherseite zu sehen.

MaC riss die Arme vor die Augen.

»Um Himmels willen«, rief sie.

»Ja, ist etwas hell«, räumte Seifferheld ein.

Onis, der das alles schon kannte, drehte den Kopf auf die andere Seite und schnarchte weiter.

»Bist du sicher, dass das ein schmeichelhaftes Foto von mir wird?« MaC klang skeptisch.

Seifferheld wusste, dass mit diesem Teil kein Mensch – nicht einmal Claudia Schiffer, Naomi Campbell oder Kate Moss – schmeichelhaft abzulichten war.

»Aber natürlich«, log er.

Seifferheld legte den Fotoapparat auf den Couchtisch, räusperte sich, griff zum Weinglas, trank, sah zu MaC, räusperte sich erneut, stand auf und setzte sich neben sie auf die Couch.

»Wie schön, dass wir es so langsam angehen lassen«, log er. Noch eine weitere Lüge und er würde sich in einen Politiker verwandeln.

MaC, die ihre Arme wieder gesenkt hatte, lag immer noch hingestreckt wie eine Odaliske in der Couchecke. Sie lächelte nur und schloss die Augen.

Seifferheld holte tief Luft.

Aus Erfahrung klug geworden, hatte er sein Handy zu Hause gelassen. Heute würde kein Vibrieren stören, selbst wenn Karina amoklaufend durch die Stadt rannte und Passanten mit rohen Eiern bewarf, um gegen die Massentierhaltung von Legehennen zu protestieren.

Seifferheld holte noch einmal tief Luft.

Und nahm all seinen Mut zusammen.

Er legte seine Hand auf ihr Knie.

Ein Moment der Ewigkeit.

Dann lächelte MaC wohlig.

Seifferheld rutschte näher, beugte sich über das weiche, lächelnde Gesicht von MaC und war gerade dabei, die Lippen zum Kuss zu spitzen …

… als Onis röchelte, furchtbare Erstickungslaute von sich gab, aufstand und sich ausgiebig auf MaCs weißem Flokatiteppich erbrach.

Es gibt Dinge, die sind einer romantischen Stimmung nicht zuträglich.

»Mein Gott, das arme Tier«, rief MaC und sprang auf.

»Dem geht's gut«, sagte Seifferheld und fing sich einen Blick ein, der ihn zum herzlosen Tierhasser abstempelte, dem man schnellstmöglich die Lizenz zur Hundehaltung entziehen sollte. »Ich wollte nur sagen, das hat er hin und wieder. Nur der nervöse Magen eines Allesschleckers. Du musst dir keine Sorgen machen.«

Sorgen musste man sich um den Flokati machen. Nach einigen Erste-Hilfe-Maßnahmen zeigte sich die Fruchtlosigkeit aller Rettungsversuche. MaC, die den Teppich mit Mühe im Mülleimer unterbrachte, schob den Vorfall auf die unterbewusste Eifersucht des Tieres, das amouröse Verstrickungen seines Oberhundes unterbinden wollte.

Seifferheld hingegen war davon überzeugt, dass die Kombination von Essensresten auf dem Küchenfliesenboden von Klaus zusammen mit dessen brackigem Toilettenwasser den Magen des Hundes über Gebühr gereizt hatte. »Dieser Hund hat kein Unterbewusstsein. Was in seinem Kopf vorgeht, zeigt sich sofort an der Oberfläche. Er ist wie ein Gasherd – man sieht die Flamme und spürt die Hitze. Er ist keine Elektrokochplatte, die sich erst eine Weile unsichtbar aufheizt«, argumentierte er rational.

Seifferheld musste allerdings erst noch lernen, was Frauen von rationalen Argumentationen hielten.

MaC lag um zehn im Bett.

Allein.

Seifferheld und Onis drehten eine Abkühlrunde durch den Stadtpark.

Unbefriedigend.

Als er nach Hause kam, duschte er. Kalt. Unter der Dusche pflegte Seifferheld die großen Lebensentscheidungen zu treffen – ob er seine Versetzung zurück nach Hall annehmen sollte oder ob er zum Abendessen Wurst- oder Käsebrot aß. Und unter der Dusche traf Seifferheld auch diese Entscheidung: Bei aller Hundeliebe – das nächste Mal würde er ohne Onis zu MaC gehen.

Aus dem Polizeibericht

**PROBEFAHRT VORGETÄUSCHT**

*Kaufinteresse für einen gebrauchten Roller täuschte am Dienstag eine Jugendliche vor. Sie gab an, eine Probefahrt machen zu wollen. Um 15 Uhr 15 fuhr sie mit dem gelben Yamaha-Roller auf der Daimlerstraße davon und kam nicht mehr zurück. An dem Roller sind keine Kennzeichen angebracht. Die Jugendliche ist ungefähr 17 Jahre alt, 178 Zentimeter groß und hat pinkfarbene Haare.*

## Wer solche Freunde hat, braucht den Feind nicht zu fürchten

»Nur reife Frauen, verstanden?«

Einsatzbesprechung in Seifferhelds Zimmer. Onis lag in einem Pool aus Sonnenlicht. Klaus schaukelte im Schaukelstuhl. Seifferheld stützte sich schwer auf seine Gehhilfe und fühlte sich nicht ernst genommen.

»Klaus?«

»Ja, kapiert. Nur eine überreife Mango kann die Täterin sein. Ich werde mich ausschließlich auf Mädels konzentrieren, die meine Mutter sein könnten. Außerdem wird der Einsatzort verlagert, und zwar in den Büschlerkeller. Mensch, Siggi, schon kapiert. Ich bin doch nicht blöd.«

Da war sich Seifferheld nicht so sicher, aber er schwieg. Undercoveragenten verunsicherte man besser nicht.

Und er hatte keine Wahl: Kein anderer Mann aus seinem Bekanntenkreis passte in das Beuteschema der Täterin.

Wobei Seifferheld nicht allzu viele Männer kannte. Seine Ex-Kollegen natürlich, aber die brauchten von dieser Aktion nichts zu erfahren. Auslachen konnte er sich selbst. Nur wer zuletzt lachte, konnte wirklich herzhaft lachen.

Seit neuestem kannte er natürlich auch noch die Jungs aus seinem Kochclub. Die saßen vollzählig – bis auf den schönen Nick, der in Italien weilte – auf Seifferhelds Bett und lauschten begeistert.

Hier kam Klausens Stupidität ins Spiel. Er hatte es doch tatsächlich fertiggebracht, zu Beginn der Kochstunde den Anwesenden von Seifferhelds Plan zu erzählen. Seifferheld selbst hatte den Kochkurs geschwänzt und wäre beinahe hintenübergekippt, als kurz vor halb acht die Bocuse-Truppe bei ihm in der Unteren Herrngasse klingelte.

»Auf ein Neues!«, hatte Klaus gerufen und, wie seinerzeit Moses die Hebräer, die Kochlöffeljünger in Seifferhelds Zimmer geführt, wo sie brav Platz nahmen und begeistert der Lagebesprechung lauschten.

Seifferheld fügte sich in das Unabwendbare. »Wenn ihr schon davon wisst, dann könnt ihr auch mitmachen und in den nächsten Tagen bei der Suche helfen. Es ist weitaus unauffälliger, wenn immer jemand Neues das Backup übernimmt.«

»Das was?«, fragte Horst, der Mathematiklehrer.

»Die Rückendeckung«, erklärte Arndt, der Klempner.

»Das wird doch wohl nicht gefährlich, oder?«, fragte Schmälzle. »Mein Arzt hat mir jedwede Aufregung untersagt.«

»Für uns beide besteht keine Gefahr. Wir sind Glatzköpfe und viel zu alt«, beruhigte ihn Gotthelf, der Buchhändler.

Wenn sie gekonnt hätten, sie hätten sich *Die Unbesiegbaren* genannt. Abenteuerromantik à la Karl May lag über dem Bett.

»Wenn ich recht habe – und ich weiß, dass ich recht habe –, dann kann das saugefährlich werden!«, warnte Seifferheld. »Sollte die Frau merken, was wir im Schilde führen, könnte sie ausrasten. Gott weiß, was sie dann macht. Sie hat schon fünf Mal getötet. Da kommt es auf einen mehr auch nicht mehr an …«

»Isch kenne die Frauen«, meldete sich Bocuse zu Wort. »Sie sind Furien. Ihr müsst vorsichtig sein!«

»Du kommst nicht mit?«, fragte Klaus enttäuscht.

»Mais non!« Bocuse schien tief entsetzt bei dem Gedanken. »Isch 'abe in diesem Leben eine Mission zu erfüllen. Wenn mir etwas passieren sollte, ist es aus und vorbei mit der guten Küche in Schwäbisch 'all. Je suis désolé, mais … isch nischt kommen mit!«

Seifferheld seufzte. Sein Kopf pochte. Das konnte ja heiter werden.

# 7. Kapitel

## Es gibt nichts Neues unter der Sonne – auch nicht im Mai

Klaus war schon wieder verschwunden.

Eben saß er noch an einem der Stehtische gleich rechts vom Eingang, nun war er weg. Berichtete Horst, der Mathematiklehrer.

»Du hast ihn aus den Augen verloren? Du solltest doch immer direkt am Nebentisch sitzen!« Seifferhelds Kopf pochte schon wieder. Heftig.

Für Freitag war Horst als Backup eingeteilt worden.

»Ich saß ja auch am Nebentisch», wehrte sich Horst dezidiert. »Aber ich hatte eine Klassenarbeit zu korrigieren. Das macht man nicht einfach so nebenbei.« Horst war pampig.

»Das macht man überhaupt nicht, wenn man einem Mann den Rücken decken soll«, gab Seifferheld seinerseits pampig zurück. Mit Laien zu arbeiten war wirklich eine Zumutung. Das Pochen wurde heftiger.

»Ich war von Anfang an dagegen. Eine Schnapsidee!«, ereiferte sich Horst noch und knallte dann den Hörer auf die Gabel.

Seifferheld machte sich die größten Vorwürfe.

»Ich mache mir die größten Vorwürfe«, sagte er deshalb gleich darauf zu Ex-Kollege Wurster.

Aus seiner Stimme klang echte Verzweiflung.

»Siggi, ist schon gut. Wir kümmern uns darum«, versprach Wurster. Mit allzu milder Stimme.

Seifferheld wäre am liebsten in die Luft gegangen, wie

seinerzeit das HB-Männchen. Er hatte gedacht, das Auslachen sei das Schlimmste. Aber dieses liebliche Entgegenkommen ging ihm weitaus mehr auf den Sack. Wurster glaubte anscheinend, er sei an Altersdemenz erkrankt, das hörte er aus jedem Atemzug heraus. Nur den armen, senilen Alten nicht aufregen. Ihm alles zusagen, was er hören will.

Seifferheld sehnte sich nach einem barschen »Siggi, du spinnst doch!«. Oder nach dem obszönen Gelächter vom letzten Mal.

»Ich habe Klaus da mit reingezogen und jetzt bin ich für ihn verantwortlich, ist das klar?«, herrschte er Wurster an. »Wenn wir – nur weil du deinen Arsch nicht vom Stuhl bekommst – seine Leiche aus dem Kocher fischen, wird das Konsequenzen für dich haben. Ich denke, ich habe mich deutlich genug ausgedrückt!«

»Roger«, sagte Wurster und klang wirklich so, als würde er auf der Stelle den Kollegen von der Streife die Personenbeschreibung von Klaus durchgeben.

»Gut. Sollte es deswegen Ärger geben, dann stehe ich dafür ein.« Seifferheld legte auf. Es war ihm ein wenig besser zumute. Aber nur ein wenig.

Wie hatte er Klaus nur einer solchen Gefahr aussetzen können? Erneut!

Ausgerechnet Klaus, diesen liebenswerten, aber lebensuntauglichen Junggesellen? Dieses große Kind. Diesen Sohn, den er nie hatte.

Du lässt dich emotional zu sehr mitreißen, tadelte sich Seifferheld. Jetzt mal in aller Ruhe nachgedacht.

Seifferheld rief als Erstes bei Heribert Schmal an, laut Telefonbuch Geschäftsführer von Alle Neune e.V.

Nachdem er abgeklärt hatte, dass der Verein nicht schon

wieder zum Koma-Saufen ins benachbarte Bayern gefahren war, rief er zum zigsten Mal bei Klaus zu Hause und auf dem Handy an und hinterließ die dringende Nachricht, ihn zurückzurufen. Nachricht Nummer 22 und 23.

Er erreichte endlich auch Frau Podolski, die lila-grauhaarige Nachbarin von Klaus.

»Nein, bei mir hat er sich nicht abgemeldet«, krächzte sie. »Er hätte mich aber auch nicht erreicht. Ich war bei meiner Schwester in Stuttgart.« Seit ihrer fehlgeschlagenen Stimmbandoperation krächzte sie ganz erbärmlich. Dabei war sie einmal Chorsängerin der Stuttgarter Oper gewesen. Ein tragischer Fall. »Ist denn was passiert? Soll ich mich umhören?«

»Ja«, bat Seifferheld in seiner Verzweiflung. Je mehr Leute nach Klaus suchten, desto besser. »Ich habe ihn seit über achtundvierzig Stunden nicht mehr gesprochen.«

»Ach, ich wünschte, es würde sich jemand so um mich kümmern, wie Sie sich um Klaus kümmern«, seufzte Frau Podolski. »Ich könnte drei Tage tot im Badezimmer liegen und schon völlig verwest sein und es würde mich trotzdem niemand vermissen.«

»Ihre Schwester würde sich bestimmt Sorgen machen«, tröstete Seifferheld geistesabwesend, weil er bereits darüber nachdachte, wen er noch kontaktieren könnte.

»Ach die, für die bin ich seit meiner Berufsunfähigkeit nur eine Last.« Frau Podolski stieß ruckartig Luft durch die Nasenlöcher aus. »Wir Frührentner müssten eigentlich zusammenhalten, finden Sie nicht auch, Herr Seifferheld? Möchten Sie nicht einmal auf einen Kaffee vorbeikommen? Mein selbstgebackener Zwetschgenkuchen ist erstklassig, wenn ich das selbst sagen darf.«

»Wie?« Seifferheld schreckte aus seinen Gedanken hoch. »Was haben Sie gesagt, Frau Podolski?«

»Ach bitte, nennen Sie mich doch Monika«, gurrte sie sirenengleich.

Würde er erst wieder heiraten müssen, bevor das aufhörte?

»Danke, Frau Po... Monika. Gern einmal. Sobald Klaus wieder da ist. Sie geben Bescheid, ja?« Seifferheld legte auf.

Er musste irgendetwas tun. Wenn er nur so herumsaß und darauf wartete, dass Klaus wieder auftauchte oder – schlimmer noch – man Klaus irgendwo fand, dann würde es ihn innerlich auffressen.

Seifferheld schnappte sich seine Gehhilfe und den Hund und marschierte los.

Zum Büschlerkeller am Marktplatz.

Der letzte bekannte Aufenthaltsort von Klaus.

Seifferheld zog die Tür auf. Na bravo, eine Treppe. Ob er sie schaffen würde?

Vorsichtig tastete er sich nach unten. Onis war trotz Leine und Maulkorb ausnahmsweise brav und zerrte nicht und versuchte auch nicht, sich den Maulkorb durch Reibebewegungen an der Steinmauer vom Kopf zu schieben.

Unten angekommen, traten Herr und Hund in die Bar, die an diesem frühen Werktagabend relativ leer war.

Ein älterer Mann im karierten Blazer saß an der Bar vor einer Flasche Bier, auf der gegenüberliegenden Empore lachten drei nicht mehr ganz taufrische Frauen über bunten Cocktailgläsern.

Der Barkeeper grüßte freundlich.

»Ich bleibe nicht lange«, sagte Seifferheld, bevor ein Kommentar zu seiner gefährlichen Maulkorbbestie kam. »Ein Bier. Stimmt so.« Er schob dem Barkeeper einen Zehner entgegen.

Als sich das Bier gleich darauf vor ihm materialisierte, klappte er sein Handy auf, drückte sich im Menü bis zu den gespeicherten Fotos und zeigte dem Barkeeper eine Frontalaufnahme von Klaus. Nicht schmeichelnd, aber ähnlich. Geschossen am Tag der Lagebesprechung.

»Haben Sie diesen Mann in den letzten Tagen hier gesehen?«

Der Barkeeper beugte sich über das Handy. Er nickte und rieb sich das Kinn. »Also, ich kenne den Mann. Aber wann ich ihn das letzte Mal gesehen habe? Hm, keine Ahnung. Vielleicht letzte Woche, vielleicht auch gestern.«

So schnell gab Seifferheld nicht auf. Für fast acht Euro Trinkgeld musste noch mehr drin sein. »Können Sie sich erinnern, ob er in Begleitung gekommen ist? Oder ob er hier eine Begleitung gefunden hat?«

Der Barkeeper, ein junger Mann mit engelsgleichen Löckchen, der noch minderjährig aussah, aber es natürlich nicht sein konnte, strich sich erneut über das Kinn. In ihm dachte es ganz augenscheinlich nach. Man konnte förmlich kleine Rauchwölkchen aus seinen Ohren steigen sehen.

»Wer will denn das wissen?«, fragte er schließlich.

»Ich«, sagte Seifferheld. »Ich bin sein bester Kumpel und er ist einfach abgetaucht. Ich mache mir Sorgen.«

Wieder einmal zeigte sich, dass man mit der Wahrheit in neun von zehn Fällen am weitesten kam. Seifferheld klang glaubhaft besorgt.

»Also, ich kann nichts Definitives sagen, aber ich meine mich zu erinnern, dass er mit einer Frau abgezogen ist.«

»Wie sah sie aus?« Seifferheld schrie es fast.

Der Barkeeper zuckte zurück.

»Blond? Brünett? Schwarzhaarig?«, rief Seifferheld.

»Also, ich glaube, sie war … grauhaarig. Mit so einem langen Zopf.« Der Barkeeper zuckte mit den Schultern, schnappte sich zwei Karten und hastete in den hinteren Teil der Bar.

»Eine Frau«, stöhnte Seifferheld. Seine schlimmsten Befürchtungen hatten sich bewahrheitet. Klaus war auf die Serienkillerin gestoßen. »Eine Frau«, seufzte er nochmals. »Eine Frau mit Zopf!« Eine schlimme Ahnung bemächtigte sich seiner.

Der alte Mann im Karoblazer nickte Seifferheld beruhigend zu. »Keine Sorge, mein Freund. Der Junge will nur mal wissen, wie es am anderen Ufer so ist. Aber der kehrt wieder zu Ihnen zurück, glauben Sie mir. Wahre Liebe siegt immer.«

»Wie bitte?« Seifferheld saß auf dem Schlauch.

»Wuff«, bellte Onis.

Es klang, als ob er lachte.

Aus dem Polizeibericht

**PLATTFUSS UNTERWEGS**

*Rund 40 Kilometer wollte ein Mann auf dem Weg zur Arbeit zurücklegen, und das zu Fuß auf dem Standstreifen der A6 in Richtung Heilbronn. Der Pole hatte einen Rollkoffer dabei und war in der*

*Nacht zum Montag unterwegs. Er wolle zu seiner Arbeitsstelle in Neckarsulm, erzählte der 36-Jährige den verblüfften Beamten der Autobahnpolizei. Die Polizei teilte mit, der Mann sei bei klarem Verstand gewesen, nur habe er wohl die Entfernung völlig falsch eingeschätzt. Die Beamten fuhren ihn daraufhin zum nächsten Bahnhof.*

## Ein böser Verdacht keimt auf und vermehrt sich wie in einer Petrischale mit Zuckerlösung

Wie viele Frauen hatten noch einen langen grauen Zopf? Wie viele? In ganz Schwäbisch Hall wohl ungefähr – Seifferheld überschlug die Zahl im Kopf – ungefähr … eine. Und er kannte sie.

Seine Schwester Irmgard.

Wieder eine schlaflose Nacht.

Irmgard.

Die seit den Wechseljahren zunehmend verbittert schien. Vereinsamt. Kein gutes Haar an irgendjemandem ließ.

Irmgard.

Die nichtsdestotrotz Bekanntschaftsanzeigen mit rotem Stift umkringelte. Suchte sie einen Mann, um ihrer Einsamkeit zu entfliehen? Oder suchte sie einfach einen Dunkelhaarigen, den sie umbringen konnte?

Es war natürlich lächerlich. Seine Schwester brachte niemanden um. Sie wüsste doch gar nicht, wie das gehen sollte. Außer natürlich durch spitze Bemerkungen. Aber die trieben einen erst dann in den Selbstmord, wenn sie jahrelang auf einen niedergeprasselt waren.

Onis schnarchte auf dem Bettvorleger.

Seifferheld wusste nicht, was er tun sollte. Sollte er seine Schwester mit seinem Verdacht konfrontieren? Ihr auf den Kopf zusagen, dass er sie für eine Serienmörderin hielt? Gott, wie blöd war das denn.

An Schlaf war nicht zu denken.

Er stand wieder auf und nahm sich seine Stickarbeit vor.

Da hörte er draußen auf der Gasse ein Motorengeräusch.

Seifferheld sah aus dem Fenster.

Es war Karina. Karina mit den seit neuestem knallpink gefärbten Haaren.

Auf einem gelben Motorroller.

Bitte nicht, flehte Seifferheld. Lebte er tatsächlich unter demselben Dach wie eine Massenmörderin und eine Rollerdiebin?

Seifferheld seufzte.

## Das Haltbarkeitsdatum auf der Flasche Sir Irish Moos ist nur ein ungefährer Richtwert, keine verbindliche Sollgröße

»Meine Güte, kann man eigentlich auch einen Naseninfarkt bekommen? Wenn ja, dann habe ich gerade einen.« Olaf verschloss die Flasche und stellte sie auf das Bücherbord.

Er hatte soeben letzte Hand an Seifferheld gelegt, die obligatorische Massage nach den Streck- und Dehnübungen war vorüber. Und nun wollte sich Seifferheld ausnahmsweise mal wieder mit seinem Lieblingsduft benetzen. Sir Irish Moos.

»Spotten Sie nur, mein Junge«, meinte Seifferheld ungerührt und zog sich das Unterhemd an. »Das ist der Klassiker unter den Männerdüften.«

»Herr Seifferheld, die Flasche stammt aus den frühen Siebzigern!« Olaf ließ es so klingen, als könnte das Duftwasser jeden Moment in einem riesigen, radioaktiven Pilz explodieren.

»Viele Klassiker stammen aus den frühen Siebzigern. Abba. Schlaghosen. Vokuhila-Frisuren. Ich bin damals günstig an eine Palette Sir Irish Moos gekommen und verwende die Flaschen bis heute. Mit großem Erfolg in der Damenwelt, wie ich anmerken möchte.« Gucci for Men hatte ihm nämlich bislang kein Glück gebracht.

Olaf rollte mit den Augen und fing an, seine Sachen einzupacken. »Ich weigere mich, Ihnen diese Flasche in die Hand zu drücken. Ich mache mich mitschuldig, wenn der Inhalt sich mittlerweile in Säure verwandelt hat und sich durch Ihre Haut frisst.«

»Alberner Kerl.« Seifferheld schlüpfte in seine Hose. Er konnte nicht anders, er mochte Olaf.

Umso schwerer fiel ihm die Frage, die ihm auf den Lippen brannte. »Das mit Ihnen und Susanne …«

Seifferheld konnte den Satz nicht beenden. Wie hätte er auch lauten sollen? Ist das etwas Ernstes? Wollen Sie nur Ihren Spaß haben?

»Ihre Tochter ist eine tolle Frau.« Olaf strahlte. »Schön, selbstbewusst, lustig. Sie ist eine Offenbarung für mich. Aber keine Sorge, Sie bekommen bestimmt keinen Freak zum Schwiegersohn. Ich glaube, für Sus bin ich nur eine nette Abwechslung.« Olaf schluckte schwer.

O weh, schlimmer als Seifferheld gedacht hatte. Olaf liebte, Susanne war nur verliebt. Aber das ging ihn nichts an. Die Kinder mussten selbst sehen, wie sie mit der Situation klarkamen.

»Ich bin jedenfalls froh, dass es Sie gibt«, erklärte Seifferheld. »Manchmal war ich schon besorgt, Susanne könnte wie Irmgard werden.«

»Sus und Frau Seifferheld in einem Atemzug zu nennen ist reichlich gewagt. Sus ist Lebensfreude pur. Und Frau Seifferheld ...« Olaf fiel erst jetzt auf, dass er ja mit dem Bruder von Frau Seifferheld sprach. »... ist ein völlig anderes Kaliber. Auf ihre Weise natürlich großartig. Eine bemerkenswerte Persönlichkeit, eine ...« Olaf geriet ins Stottern.

»Schon gut. Sie ist ein Drachen. Das weiß ich. In letzter Zeit überlege ich sogar hin und wieder, ob sie womöglich zur Männerhasserin mutiert ist und ...« Seifferheld verstummte.

»Geht es schon wieder um die vermeintlichen Morde? Sie alter Wadenbeißer, Sie können es einfach nicht lassen.« Olaf grinste. Er klappte die Liege zusammen und steckte sie in die dazugehörige Tragetasche. Mitten beim Zuratschen des Reißverschlusses hielt er abrupt inne. »Mein Gott, denken Sie womöglich, dass Ihre Schwester die Männermassenmörderin sein könnte?« Olaf pfiff.

Das musste man Olaf lassen, er war nicht auf den Kopf gefallen.

Seifferheld sagte nichts. Er nestelte nur sehr ausführlich an seinen Schnürsenkeln herum.

Olaf pfiff erneut. »Tolle These.«

»Eigentlich hatte ich gehofft, Sie würden sie mir ausreden.«

Olaf schüttelte den Kopf. »Wieso denn? Passt doch hervorragend.«

Seifferheld tat so, als wolle er die Flasche Sir Irish Moos nach Olaf werfen. Olaf duckte sich.

»In letzter Zeit sehe ich überall grüne Männchen«, räumte Seifferheld ein. »Meine Schwester als Serienkillerin. Und Karina als Rollerdiebin.«

Olaf lachte. »Wie bitte?«

»Bei einer Probefahrt wurde ein gelber Roller entwendet. Von einer Jugendlichen mit pinkfarbenen Haaren. Ich denke, Sie sind ein Fan meiner Polizeiberichte!«

»Bin ich ja auch. Ist jeden Morgen das Erste, was ich im *Haller Tagblatt* lese. Aber dabei an Karina zu denken? Also gut, jetzt ist es offiziell: Sie sind paranoid.« Olaf schlüpfte in seinen selbstgestrickten Norwegerpulli, den er statt eines Mantels zu tragen pflegte. »Na, zumindest in dem Punkt kann ich Sie beruhigen: Karina hat keinen Roller geklaut, egal, wie gut die Täterinnenbeschreibung auf sie passt.«

Seifferheld, der unwillkürlich die Luft angehalten hatte, atmete erleichtert ein. »Das wissen Sie ganz sicher?«

»Aber ja. Sie hat mir doch den Scheck gezeigt, mit dem sie den Roller bezahlt hat. Wahrscheinlich hat sie gehofft, ich würde Sus brühwarm davon erzählen, aber meine Lippen sind versiegelt. Ich werde doch nicht freiwillig einen Vulkanausbruch auslösen.«

»Was für einen Scheck?« Seifferheld verstand die Welt nicht mehr.

Olaf schulterte die Tasche mit der Klappliege und ging zur Tür. »Mein Gott, wie ich das genieße. Ich weiß etwas, was Sie nicht wissen.«

»Olaf!« Seifferheld drohte erneut mit der Flasche Sir Irish Moos.

Olaf täuschte Angst vor, lachte und sagte: »Der Scheck von der *BILD-Zeitung*. Karina ist Nackedei des Tages. Das Foto erscheint irgendwann nächste Woche. Mit ihrem Namen. *Sexy Aktivistin Karina Seifferheld aus Schwäbisch Hall* oder so ähnlich. Sus wird ausflippen. Ich kann es kaum erwarten. Karina hat mir versprochen, ich darf dabei sein, wenn sie es Sus und Tante Irmgard zeigt. Gott, wie ich mein Leben liebe!«

## Kleiner Einschub aus dem Biologieunterricht

Ungefähr fünf Minuten nach dem Tod setzt die Verwesung des menschlichen Körpers ein. Oder anders ausgedrückt: Der Körper fängt an, sich selbst zu verdauen. Die Zellen lösen sich auf, das Gewebe wird erst flüssig, dann gasförmig.

Sollte der Leichnam zu diesem Zeitpunkt zufällig im Freien liegen, hallt durch die Natur ein unhörbarer Gong: Essen ist angerichtet! In erster Linie hören Bakterien diesen Gong, für das menschliche Auge besser sichtbar folgen gleich darauf die Insekten. Fliegen legen ihre Eier in der Leiche ab. Die fetten, gelblichen Larven der Fliegen genießen alsdann den Festschmaus.

Aus irgendeinem Grund verlassen die Maden bald darauf die Leiche in Richtung Süden. Der Sonne entgegen. Jawohl, in der Tat, da können Sie jeden Gerichtsmediziner fragen. Ihre fetten, gelblichen Körper robben zielstrebig gen Süden. Sie tun das gern hintereinander, deshalb scheint irgendwann von der Leiche ein pulsierender, gelblicher Tentakel auszugehen.

Den Kopf eines solchen Tentakels entdeckten an einem späten Donnerstagabend Märte-Luise und Noah, beide sechzehn Jahre alt, die sich zum Extremknutschen hinter einen Busch in der Auwiese zurückgezogen hatten.

Wie nicht anders zu erwarten, reagierte Noah angeekelt, Märte-Luise mit ihrer Eins in Biologie jedoch interessiert. »Was ist das denn?«, fragte sie sich und folgte dem Tentakel zurück zu seinem Ursprung.

»Lass doch, das stinkt«, rief Noah noch. Aber Märte-Luise war nicht zu bremsen.

Und so fand sie die Leiche von Reinhard Schäfer-Proll. Natürlich wusste sie im Moment des Auffindens nicht, dass es sich um Reinhard Schäfer-Proll handelte, genauer gesagt war – ähnlich wie bei Ludger Klier – nur an dem schwarzen Schiedsrichtertrikot und an den Sportschuhen eindeutig zu erkennen, dass es sich um einen Menschen handelte.

Die Haut über den Fleischmassen schien sich zu bewegen, so üppig war die Zahl der Maden, die sich ihren Weg ins Freie erst noch bahnen wollten.

Während Noah sich ausgiebig übergab und anschließend im Gras auf die Knie ging und seine Mami anrief, machte Märte-Luise einige Handyfotos aus verschiedenen Blickwinkeln.

Dann wählte sie die Nummer der Polizei.

Und gleich darauf die ihrer besten Freundin Ann-Kathrin. Mit dieser Geschichte konnte sie sogar Ann-Kathrins Zufallsbegegnung mit dem Tourbus von Tokio Hotel bei einer Stadtrundfahrt durch Berlin in den Osterferien toppen.

## Mit Volldampf voraus! Dank Heron von Alexandria, der die Dampfmaschine schon 1900 Jahre vor James Watt erfand

Vor Schreck ließ Seifferheld beinahe den Stickrahmen fallen. Er musste dringend Entspannungsübungen machen, bevor er seinem heimlichen Hobby nachging. Sonst würde er eines Tages noch einen Herzinfarkt bekommen, nur weil er ein Geräusch hörte. Weil beispielsweise eine seiner Frauen zufällig während seiner Stickstunde an die Tür klopfte.

Dieses Mal hatte jedoch niemand geklopft. Sein Handy hatte geklingelt.

Seifferheld holte tief Luft und klappte dann sein Handy auf.

Es war Brigitte Boll, seine Ex-Sekretärin.

»Biggi, na so was«, rief Seifferheld.

»Es gibt wieder einen Toten«, flüsterte sie.

»Was ist? Ich kann dich kaum verstehen.«

»Ich kann nicht lauter reden«, wisperte Biggi Boll. »Nebenan wird gerade die SoKo eingerichtet. Siggi, jetzt haben sie es endlich begriffen. Ab sofort wird ermittelt. Mit Volldampf!«

Seifferheld hätte sich freuen müssen. Aber er hatte eher das Gefühl, als greife eine klamme Hand nach seinem Herzen.

»Weiß man schon, wer der Tote ist?«

Sein Puls setzte aus.

Die Zehntelsekunde, die es dauerte, bis Biggi antwortete, schien sich endlos zu ziehen.

Biggi nickte heftig mit dem Kopf. »Ein gewisser Reinhard Schäfer-Proll. Schiedsrichter. Wohnhaft Unterlimpurger Straße 191.«

Seifferheld fiel ein Stein vom Herzen. Mehr als ein Stein. Ein Fels. Ein Berg. Ein Gebirge. Der Himalaya.

»Schäfer-Proll hat zuletzt das legendäre Landesliga-Spiel FV Künzelsau gegen Sportfreunde Schwäbisch Hall gepfiffen. Es kam noch während des Spiels zu Handgreiflichkeiten, ja fast zu Randalen. Offenbar waren seine Entscheidungen mehr als strittig und für die Haller Seite untragbar. Ich verstehe ja nichts von Fußball, aber anscheinend hat er nach harmlosen Fouls Elfmeter schießen lassen und dann auch noch auf vier Minuten Nachspielzeit entschieden, wobei den Kiauern, wie man die Künzelsauer in der ganzen Region liebevoll nennt (wobei die Haller Fußballer im Verlauf dieses Spiels gern von Künzelsäuern gesprochen hätten), beinahe der Ausgleich geglückt wäre. Es wurden Rufe von Bestechung laut. Nach dem Spiel ist er spurlos verschwunden. Man glaubte, er sei aus Angst vor erbosten Fans untergetaucht. Jetzt ist er mausetot wieder aufgetaucht. Die Gerichtsmedizin hat signifikante Verwesungsähnlichkeiten zur Klier-Leiche festgestellt, was eigentümlich ist und auf körperfremde Substanzen zurückzuführen sein könnte. Sie brauchen noch eine Weile, bis sie sich zur Todesursache äußern, aber man geht jetzt nicht mehr länger von Zufällen aus.« Biggi seufzte. »Ach Siggi, endlich wirst du wieder ernst genommen.«

»Danke, Biggi.« Seifferheld wäre es lieber gewesen, wenn dafür nicht noch ein Toter nötig gewesen wäre.

Aber wenigstens war es nicht Klaus.

## Klausimaus hat erneut zugeschlagen und wie es nicht anders zu erwarten war, endete es mit einem K. O. in der ersten Runde

»Deine Tante Gerda? Was soll denn das heißen? Deine Tante Gerda!«

Nach drei schlaflosen Nächten standen in Seifferhelds Gefühlsrepertoire die Optionen »Langmut« und »Geduld« nicht mehr zur Verfügung.

»Die Schwester meiner Mutter. Gerda. Tante Gerda. Meine Patentante«, wiederholte Klaus. »Wir haben einen lustigen Ausflug nach Weimar gemacht. Zum Zwiebelfest. Da war was los, kann ich dir sagen. Toll.«

»Und dir ist keine Sekunde lang der Verdacht gekommen, dass ich mir Sorgen machen könnte?«

Sie standen sich vor Klausens Loft gegenüber, Klaus mit den Füßen in seiner Wohnung, Seifferheld mit den Füßen im Hausflur.

Als Ringrichter fungierte Frau Podolski – »Monika, Herr Kommissar, nennen Sie mich doch Monika«. Sie hatte Seifferheld am frühen Morgen angerufen und ihn davon in Kenntnis gesetzt, dass in der Küche von Klaus Licht brannte. Seifferheld hatte sich Onis geschnappt und war sofort losgelaufen.

Der Hund war um Klaus herumgelaufen und schnupperte nun – leinen- und maulkorblos – über die Bodenfliesen rund um Klausens Küchenzeile. Sein Schwanz wedelte begeistert. Wurstaroma! Mit einem Hauch Käse! Die Zunge wurde ausgefahren und über die Fliesenzwischenräume gezogen.

Frau Podolski stand mit einem Tablett unter der Flurleuchte. Was auf dem Tablett lag, war nicht auszumachen, weil sie ein kariertes Küchenhandtuch darübergelegt hatte.

Klaus war sich keiner Schuld bewusst. »Mensch, Siggi, warum bist du denn auf 180? Ich habe mir ein Wochenende mit meiner Tante gegönnt. Und dazu Zwiebeln in allen der Menschheit bekannten Darreichungsformen probiert. So ein bisschen Urlaub muss doch erlaubt sein.« Klaus schmollte.

»Aber doch nicht mitten in einer Lockvogelaktion!« Seifferheld hatte das Gefühl, Schaum vor dem Mund zu haben, der ihm aus den Mundwinkeln tropfte. So musste es sich also für Onis anfühlen. »Selbstverständlich musste ich davon ausgehen, dass die Mörderin dich enttarnt und kaltgemacht hat!«

Klaus lächelte geschmeichelt. »Ach, wie nett. Du hast dir Sorgen gemacht.«

»Du bist ein Idiot«, wetterte Seifferheld außer sich. Sein Kopf fing wieder an zu pochen.

»Schon gut, ich verstehe. Deine Angst um mich manifestiert sich gerade in einem Wutausbruch.« Vor dem Kochen-für-Kerle-Kurs hatte Klaus den VHS-Kurs »Einführung in die Psychologie des Mannes« belegt.

Seifferheld atmete tief aus, schüttelte den pochenden Kopf und machte eine Kehrtwende. Erst mal Abstand gewinnen.

»Aber nicht doch so schnell, Herr Kommissar«, rief Frau Podolski ihm hinterher. »Wie wäre es mit einem

Stück Kuchen? Selbstgebacken.« Sie hob das Küchenhandtuch an und sehr sandig aussehender Sandkuchen war auf dem Tablett auszumachen.

Seifferheld humpelte eiligst die Stufen hinunter. »Bin leider sehr in Eile«, rief er über seine Schulter. Er hörte Klaus noch sagen: »Ich nehme gern ein Stück, Frau Podolski. Oder auch zwei.«

Seifferheld war schon auf der Holzbrücke zum Unterwöhrd, als ihm einfiel, dass er Onis bei Klaus vergessen hatte.

## Mami, Mami, er hat überhaupt nicht gebohrt

Bisweilen verschafft sich unausgelebte Wut im Körper Ausdruck. Man bekommt Eiterpusteln oder einen Herzinfarkt. Oder Zahnschmerzen.

Seifferheld saß neben einem Cordsamtanzugträger im Wartezimmer von Dr. Beinholt, seinem Zahnarzt.

Das Pochen in seinem Kopf hatte anatomisch seinen Sitz im linken Backenzahn, psychologisch konnte es sich jedoch nur um die Wut handeln, die er auf seine Ex-Kollegen empfand. Erst hatten sie ihn ausgelacht, ihn nicht ernst genommen. Und jetzt grenzten sie ihn aus.

»Sorry, Siggi, du weißt, dass ich dir nichts sagen darf. Du bist jetzt außen vor. Mensch, genieß doch einfach den Ruhestand.«

Ha!

Und dann war da die Wut auf Klaus und seinen Unernst, seinen mangelnden Einsatz bei der Ermittlung. Dass Klaus nicht kapierte, wie sehr Seifferheld um ihn besorgt war, das war die eine Sache. Aber es ging doch generell um Menschenleben. Da musste man einfach volles Engagement zeigen, oder etwa nicht? Und nicht mitten in einer Lockvogelaktion Tagesausflüge nach Rothenburg oder Weimar machen. Kegelkumpane hin, Tante her.

Und außerdem gab es da auch die Wut auf seine Lebenssituation, auf sich, weil er sich mit den neuen Umständen nicht abfinden konnte, auf …

Ein entsetzlicher Schrei war plötzlich aus Behandlungszimmer 1 zu hören.

Der Cordsamtträger legte den *Readers Digest* aus dem Spätherbst 1977 aus der Hand und strahlte Seifferheld an. »Haben Sie das auch gehört?«

Seifferheld nickte.

»Kommt das hier oft vor?«

Seifferheld schüttelte beruhigend den Kopf. »Dr. Beinholt ist ein extrem einfühlsamer Dentist. Machen Sie sich keine Sorgen. Ich musste bei ihm noch nie Schmerzen leiden.«

Das stimmte zwar, hätte aber der Einschränkung bedurft, dass Seifferheld erst ein einziges Mal hier gewesen war und das auch nur zur Prophylaxe. Außerdem praktizierte Beinholt erst seit rund einem halben Jahr.

Der Cordsamtträger schien mit dieser Auskunft nicht wirklich zufrieden.

Ein weiterer Schrei drang aus dem Behandlungszimmer.

Die riesige, korpulente Zahnarzthelferin – laut dem Plastikschild auf ihrem wogenden Busen eine gewisse Heide Mergenthaler – kam hinter der Empfangstheke hervorgewuselt, eilte auf die Wartezimmertür zu, lächelte entschuldigend und schloss die Tür.

Der nächste Schrei war trotzdem noch zu hören. Als ob eine Katze in einen Mixer gesteckt würde.

Seifferheld schlug die Beine übereinander und grinste nervös.

Der Cordsamtträger dagegen grinste breit. »Klingt aufregend!«, sagte er und freute sich sichtlich. Er rutschte auf der Plastikwanne des schilfgrünen Wartezimmerstuhles nach vorn, als ob er es kaum noch erwarten könne, dass sein Name aufgerufen würde.

Seifferheld starrte auf den PVC-Boden in Holzoptik.

Teilte er sich den Raum mit einem perversen Masochisten, der für seinen Kick einen unschuldigen Zahnarzt mit seinem Bohrer brauchte?

Abrupt wurde die Wartezimmertür aufgerissen.

Aus dem Polizeibericht

**DER WEISSE WELS VON HALL**

*Am Sonntagnachmittag erlitt eine 83-Jährige bei einem Spaziergang am Starkholzbacher See einen Schock. Ihr Dackel, der sich im Zuge des Apportierens eines Stöckchens in den See begeben hatte, wurde von einem Wels attackiert und in die Tiefe gezogen. Der Hund blieb verschwunden und konnte auch von den herbeigerufenen Tauchern der DLRG nicht lokalisiert werden. Es muss davon ausgegangen werden, dass das Tier ertrunken ist. Das Polizeirevier Schwäbisch Hall sucht Zeugen: (0791) 999-71694.*

Seifferheld schreckte zusammen.

»Herr Gaidas?«, rief Fräulein Mergenthaler.

»Ja, ja, ja – ich bin bereit!« Der Cordsamtträger sprang auf und der *Readers Digest* fiel zu Boden. Der Mann lief fröhlich auf Behandlungszimmer 2 zu.

Seifferheld und Fräulein Mergenthaler tauschten einen vielsagenden Blick aus.

Sie ließ die Tür offen. Gleich darauf sah Seifferheld Klaus aus Behandlungszimmer 1 kommen. Klaus entdeckte ihn ebenfalls und trat auf ihn zu. »Siggi, alter Knabe, du auch hier?«

»Klaus, mein Gott, waren das eben deine Schreie?«

Seifferheld vergaß, wie wütend er eigentlich auf Klaus war. Wer beim Zahnarzt derart gelitten hatte, dem musste man einfach verzeihen.

»Ja!«, seufzte Klaus. Er wirkte völlig fertig. »Drei Pudel!«

Seifferheld guckte verständnislos.

»Fehlwürfe. Beim Mini-Kegeln.« Klaus hob einen handlichen Koffer hoch, auf dem *Kegeln für unterwegs und zu Hause* stand. »Ich komme öfter mal in der Pause zwischen zwei Patienten zu Bodo und wir spielen eine Runde. Er ist auch bei dem Verein Alle Neune. Heute habe ich echt mies gekegelt. Alles vergeigt. Er hat mich in Grund und Boden gekegelt. Sag ehrlich, wie viel schlimmer kann es noch kommen?« Klaus schaute deprimiert. »Und du? Was machst du hier?«

In diesem Augenblick hörte man aus Behandlungszimmer 2 einen unmenschlichen Schrei. Den Schrei einer gefolterten Seele. Qualvoll. Gepeinigt. Und doch irgendwie ekstatisch.

Seifferheld sah Klaus an, Klaus sah Seifferheld an.

»Ich? Ich habe hier nur Zeitung gelesen. Jetzt ist mir nach einer Tasse Kaffee. Kommst du mit, Klaus? Ich lade dich ein.«

## Tragödie als Scherzo in des-Moll

Wuchtig wie ein Ozeanriese erhob sich der Neubau über die Stadt. Seit 1527 ragte das gewaltige Gebäude in die Höhe und zeugte, da es seinerzeit als Vorratsscheuer genutzt wurde, von dem gewaltigen Reichtum der einstigen freien Reichsstadt. Schon 1604 führten im großen Saal englische Schauspieler *Romeo und Julia* darin auf, was wiederum von der Internationalität Schwäbisch Halls von alters her zeugte. Getreide lagerte mittlerweile nicht mehr im Neubau, aber im Neubausaal fanden immer noch Theateraufführungen statt. Und Konzerte. Beispielsweise die Kammermusikabende der Konzertgemeinde. Seifferheld war Abonnent.

»Guten Abend«, begrüßte er den Vorsitzenden der Konzertgemeinde. Man kannte sich. Wie ein Wackeldackel in der Hutablage eines alten Ford Taunus bahnte sich Seifferheld durch die Menge, nickte nach links, nickte nach rechts, grüßte ununterbrochen.

»Guten Abend, Walter. Guten Abend, Hannelore.«

»Guten Abend, Dr. Schmitz. Guten Abend, Frau Schmitz.«

»Grüß dich, Wolle. Hallo, Anke.«

Die knapp zweihundert Abonnenten waren überwiegend seit der Stunde null dabei und der Altersdurchschnitt bewegte sich daher im oberen zweistelligen Bereich. Sehr weit oben. Fast schon in Sichtweite des dreistelligen Bereichs. Dass der Neubausaal nicht einmal mehr bei wirklichen Größen der Kammermusik ausverkauft war, lag daran, dass die Abonnenten verstarben. Im Zeitalter der Event-Kultur hatten es Kammermusiker und ihre Veranstalter einfach schwer. Eigentlich war nicht ganz einzusehen, warum die wohlhabenden Honoratioren der Stadt die lächerlichen siebzig Euro Jahresbeitrag nicht als Ehrensache betrachteten und im Sinne eines Bürgerengagements investierten – »Man kann wirklich nicht alles unterstützen, wo käme man denn da hin?« –, aber das zeichnete die Reichen und Schönen dieser Welt ja aus, dass sie zwar schön und reich waren, doch am liebsten immer dort auftauchten, wo sie etwas umsonst bekamen. Bei den Premieren der Freilichtspiele waren die Freikarten für alle, die sich für wichtig hielten, stets sofort weg, und bei den kostenlosen Vernissagen von Würth drängelten sich gern tausend Menschen in sündhaft teuren Roben und maßgeschneiderten Anzügen am üppigen Gratis-Buffet. Im Neubausaal hatte man dagegen reichlich Beinfreiheit.

Die Seifferhelds hielten der Konzertgemeinde von Anfang an die Treue. Und immer zu viert. Annemaries Platz hatte mittlerweile Karina eingenommen, die zwar mit Kammermusik nichts anfangen konnte, sich aber über die Outfits der Musikerinnen köstlich amüsierte. »Ich werf mich weg«, pflegte sie zu sagen und fertigte Skizzen für ihre Kommilitonen an. »Das hat die Cellistin doch aus dem Schlafzimmervorhang ihrer Großeltern gehäkelt. Wahnsinn!« Immerhin pflegte sie es leise zu sagen, und wenn die gescholtenen Cellistinnen Karinas Blicke auffingen, cellierten sie gleich doppelt so eifrig, weil sie die leuchtend aufgerissenen Augen für Bewunderung hielten. Was es irgendwie auch war. Bewunderung angesichts des Grauens.

Irmgard hatte sich wie immer im Winterhalbjahr in ihr grünes Brokatkleid gezwängt und sich ihre Nerzstola in einem neckischen Winkel um die Schultern drapiert. Auch ein grausamer Anblick, aber die Haller hatten sich daran gewöhnt.

Susanne trug ein graues Etuikleid, unterhielt sich mit einem Managerkollegen und tat wie immer so, als gehöre sie nicht zu dem nach Mottenkugeln riechenden Brokatnerz und dem Invaliden im Konfirmationsanzug.

Seifferheld stellte sich an der kleinen Bar an. Vor ihm bestellte Frau Schöffler vom *Haller Tagblatt,* die über das Konzert schreiben würde, gerade eine Kräuter-Bionade. MaC hatte leider einen anderen Auftrag: Sie musste von dem zeitgleich stattfindenden Klavierkonzert im Goethe-Institut berichten. Noch so eine typische Haller Provinzposse: Man war hier erstaunlich oft nicht in der Lage, Termine so abzustimmen, dass nicht ausgerechnet zwei Klavierkonzerte am selben Abend stattfanden. Wenn das in Berlin vorkam, war das eine Sache, aber an einem derart überschaubaren Ort?

Seifferheld bestellte drei Sekt-Orange für seinen Harem und ein Bier für sich. In der Pause war das Gedrängel vor der Bar zu groß und der Platz nicht ausreichend genug, daher tranken die Seifferhelds immer vor dem Konzert.

Wenn es hinterher ein gutes Konzert wurde, beflügelte der Alkohol; sollte es wider Erwarten einmal nicht so gut sein – Seifferheld selbst war kein Freund moderner Musik –, dann tröstete der Restalkohol im Blut darüber hinweg.

»Siggi!«

Klaus schlug Seifferheld mit wuchtiger Pranke auf den Rücken. Der Sekt-Orange schwappte aufs Tablett.

»Klaus?«

»Darf ich dir Melanie vorstellen? Wir haben uns beim Kegelausflug angefreundet.« Klaus schob Seifferheld eine winzige Rothaarige in einem orangeroten Organzakleid entgegen und zwinkerte dabei, was das Zeug hielt.

Die Rothaarige sah ein bisschen so aus, wie man sich eine vertrocknete alte Studienrätin vorstellt, die zum ersten Mal in ihrem Leben Verschönerungsversuche an sich durchgeführt hatte: Kleid, Frisur und vor allem Make-up – von allem zu viel, alles zu bunt.

Klaus zwinkerte erneut.

»Ah«, sagte Seifferheld und nickte erst verstehend Klaus, dann begrüßend Melanie zu. »Leider habe ich gerade keine Hand frei.«

»Warte, ich helfe dir«, sagte Klaus, nahm einen Sekt-Orange vom Tablett und reichte ihn Melanie. »Hier, Kleines.« Dann schnappte er sich die Bierflasche. »Prost!«, sagte er zu Seifferheld.

Bevor Seifferheld protestieren konnte, schob sich eine fleischige Hand von rechts ins Bild und nahm einen weiteren Sekt-Orange vom Tablett.

»Prosit, Klaus!«, flötete eine Frauenstimme. »Und wer ist das?«

Die Stimme gehörte zu – Tusch! – dem pummeligen Fräulein Mergenthaler, der Zahnarzthelferin von Dr. med. dent. Bodo Beinholt, die ihren einen Meter neunzig, einhundertzwanzig Kilo Körper an diesem Abend in einen überwiegend safrangelben Batikkaftan gehüllt hatte. Sie funkelte Melanie ziemlich verkniffen an.

»Ich bin die Melanie«, sagte die Melanie. Die Sachlage verkennend fügte sie noch hinzu: »Sehr angenehm.«

»SIIIIGGI«, dröhnte es vom Treppenkopf bis zur Bar. Irmi wartete auf ihren Sekt. Und Irmi wartete nun einmal nicht gern.

Seifferheld schlängelte sich slalomartig durch die eintreffenden Konzertbesucher – eine Meisterleistung, wenn man bedachte, dass er mit der Linken das Tablett und mit der Rechten seine Gehhilfe hielt –, drückte seiner Schwester das klatschnasse Tablett mit den beiden restlichen halbleeren Gläsern in die Hand und eilte zurück zu Klaus und dem anstehenden Eklat.

Er traf in dem Moment ein, als Fräulein Mergenthaler – die vor der grazilen Rothaarigen wie ein Schweizer Viertausender vor einem Maulwurfshügel aufragte – süßlich zwitscherte: »... und dann haben wir miteinander geschlafen. Oh, es war nicht einfach nur Sex. Es war eine Epiphanie der Fleischlichkeit, ein sinnliches Erweckungserlebnis, Weltklasse-Sex. Klausimaus sagte, dass er mich liebt, aber offenbar liebt er flächendeckend ...«

Seifferheld wäre beinahe der Unterkiefer runtergeklappt. Und er hatte Klaus immer für eine männliche Jungfrau gehalten. Schon wegen seines Aussehens. Und überhaupt. Aber so kann man sich irren. Frauen schauten wohl doch eher auf die inneren Werte. Aber Weltklasse-Sex? Von wem hatte Klaus das denn gelernt? Von Mimi 1 und 2?

Am Stehtisch nebenan kicherte jemand.

Melanie, die ihren Sekt-Orange in den maximal zehn

Sekunden, die Seifferheld abwesend gewesen war, entweder auf ex gekippt oder damit den Teppichboden getränkt hatte, drückte Klaus das leere Glas in die Hand.

»Das tut mir wirklich sehr leid«, sagte sie zu Fräulein Mergenthaler, »ich wusste nicht, dass Klaus liiert ist.«

»Ich bin nicht liiert«, protestierte Klaus. »Das war doch nur …«

Seifferheld stieß seinen Freund mit dem Ellbogen an. Egal, wie dieser Satz weiterging, er würde schlecht enden.

»Ich muss mich jetzt leider entschuldigen – ein plötzlicher Migräneanfall.« Melanie schwebte, man konnte es nicht anders nennen, in einer orangeroten Organzawolke zur Treppe und entschwand den Blicken.

»Melanie«, rief Klaus und wäre ihr sicher hinterhergeeilt, wenn Fräulein Mergenthaler sein rechtes Handgelenk nicht mit eiserner Kraft umklammert gehalten hätte.

»Wo willst du denn hin, Klaus?«, säuselte sie.

In der Zwischenzeit hatten die Umstehenden mitbekommen, dass eine Unterhaltungseinlage geboten wurde. Nur die wenigsten besaßen den Anstand, sich in den Saal und somit außer Hörweite zurückzuziehen.

Die meisten drapierten sich um die drei Stehtische und spitzten die Ohren.

»Wir sollten uns setzen«, schlug Seifferheld vor.

Klaus blickte waidwund. »Also ehrlich, Heide …«

Fräulein Mergenthaler spitzte die Lippen. »Klausimaus, du tauchst einfach unter und meldest dich nicht mehr. Soll es das gewesen sein? So eine Einmalnummer?«

»Da war doch gar nichts«, protestierte Klaus.

»Ha!«, machte Fräulein Mergenthaler.

Der erste Gong ertönte.

Seifferheld schob Fräulein Mergenthaler mit seiner linken Schulter und Klaus mit der Gehhilfe in den Kniekehlen in den Saal, in die hinterste Reihe, wo niemand saß.

Enttäuschte Blicke folgten ihnen.

»Siggi, wo willst du hin?«, rief Irmi.

»Lass mal gut sein, Tantchen.« Karina nahm Irmi am Brokatkleidärmel und zog sie nach vorn in die vierte Reihe, in der sich seit jeher die seifferheldschen Plätze befanden.

Der Saal füllte sich jetzt rasch, der zweite und der dritte Gong ertönten kurz aufeinander, dann wurde auch schon die Saalbeleuchtung ausgeschaltet, der Scheinwerfer über dem Klavier ging an, und Dian Baker und Eckart Sellheim traten auf die Bühne. Er ein älterer Herr mit schütterem Haupthaar, sie eine nicht mehr ganz junge, exotische Schönheit mit schwarzen Haaren, die bis zum Po reichten.

Karina hatte ihre Freude an dem bunten Kaftan der Baker, auf dem man Palmen und Dromedare sah.

Sellheim führte sehr charmant ins Programm ein. Lauter Werke für vier Hände. Man wollte mit der Sonate in C-Dur, dem *Grand Duo*, von Franz Schubert beginnen.

In der letzten Reihe zischte Fräulein Mergenthaler. »Willst du etwa leugnen, dass wir eine phantastische Nacht miteinander verbracht haben?«

»Nein«, grummelte Klaus, »aber das war es auch. Eine Nacht. Mehr nicht.«

»Pst«, rief fünf Reihen weiter vorn ein entrüsteter Greis.

Vorn auf der Bühne flogen zehn Finger in höchster Virtuosität über die Tasten des Steinway-Flügels.

»Ich wollte dieser kleinen Rothaarigen nur mal Bescheid stoßen. Es ist unanständig, sich den Mann einer anderen zu krallen.«

»Ich bin nicht dein Mann«, rief Klaus.

»Pst!«, zischte es aus mehreren Kehlen.

»Hört mal zu, wir genießen jetzt in aller Ruhe die Musik und klären die Angelegenheit in der Pause, ja?«, schlug Seifferheld vor, der sich zwischen Klaus und Fräulein Mergenthaler gesetzt hatte und sekündlich mit Handgreiflichkeiten rechnete.

»Meinetwegen«, murmelte Fräulein Mergenthaler. »Aber ich will, dass wir uns bei mir zu Hause unterhalten, nicht in aller Öffentlichkeit!«

»Du wohnst doch in der Pampa«, nölte Klaus.

»Selbstverständlich gern«, warf Seifferheld ein.

»Also wirklich, jetzt aber Ruhe!«, donnerte der Greis fünf Reihen weiter vorn.

Alfred Brendel hätte schon längst das Spiel eingestellt und sich beleidigt über die mangelnde Konzentration des Publikums von der Bühne begeben. Baker und Sellheim legten jedoch höchste Professionalität an den Tag und ihrer atemberaubend feinsinnig aufeinander abgestimmten Spielweise war nicht anzumerken, wie sehr sie sich von dem Lärm in den hintere Reihen gestört fühlten. Allenfalls war ihr Allegro moderato einen winzigen Tick weniger moderat als sonst.

## Die subtile Impertinenz deutscher Kleinwagen trifft auf die gar nicht subtile Penetranz deutscher XXL-Trägerinnen

Es war zu heiß in dem Lupo von Fräulein Mergenthaler. Viel zu heiß. Seifferheld rann der Schweiß in den Hemdkragen. Er saß hinten, Klaus vorn, Fräulein Mergenthaler am Steuer.

Ruckelnd schoss das Gefährt in Richtung Teurershof. In der Pause hatten sie sich abgeseilt, um in Ruhe über die peinliche Situation zu sprechen.

Auf der Crailsheimer Straße, in Höhe Abzweigung Gelbingen, gerieten sie in eine Radarfalle.

»Diese Schweine!«, rief Fräulein Mergenthaler, die sämtliche Pferdestärken aus dem kleinen roten Geschoss herausgeholt hatte, zu denen der Lupo fähig war. »Ola, los porcos! Nur zu, knipst mich doch!«

Auf dem Foto, das kurz darauf mit der Post kam, sah man die verbissen zusammengekniffenen Brauen wie eine Riesenraupe über den Augen von Fräulein Mergenthaler, die ängstlich aufgerissenen Augen von Klaus und zwischen den beiden ein Stück der Gehhilfe von Seifferheld. Hundertvierzig Euro und drei Punkte in Flensburg.

Seifferheld mochte keine Lupos. Oder hieß es Lupi? Er fand deren Fahrverhalten von subtiler Impertinenz.

Klaus hatte sich nicht allein zu Fräulein Mergenthaler getraut. Also war abgemacht worden, dass Seifferheld als Anstandswauwau respektive Mediator respektive der Mann, der hinterher das Taxi nach Hause bezahlen würde, mitfahren sollte.

Der wilde Ritt schleuderte die drei ordentlich durch.

Heide Mergenthaler drückte mit Schuhgröße 41 ½ aufs Gaspedal. Der Lupo ächzte, aber er gab alles.

»Männer sind das Allerletzte«, verkündete sie und erwartete darauf keine Antwort.

Der Lupo schoss am Scharfen Eck über die rote Ampel und hätte beinahe einen schwarzgekleideten Gothic als Kühlerfigur mitgenommen.

Klaus und Seifferheld wurden immer bleicher.

»Wann treffe ich endlich mal auf einen ehrlichen, anständigen Kerl? Wann?« Heide Mergenthaler schrie es förmlich. Kleine Spucketropfen zierten die Windschutzscheibe.

Der Lupo bretterte die Stuttgarter Straße hoch.

Mit quietschenden Reifen gingen sie in die Kurve. Es roch verbrannt.

»Tut mir leid«, sagte Fräulein Mergenthaler.

»Diese Kurve ist auch wirklich nicht leicht zu nehmen«, tröstete Klaus, der sich in den Sitz verkrallt hatte.

»Ich meinte nicht die Kurve!« Fräulein Mergenthaler schnaubte. »Es tut mir leid, dass ich wegen deiner kleinen Freundin eine Szene gemacht habe.«Sie atmete schnaubend aus. Wäre sie ein Drachen gewesen, sie hätte Feuer gespien.

»Aber du hättest wenigstens anrufen können, um mir zu sagen, dass es aus ist.«

Klaus schwieg.

Seifferheld schwieg auch.

»Gut, womöglich habe ich wirklich etwas zu viel hineininterpretiert, aber wir haben gerammelt wie zwei Kaninchen auf Ecstasy.«

Seifferheld versuchte krampfhaft, jetzt kein Bild vor

seinem inneren Auge entstehen zu lassen. Das würde er nämlich nie wieder loswerden.

»Und jetzt tust du so, als wärst du der Igel, der ›Mein Fehler!‹ sagt und von der Haarbürste steigt …« Fräulein Mergenthaler klang schwer beleidigt.

»Heide …« Klaus zögerte.

»Ja?«

Klang sie hoffnungsvoll?

»Heide«, fuhr Klaus mit etwas festerer Stimme fort.

»Ja?«

Ihre Stimme troff vor Hoffnung.

»Du bist eben an deinem Haus vorbeigefahren.«

## Wohnen wie in Muttis Bauch

Wie machte man einer Furie klar, dass man ohne sie glücklicher war? Einer Furie, die eigentlich völlig ruhig und relaxt auf dem Neckermann-Sofa (Katalogseite 648) saß und an einem Glas Rotwein nippte, aber allein ihre furchteinflößende Gestalt in dem safrangelben Batikkaftan ließ den Männern das Blut in den Adern gefrieren. Ein Monster im Ruhe-Modus war schwerer einzuschätzen als im Angriffsmodus und jagte somit mehr Angst ein. Fast eine Stunde saßen sie jetzt schon so da. Stumm. Reglos. Wie Salzsäulen. Der gletscherkalte Blick von Fräulein Mergenthaler blinzellos auf Klaus geheftet.

»Ach, Fräulein Mergenthaler, es ist schon spät. Sie müssen morgen früh wieder frisch und ausgeruht in der Praxis sein. Wir sollten jetzt wirklich nach Hause.« Seifferheld versuchte zu säuseln.

Sie winkte ihn ab. »Es ist doch erst elf Uhr. Und dieser

Pfalzwein ist wirklich ausnehmend köstlich. Nur noch ein Glas. Nur noch ein Schluck, um das Ende unserer Liebe zu begießen.«

Fräulein Mergenthaler schenkte einen 2005er Grünstädter Höllenpfad aus, einen trockenen Merlot, den sie von ihrem letzten Wanderausflug mitgebracht hatte. Fräulein Mergenthaler wanderte gern.

Ihre Wohnung hatte etwas Gebärmutterhaftes. Alles sehr eng und dunkel und irgendwie feucht. Seifferheld tippte auf Schimmel hinter den Tapeten.

»Also gut, noch ein Glas. Aber nur eines.« Klaus gab klein bei.

Er hatte von Anfang an keine Chance gehabt. Kaum waren sie eingetroffen, hatte sie ihn mit ihrem riesigen, massigen Körper ins Wohnzimmer geschubst, eine Schranktür aufgerissen und gerufen: »Heute gibt es auch extra die guten Weingläser!« Woraus Seifferheld messerscharf geschlossen hatte, dass sich die fragliche Nacht in ihrer Wohnung zugetragen haben musste. Ohne die guten Gläser.

Auf einer weißen Zierdecke, die wie geklöppelt aussah, hatte Fräulein Mergenthaler drei Kristallgläser abgestellt und zwei Flaschen Wein aus der Küche geholt. Eine angebrochene Flasche Rotwein und eine frische Flasche Weißwein.

Seifferheld war ebenfalls in das Wohnzimmer gehumpelt. Seine Hüfte setzte ihm zu. Es wirkte sich nachteilig aus, dass Olaf in letzter Zeit lieber Erotikmassagen an Susanne durchführte anstatt Heilmassagen an ihm.

Fräulein Mergenthaler hatte die drei Gläser bis an den Rand gefüllt. Für Klaus und Seifferheld gab es den guten

Pfalzwein, ihr Glas füllte sie aus einer Flasche Trollinger, die offen auf dem Kühlschrank gestanden hatte.

»Auf die Liebe!«, hatte Fräulein Mergenthaler theatralisch gerufen und ihr Glas auf einen Zug geleert.

Klaus hatte ebenfalls mehrere kräftige Schlucke genommen, nur Seifferheld hatte vorsichtig genippt. Einer musste ja einen klaren Kopf behalten.

Und dann waren sie eine Stunde lang einfach so dagesessen. Stumm. Reglos. Die ganze Zeit über hatte Fräulein Mergenthaler Klaus angestarrt, ohne auch nur ein einziges Mal zu blinzeln.

Bis eben.

Nun füllte sie die Gläser reihum wieder auf. Ihres hatte sie in null Komma nichts geleert.

»Ich bin echt enttäuscht von dir!«, erklärte Fräulein Mergenthaler. Sie schaute dabei zwar in ihr leeres Glas, aber es war eindeutig Klaus damit gemeint.

Klaus sagte nichts.

»Man spielt nicht mit den Gefühlen einer Frau, das ist unanständig. Und du wirst doch wohl gemerkt haben, was ich dir für Gefühle entgegenbrachte?«

Klaus zuckte zwar nicht gerade mit den Schultern, aber so richtig schuldbewusst wirkte er auch nicht. »Heide … ich war in einem sehr fragilen Zustand … drei Pudel hintereinander … ich brauchte einfach Trost … und ich dachte … du weißt schon, eine schnelle Nummer zwischen zwei Erwachsenen …« Pudel waren offenbar Klausens Spezialität.

Seifferheld war oft genug zu Szenen häuslicher Gewalt gerufen worden. Er konnte mühelos das Zittern deuten, das sich allmählich über den ganzen Körper von Fräulein

Mergenthaler zog. Er packte seine Gehhilfe mit kräftiger Hand, um gegebenenfalls angemessen bewaffnet zu sein. Mit bloßer Körperkraft konnte er gegen einen Koloss wie Fräulein Mergenthaler nichts ausrichten.

»Es war ja nicht nur meine Pechsträhne beim Kegeln. Nach all der Polizeiarbeit suchte ich einfach ein mitfühlendes, warmes Herz, an dem ich mich wieder aufrichten konnte«, plapperte Klaus. Wohl eher einen warmen, weichen Busen im Gegensatz zu den eisigen Gummibrüsten von Mimi, aber selbst Neandertaler Klaus war sensibel genug, das nicht so brüsk zu formulieren.

Seifferheld versuchte, ihm Zeichen zu geben.

Fräulein Mergenthaler sagte: »Polizeiarbeit?«

Klaus guckte stolz. »Wir klären doch gerade die Morde an diesen Männern auf. Die waren alle in meinem Alter. Ich könnte der Nächste sein!« Er trank auf ex.

Heide Mergenthaler nickte. »Wenn du die Herzen von Frauen reihenweise brichst, wird es sicher nicht mehr lange dauern«, prophezeite sie.

Sie füllte ihr Glas erneut mit Trollinger und das von Klaus mit Pfalzwein. Beide Gläser waren in Sekundenschnelle geleert. Seifferheld nippte nur.

Ein feines Lächeln zog sich über den Kussmund von Fräulein Mergenthaler. »Klaus, du bist es nicht wert, dass ich mich über dich gräme«, erklärte sie plötzlich mit Grandezza und stellte das leere Weinglas auf die Klöppeldecke.

In der nächsten Sekunde zog sie mit Schwung an der geklöppelten Decke und sämtliche Weingläser flogen erst wie in Zeitlupe durch den Raum, um gleich darauf mit scheppernden Klirren auf dem Parkettboden zu zerschellen.

»Noch einen schönen Abend«, flötete Fräulein Mergenthaler, stand auf und öffnete den Herren demonstrativ die Wohnungstür.

Klaus und Seifferheld schauten sich erst verblüfft an und zogen dann kleinlaut ab.

»Na, das lief ja noch ganz gut, oder?«, lallte Klaus, als sie im Erdgeschoss ankamen und auf die Straße traten, wobei Klaus mehr torkelte als trat. Die kühle Nachtluft intensivierte sichtlich seine Beschwipstheit. »Ich hatte schon Angst, sie wird gewalttätig.«

Und während Klaus unsicher schwankend versuchte, auf dem Handy ein Taxi zu bestellen, und sich dabei ständig vertippte, schoss es wie von einem Raketenwerfer ausgespuckt durch Seifferhelds Kopf: Fräulein Mergenthaler!

Was hatte Volker Barth, der Psychologe, gesagt? »Ihr Täter ist entweder schwul oder eine Frau. Eine Frau in den besten Jahren. Nach außen hin angepasst, aber innen schwer gestört.«

Wie hatte er jemals seine Schwester Irmgard verdächtigen können? Irmi war alles andere als nach außen hin angepasst, sie war innen wie außen schwer gestört.

Auf Fräulein Mergenthaler passte die Beschreibung jedoch wie die Faust aufs Auge. Sie war nicht mehr ganz knackfrisch und sie war eine Frau. Über das Maß ihrer Weiblichkeit ließ sich streiten, auf den ersten Blick wirkte sie eher wie eine bulgarische Hammerwerferin auf Steroiden, doch sie war definitiv eine Frau, wie Klaus im Selbstversuch eruiert hatte. Eine Frau, die sich möglicherweise ihren Frust auf die Männer dieser Welt von der Seele tötete.

Hatte sie die Haller Leichen auf dem Gewissen? Und würde Klaus bald der Nächste sein? Wie bald? Jetzt schon? Was war in dem Wein gewesen? Warum hatte sie selbst einen anderen Wein getrunken?

Gift!

O mein Gott, dachte Seifferheld, und ich stehe daneben und schaue einfach zu, wie man meinen besten Freund vergiftet! Und trinke selbst auch davon – wenig zwar, aber zweifellos genug. Er spürte bereits eine leichte Übelkeit aufsteigen. Als Zahnarzthelferin kam Fräulein Mergenthaler zweifelsohne leicht an Gifte aller Art.

Seifferheld warf die Gehhilfe zur Seite, schnappte sich das Handy von Klaus und wählte die Notrufnummer.

## Vorsicht ist die Mutter der Porzellankiste, Magenauspumpen der Vater des Überlebens

Es ist im Grunde schön zu wissen, dass man auch als Ex-Kommissar noch etwas bewegen kann.

Bei jedem anderen hätte der Notarzt wohl lange nachgefragt, hätte Skepsis und Vorsicht walten lassen. Aber wenn ein Ex-Kommissar mit autoritärer Stimme erklärte, dass zwei Vergiftungsfälle vorlagen, dann lagen auch zwei Vergiftungsfälle vor. Zumal Klaus kaum noch ansprechbar war und Seifferheld von kalten Schweißausbrüchen heimgesucht wurde.

Mit Blaulicht ging es ins Krankenhaus. Man sah noch, wie sich die Küchengardinen von Fräulein Mergenthaler bewegten.

Seifferheld wählte mit zittrigen Fingern die Kurzwahltaste von Susanne.

»Hier ist dein Vater.«

»Papi, es passt gerade nicht.«

Sie hatte ihn seit Jahren nicht mehr Papi genannt. Zuletzt am Krankenbett, als man ihn nach dem verhängnisvollen Schusswechsel in der Bank aus dem künstlichen Koma geholt hatte. Ahnte sie, dass das Schicksal unbarmherzig zugeschlagen hatte?

»Susanne, ich war dir nie der Vater, der ich hatte sein wollen …«, fing Seifferheld stockend an.

»Doch, Papi, du warst toll. Wir reden morgen, ja?«

»Susanne …«

Im Hintergrund meinte Seifferheld ein Knurren zu hören. Es klang nicht wie das Knurren von Onis, eher schon wie das Knurren von Olaf, der in einem Fell-Tanga mit Raubkatzenmuster auf dem Bett kniete. Reine Vermutung, natürlich.

»Ciao, Papi«, rief Susanne. Man hörte sie noch kichern, dann war die Leitung tot.

Klaus neben ihm heulte Rotz und Wasser. »Müssen wir jetzt wirklich sterben? Ich wollte, ich hätte jemand, von dem ich mich verabschieden könnte. Ich muss ganz ohne Abschied aus dieser Welt scheiden. Allein!«

Der Notarzt tätschelte ihm die Hand. »Ihre Werte sehen gut aus, Sie kommen durch«, versprach er.

»Mimi!«, rief Klaus.

In der Diakonissenanstalt Schwäbisch Hall wurden kurz vor Mitternacht zwei Männermägen ausgepumpt.

Gleich darauf bestätigte das Labor, dass sich in den beiden abgepumpten Mageninhalten in einmal großer und einmal sehr kleiner Menge trockener Merlot mit Resten von Sulfiten befunden habe. Das sei nicht giftig, das sei Qualitätswein. Südliche Hanglage. Hoher Öxlegrad.

Ich Depp, dachte Seifferheld.

## Damit Sie auch morgen noch kraftvoll zubeißen können

»Du Depp«, sagte Irmi.

Seifferheld lag ausgestreckt auf dem Bett, sein Harem stand um ihn herum. Drüben am Fenster lümmelte Olaf und saugte mit einem Strohhalm Buttermilch aus einem Glas. Onis lag neben dem Schaukelstuhl und schnarchte.

»Einen Moment lang war ich der festen Überzeugung, dass die Mergenthaler eine Mörderin ist. Natürlich musste ich entsprechende Konsequenzen ziehen.« Das Sprechen war ein wenig schmerzhaft. Seifferheld hatte das Gefühl, als sei sein Hals beim Auspumpen des Magens ausgeschabt worden und nun ganz rauh.

»Ach Papa, eine Zahnarzthelferin mit Liebeskummer zu verdächtigen. Was kommt als Nächstes?« Susanne sah auf die Piaget-Uhr an ihrem Handgelenk. »Ich muss jetzt los. Heute fällt die Entscheidung über die künftigen Vorstandsmitglieder. Es sieht gut für mich aus. Ich wüsste nicht, was jetzt noch dazwischenkommen könnte.«

Karina knüllte die aktuelle Ausgabe der *BILD-Zeitung* zusammen, die sie in der Hand gehalten hatte, und schob sie verstohlen in die Tasche ihrer Strickjacke. »Toi, toi, toi, Cousinchen«, rief sie Susanne zu.

Susanne drückte ihrem Vater einen Kuss auf die Stirn. »Heute bleibst du im Bett und ruhst dich aus, ja?« Sie drückte Olaf einen Kuss auf die Buttermilchlippen und ging.

»Es war zwar nur ein leichter Eingriff, aber dennoch ein Eingriff. Sie sollten heute wirklich im Bett bleiben. Karina kann den Hund ausführen«, riet Olaf und ging ebenfalls.

»Ich werde heute den ganzen Tag Autogramme geben müssen«, fing Karina an und wollte die *BILD-Zeitung* wieder hervorziehen. »Weil nämlich ...«

»Ich gehe schon selbst mit dem Hund«, unterbrach Seifferheld, richtete sich auf, sah Karina tief in die Augen und richtete seinen Blick dann auf Irmgard.

Karina, nicht auf den Kopf gefallen, verstand auf Anhieb. »Also, ich geh dann mal.«

Seifferheld ließ sich wieder in die Kissen fallen.

»Du benimmst dich in letzter Zeit sehr komisch«, befand Irmgard. Sie packte ihn an der Schulter, drückte ihn hoch, nahm das Kissen zur Hand und schüttelte es aus. »Das muss an dieser Journalistin liegen. Liebe macht Männer zu Idioten.«

Seifferheld sagte nichts.

»Wann stellst du uns deine Freundin endlich vor? Auf dem Standesamt oder doch schon früher?«

»Irmi, mein Kopf tut weh.«

Irmgard nahm die Wolldecke vom Schaukelstuhl und deckte ihren Bruder zu. »Kein Wunder, deine Wange schwillt ja auch an. Ich vereinbare gleich einen Termin beim Zahnarzt.«

Seifferheld hielt sich die schmerzende Wange. Wie sollte er Fräulein Mergenthaler jemals wieder in die Augen schauen? »Nicht bei Dr. Beinholt«, rief er Irmi nach, aber es war schon zu spät.

# 8. Kapitel

## Die satanische Barbarella und ihre Röntgenstrahlen

»Na, das sieht doch jetzt wieder hervorragend aus!«, lobte sich Bodo Beinholt selbst und tauchte aus den Tiefen von Seifferhelds weit geöffnetem Kiefer auf. »Frau Mergenthaler macht noch ein Röntgenbild, dann sehen wir uns nächsten Montag zur Nachkontrolle wieder. Vergessen Sie nicht, regelmäßig die Antibiotika zu nehmen. Mit so einer eitrigen Entzündung ist nicht zu spaßen. Schönes Wochenende!«

Beinholts Augen über dem Mundschutz blitzten fröhlich, er winkte mit einer gummibehandschuhten Hand und zog ab. Seifferheld war sein letzter Patient an diesem Tag und er hatte es eilig, zum Kegelabend zu kommen. An diesem Abend gab es in der Krone in Hessental Kampfkegeln gegen die mit allen Wassern gewaschenen Jungs von der Sektion Kegeln des TuS Öhringen.

Mühsam erhob sich Seifferheld aus dem Behandlungsstuhl.

Fräulein Mergenthaler – an diesem Tag hatte sie ihren kolossalen Körper in einen hellrosa Helferinnenkittel gequetscht, der über der Brust ständig aufklappte – führte ihn in das winzige Kabuff, in dem die Röntgenaufnahmen geschossen wurden.

»Hier, ein Kontrastmittel«, sagte sie und drückte ihm einen Plastikbecher in die Hand.

Seifferheld hatte versucht, mit ihr über den gestrigen Abend zu sprechen, aber sie hatte jeden Versuch beiseitegefegt.

»Austrinken!«, befahl sie jetzt.

Seifferheld trank brav. Keine Paranoia mehr. Nie wieder.

Das war dann auch so ziemlich der letzte Gedanke, den er hegte, bevor er ohnmächtig von dem kleinen Hocker vor dem Röntgengerät rutschte und sich den Kopf aufschlug.

## Ding, dong – das Bimmeln des Totenglöckchens klingt immer einen Tick zu penetrant

Seifferheld wachte in einer Sackkarre auf.

Sein Schädel brummte. Beide Beine waren eingeschlafen, weil sie über den Sackkarrenrand hingen und dadurch die Blutzufuhr abgeschnürt wurde. Seine Hände schmerzten, denn sie waren auf dem Rücken mit einer Kordel zusammengebunden. In seinem Mund steckte ein Knebel.

Er hörte Engel singen.

War er tot?

Nein, die Engel entpuppten sich als The Ten Tenors, ein Live-Mitschnitt aus der Stadthalle Braunschweig. Sie schmetterten schwülstig aus der Stereoanlage.

Und wenn er wirklich tot wäre, dann würde ihm nicht alles weh tun, schlussfolgerte Seifferheld.

»Na, auch schon wach?«, erkundigte sich Heide Mergenthaler.

Sie befanden sich in ihrer Küche. Es war etwas eng, da der Innenarchitekt die Aufstellung einer Sackkarre nicht in den Nutzungsplan integriert hatte.

»Hmpf«, machte Seifferheld hinter dem Knebel.

Fräulein Mergenthaler hatte eine Bügeldecke über den Küchentisch gebreitet und bügelte gerade eine Bluse.

»Ich wollte, dass Sie wach sind, damit Sie auch mitkriegen, wie Sie für immer abtreten.«

Applaus brandete aus den Boxen der Anlage auf.

Seifferhelds Augen huschten durch die Küche.

»Schmieden Sie Fluchtpläne?« Heide Mergenthaler gluckste. »Das wird Ihnen nicht glücken. Ihr Schicksal ist besiegelt.«

Auf dem Herd stand ein Topf, aus dem köstliche Düfte entwichen. Frau Mergenthaler folgte seinem Blick. »Blumenkohl. Ist gleich fertig. Wir müssen jetzt zur Sache kommen, sonst zerfällt er mir. Und das wäre doch schade.«

Sie stellte das Bügeleisen hochkant auf, ging zum Herd, schaltete die Platte aus und goss das Blumenkohlwasser in der Spüle ab. Dann wischte sie sich die Hände an ihrer Schürze ab, nahm eine Phiole und eine Spritze aus dem Kühlschrank und baute sich vor Seifferheld auf.

»Ich wollte immer nur ein Stück vom Glück. Nur ein bisschen Liebe. Mehr nicht.«

Sie zog die Spritze auf.

»Es ist nicht nett, dass Sie mir das nicht gönnen wollen.« Sie sah Seifferheld vorwurfsvoll an. »Ich bringe ja auch nicht wahllos jeden um. Nur die Schweine, die es nicht anders verdient haben. Die sich an einer Frau wie mir bedienen und mich dann auf den Müll werfen.«

Wie sie so vor Seifferheld stand, die Haare frisch frisiert, eine quietschentengelbe Schürze über schwarzen Leggings und Big-Shirt, rosa Flauschpantoffeln in Form von Häschen an den Quadratfüßen, da hatte Fräulein Mergenthaler etwas unbeschreiblich Zauberhaftes an sich. Starke Weiblichkeit.

Dennoch begann Seifferheld, mit den eingeschlafenen Beinen zu kicken. Was ihm nur bedingt gelang, weil einerseits seine Beine im Tiefschlaf lagen und sich andererseits seine Hüfte wehrte.

Er gab mit aller Kraft Hmpf-Laute von sich, versuchte, kehlig das SOS zu morsen beziehungsweise zu hmpfen – drei Mal lang, drei Mal kurz, drei Mal lang –, aber wer sollte ihn hören?

Durch das weit geöffnete Küchenfenster sah er einen Nadelbaumwipfel. Dahinter Licht aus einer Wohnung, aber sowenig wie er wegen des Baumes in die andere Wohnung schauen konnte, so wenig konnten die Leute dort ihn sehen.

Es war hoffnungslos.

Sein Schicksal war besiegelt.

Sein Tod war nur noch eine Frage von Minuten. Er würde sich nicht von Onis verabschieden können. Er würde nicht mehr mit MaC schlafen können. Er würde seine Enkel nicht mehr sehen.

Insgeheim leistete er Abbitte bei seiner Schwester Irmgard. Er hatte sie tatsächlich im Verdacht gehabt. Wie dumm war er doch gewesen. Sorry, Irmi, ich mach's wieder gut, dachte Seifferheld. Doch das war natürlich Unsinn. Er würde keine Gelegenheit mehr haben, es bei ihr gutzumachen.

Es war vorbei.

»Es ist vorbei«, fand auch Heide Mergenthaler. »Adiós, Herr Kommissar.«

»Fallen lassen!«, schrie eine Stimme. Seifferheld meinte zu halluzinieren, dabei hatte Frau Mergenthaler die Spritze nur angesetzt und noch nicht zugestochen. Oder doch?

Die Mergenthalerin zuckte zurück.

Eine Horde wilder Weiber stürmte durch die Küchentür herein.

Allen voran Irmgard, mit wehendem grauen Zopf und zornesroten Wangen. »Finger weg von meinem Bruder!«, brüllte sie.

Direkt hinter ihr Olga Pfleiderer mit einem Besen in der Hand. Zweifellos das erste Mal, dass die Putzfrau eine solche Gerätschaft zu packen bekommen hatte, sie hielt den Besen nämlich am falschen Ende.

Hinter Olga Pfleiderer tauchte Karina auf, deren an diesem Tag froschgrüne Haare nach allen Seiten abstanden.

Womit sie sich bewaffnet hatte, war nicht ganz klar, aber zweifelsohne hatte auch sie etwas Mörderisches in der Hand. Es war länglich. Und rosa. Das war doch nicht etwa? Bitte nicht, dachte Seifferheld. Aber es war allem Anschein nach ein Vibrator.

Aus den Augenwinkeln nahm Seifferheld auch seine Tochter Susanne wahr. Dafür musste er den Kopf weit in den Nacken legen und über den Sackkarrenrand lugen. Doch sie war da. Mit dem Handy am Ohr. Sie gab irgendjemandem Richtungsanweisungen. Seifferheld hoffte, dass sie einem Polizisten die Wegbeschreibung durchgab und nicht ihrem Praktikanten im Büro für den morgigen Tag letzte Anweisungen für die Controllerrunde diktierte. Oder mit Olaf Süßholz raspelte und ihm süße Nichtigkeiten ins Ohr flüsterte.

»Hmpf«, machte Seifferheld, um die Frauen zu warnen.

»Kommen Sie nicht näher!«, warnte Heide Mergenthaler schon etwas deutlicher.

Sie hatte vor Schreck einen Schritt zurück in Richtung Küchenfenster getan, passte jedoch hüftumfangtechnisch nicht durch das Küchenfenster, sonst wäre sie wohl hinausgesprungen und hätte es riskiert, sich bei dem Sturz aus dem zweiten Stock beide Beine zu brechen. So drückte sie sich mit dem Rücken an die Wand, hielt die Spritze wie einen Flammenwerfer vor sich und guckte böse.

Irmgard stellte sich zwischen sie und die Sackkarre. »Geben Sie auf!«, herrschte sie die Zahnarzthelferin an, wobei sie nach oben schauen musste, weil Fräulein Mergenthaler einen guten Kopf größer war als sie.

Olga Pfleiderer stieß mit dem Besenstiel in die Luft.

Karina legte Seifferheld den Vibrator in den Schoß und versuchte, seine Fesseln zu lösen.

»Hmpf«, machte Seifferheld erneut und mühte sich nach Kräften, Karina durch Kopfbewegungen klarzumachen, dass sie ihm den Knebel aus dem Mund nehmen solle.

Karina sägte mit dem Obstmesser, das sie von der Küchentheke genommen hatte, Seifferhelds Handfesseln durch. Ihre Zungenspitze züngelte schlangengleich aus den leicht geöffneten Lippen, was sie immer tat, wenn sie sich konzentrierte. Seifferheld konnte noch so sehr mit dem Kopf wackeln, sie bekam nichts mit.

»Aaa«, schrie Heide Mergenthaler spitz auf, als Olga Pfleiderer ihr den Besenstiel zwischen die Rippen rammte.

»Hmpf!«, machte Seifferheld abermals. Was so viel heißen sollte wie: Nie eine wahnsinnige Mörderin reizen! Aber die Frauen waren zu sehr mit sich beschäftigt, um Übersetzungsleistungen erbringen zu können. Sein Hmpf verhallte ungehört.

Wann traf endlich kompetente Hilfe ein?

Gern ein S.W.A.T.-Team des BKA. Vorzugsweise aber die schnelle Eingreiftruppe der Bundeswehr.

Seifferheld stöhnte.

Und dann kam es noch schlimmer.

## Mörder machen Männern keine Angst – Männer fürchten nur Haarausfall und Impotenz

»Siggiiii!«

Die Stimme von Klaus klang normalerweise wie die des singenden Dieter Bohlen. Farblos kieksend. Aber offenbar wuchs sie in Krisensituationen über sich hinaus und tönte dann wie die Stimme des nöligen Marcel Reich-Ranicki.

»Siggiiii, wir kommen!«

Und da stürmte auch schon der VHS-Männerkochclub geschlossen – bis auf den schönen Nick – in die Küche von Heide Mergenthaler. Alle hatten sich mit Besteck bewaffnet, nur Bocuse hielt sich schützend eine Pfanne vor die Brust. Er wurde ja auch noch gebraucht.

Seifferheld wunderte sich über gar nichts mehr.

»Wir hatten eine Telefonkette eingerichtet. Das war meine Idee.« Mathematiklehrer Horst kniete sich neben Seifferheld.

Seifferheld machte »Hmpf« und wackelte mit dem

Kopf, aber auch Horst kam nicht auf den Gedanken, ihm den Knebel aus dem Mund zu nehmen.

Karina säbelte immer noch mit dem stumpfen Obstmesser an der Handfessel.

»Wer mir zu nahe kommt, den bringe ich um!«, drohte die Mergenthaler.

Seifferheld befürchtete das Schlimmste. In der Küche war es mittlerweile enger als in einer Sardinenbüchse. Sollte Panik ausbrechen, gäbe es kein Entkommen, sondern nur ein hoffnungslos ineinander verschlungenes Menschenknäuel, in das die Mergenthaler nach Belieben ihre Giftspritze stechen konnte.

»Sie drohen mir?«, fragte Irmgard. »Sie wollen mir drohen? Sie? Mir? Ha!«

»Hmpf«, gurgelte es aus Seifferheld heraus, was eigentlich »Irmgard, nein, tu's nicht!« hätte heißen sollen.

Irmgard hatte aber bereits zum Herd gegriffen, den Kochtopf gepackt und schüttete nun den Inhalt schwungvoll auf die mörderische Zahnarzthelferin.

Natürlich kullerte nur der Blumenkohl heraus, weil die Mergenthaler das Wasser schon abgeschüttet hatte. Der duftende Blumenkohl war als einschüchternde Geste nicht wirklich beängstigend.

Die Mergenthaler lachte hämisch auf. »Dämliche Alte!«

Seifferheld hob den geknebelten Kopf.

Irmgard wäre imstande, sich in die Spritze zu werfen, um ihren Bruder zu retten. Nicht, weil sie ihren Bruder so abgöttisch liebte, sondern weil man das einfach tat, wenn man eine pflichtbewusste, ältere Schwester war.

»Hmpf!«

In diesem Moment glaubte Seifferheld, seinen Augen nicht zu trauen. Hinter Heide Mergenthaler, in dem geöffneten Küchenfenster, wurde der Kopf von Onis sichtbar.

Sein Onis.

Tauchte wie ein Deus ex Machina aus der Versenkung auf. Schwebte wie von selbst in den zweiten Stock.

»Hmpf!«, rief Seifferheld.

Onis zögerte nicht, sondern hechtete sofort durch das Fenster, landete auf den Schultern der Mergenthaler, die nach vorn stürzte und auf ihre Hand fiel, in der sie noch die Spritze hielt.

Onis drückte sich von dem fallenden Körper ab und schob sich zwischen Irmgard und Olga Pfleiderer hindurch zur Sackkarre.

»Wuff!«, bellte er selig.

Was in der Hundesprache so viel hieß wie: Wer einen Hund sein Eigen nennt, braucht weder Tod noch Teufel und auch keine Zahnarzthelferin zu fürchten!

# Epilog

## Und Die goldene Sticknadel geht an …

Einhundert Kissen »I love Germany« mit Herzchen und Blümchen – das will erst mal gestickt sein.

Seifferheld hatte sein Wort gegeben. Es war zur Ehrensache geworden.

Und nun war er vor die Wahl gestellt, sein Wort zu brechen oder sich zu outen.

Natürlich gab es massenweise stickende Frauen. Im Internet reihte sich ein Forum ans andere. Frauen tauschten sich liebend gern über das Sticken aus, über die besten Techniken, die schönsten Motive, die orgasmusgleichen Gefühle bei der Fertigstellung einer besonders kniffligen Stickarbeit. Ein Hilfeaufruf hätte genügt und eine Armee von Nadeln hätte ihm zur Verfügung gestanden.

Aber ein Mann kann nur ein gewisses Maß an Peinlichkeit ertragen. Alles, was darüber hinausgeht, raubt ihm seine Männlichkeit.

Unterm Strich blieb Seifferheld also keine andere Wahl …

»Sticken macht sexy«, erklärte Seifferheld. »Frauen fahren total darauf ab.«

Frech gelogen oder der Wahrheit entsprechend? Seifferheld wusste es nicht, er hatte noch nie einer Frau erzählt, dass er stickte. Womöglich warfen sich Frauen vor Lachen auf den Boden und strampelten grölend mit den Beinen.

»Sticken sensibilisiert die Feinmotorik. Und erhöht die Konzentrationsfähigkeit.« Seifferheld nickte gewichtig.

Er sprach gegen eine Mauer des Schweigens an. Würde er sie durchbrechen können?

»Ihr wollt doch nicht auf ausgelatschten Pfaden mit der Herde trampeln, oder? Ihr wollt in unbekanntem Terrain mit der Machete einen Weg frei schlagen. Etwas tun, was noch kein Mann vor euch getan hat. Tollkühn. Mutig. Ihr wollt sticken! Und zwar ohne Fingerhut. Denn genau das tun echte Kerle!«

Es war eine programmatische Rede und Seifferheld versprühte all sein Charisma.

Onis hatte er überzeugt. Der Hund sprang auf, wedelte freudig mit der Knickrute und bellte »Wuff!«.

Bocuse kraulte sich nachdenklich das Kinn. »Isch weiß nischt …«

Auch Arndt der Klempner blickte skeptisch.

Buchhändler Gotthelf erklärte: »Wenn ich dadurch einem Mitmenschen helfen kann, bin ich gern dabei. Nächstenliebe steht höher im Kurs als Handarbeitsphobie.«

Klaus nickte. »Alle für einen, einer für alle!«, rief er.

Mathematiklehrer Horst machte den Mund auf.

»Natürlich braucht man jemand, der mit Zahlen umgehen kann«, unterbrach ihn Seifferheld, noch bevor Horst etwas sagen konnte. »Die Muster wollen exakt ausgerechnet werden. Es gibt drei Kissengrößen – da darf einem kein Fehler unterlaufen.«

Horst schloss den Mund und schürzte die Lippen.

»Außerdem muss jemand die Recherche machen. Es gibt bestimmt Stick-Ratgeber für Anfänger, die wertvolle Tipps und Tricks beinhalten.« Seifferheld sah Buchhändler Gotthelf nicht an, das wäre zu plump gewesen, aber er sprach in seine Richtung.

»Und dir, Guido, muss ich nicht erst sagen, wie wichtig das richtige Kissen für die Wirbelsäulengesundheit ist«, sagte Seifferheld zu Guido Schmälzle, der sich als Wanderführerautor auch dazu berufen fühlte, zu jedwedem Gesundheitsthema sein Scherflein beizusteuern. Gemäß dem Motto: Nur ein gesunder Mensch schreitet fröhlich aus.

Schmälzle nickte zustimmend und öffnete den Mund, um noch eins draufzusetzen, aber Seifferheld fuhr zügig fort.

»Kurzum, ich wäre euch dankbar, wenn ihr mir helft. Aber es wäre nicht nur ein selbstloses Aufopfern. Es gibt Geld dafür. Und ich bin sicher, ihr werdet dem Sticken etwas abgewinnen!«

»Wuff«, meinte Onis erneut und klang definitiv überzeugt.

Der VHS-Männerkochkurs schwieg.

»Natürlich muss uns jemand anleiten. Muss als geborene Führungspersönlichkeit gewissermaßen die Peitsche schwingen, damit wir bei der Sache bleiben. Der Termin ist unverrückbar. Die Kissen müssen fertig werden.« Seifferheld sah Bocuse an. »Ich würde vorschlagen, dass Bocuse unser Obersticker wird. Er hat bereits Erfahrung als Gruppenchef.«

Bocuse guckte skeptisch, fühlte sich aber eindeutig geschmeichelt.

Die anderen schienen immer noch nicht überzeugt.

Seifferheld setzte alles auf eine Karte. »Hört zu, Freunde, ich habe mein Wort gegeben, aber so, wie es im Moment aussieht, werde ich es nicht halten können. Einhundert Japaner rechnen fest damit. Sollen sie wirklich enttäuscht werden? Freunde, ich brauche eure Hilfe.«

Er hielt die Luft an.

»Meinst du, wir sind überhaupt in der Lage, kompetent zu sticken? Braucht man dafür nicht ein gewisses Talent? Hast du das auch wirklich gut durchdacht oder ist das eine unausgegorene Idee, an der man erst noch feilen sollte?« Zum ersten Mal kam Schmälzle zu Wort. Natürlich sprudelte etwas Nöliges aus ihm heraus. Typisch. Wenn Guido Schmälzle etwas sagte, war es grundsätzlich redundant oder Unsinn oder beides.

»Jeder kann sticken«, behauptete Seifferheld kühn, sah dabei aber nicht Klaus an. Ausnahmen bestätigten nur die Regel.

»Das bleibt dann aber unter uns, ja?«, sagte Arndt. »Meine Kumpel halten mich ohnehin schon für ein Weichei, weil ich zum Kochen gehe. Wenn die hören, dass ich jetzt auch noch sticke …«

»Kein Wort zu niemandem!«, versprach Seifferheld.

Es klopfte an die Tür.

Arndt und Horst sprangen kreidebleich auf. Seifferheld warf den Stickrahmen, den er zu Erklärungszwecken hervorgeholt hatte, in seine Truhe. Bocuse riss einen Wälzer aus seiner Umhängetasche, schlug wahllos eine Seite auf und begann zu lesen.

»Beim Kochen muss man Musik hören und Liebe machen. Kochen ist ein sinnlicher Genuss …«

Klaus öffnete die Tür.

Irmgard stand draußen und blickte misstrauisch drein.

»Was macht ihr denn hier?«, fragte sie und betrachtete das Tableau aus diversen zwei- und vierbeinigen Männern.

Seifferheld, der auf der Truhe thronte.

Bocuse im Schaukelstuhl, aus einem erotischen Kochführer vorlesend.

Arndt gegen den Kleiderschrank gelehnt.

Horst und Gotthelf auf dem Bettrand sitzend.

Klaus im Schneidersitz auf dem Teppich lümmelnd.

Schmälzle auf dem ergonomischen Klapphocker sitzend, den er immer mit sich führte, weil er sämtliche anderen Sitzgelegenheiten auf diesem Planeten für ungeeignet erachtete. Was er den Besitzern besagter Sitzgelegenheiten auch gern ausführlich erklärte.

Und Hund Onis, der hechelnd auf dem Teppich lag.

»Was geht hier vor?«

»Nichts, Irmi. Wir unterhalten uns nur.«

Irmgard schaute sich argwöhnisch um. »Hier ist doch irgendwas faul!«

Klaus zog einen angebissenen Apfel aus seiner Hosentasche. »Das muss der hier sein. Den Boskop trage ich schon zwei Wochen mit mir herum. Sorry.«

Angewidert den Kopf schüttelnd zog sich Irmgard zurück.

»Und?«, fragte Seifferheld.

Jetzt hätte eine kernige Szene der Männerfreundschaft folgen können. Alle hätten sich erheben und wie ein Mann sagen können: Alle für einen und einer für alle.

Oder so ähnlich.

Aber kernige Männerfreundschaftsszenen sind der großen Leinwand vorbehalten. Oder in Wiederholung dem kleinen Bildschirm.

Im wirklichen Leben sah es so aus, dass Schmälzle rief: »Meinetwegen. Aber ich muss jetzt los. Um vier werde ich im Studio von Radio StHörfunk interviewt. Ich stelle meinen neuen Wanderführer im Klappformat vor. Er heißt *Mit Guido Schmälzle von Langenburg nach …*«

»Schon vier?«, unterbrach Klaus zur Freude aller. »Um Viertel nach läuft der neue Bruce Willis im Lichtspielhaus. Tschüssikowski.«

»Also gut, aber zu niemandem ein Wort«, sagte Arndt und ging ebenfalls.

Horst und Gotthelf nickten stumm und zogen ebenfalls ab.

Nur Bocuse blieb im Schaukelstuhl sitzen. Er hatte ein besonders erotisches Küchenbild entdeckt und hielt gerade das Buch quer und pfiff leise.

## Insemination auf Italienisch und Pseudo-Italienisch

Die Witwe Nonnenmacher kehrte allein aus Rom zurück. Sie war schwanger. Allerdings nicht vom schönen Nick, sondern von ihrem toten Mann, dessen Sperma sie einfrieren und sich in Italien hatte injizieren lassen. Sie würde in Graz entbinden. Da war man auf ältere Mütter spezialisiert.

Der schöne Nick war – zum Leidwesen aller angehenden weiblichen Golferinnen aus Hall und Umgebung – in Rom geblieben, wo er nach intensiver Innenschau beschloss, ein theologisches Seminar zu besuchen und sich zum Priester ausbilden zu lassen. Aber natürlich entdeckte er mittendrin den feurigen Italiener in sich, ließ Theologie Theologie sein und begattete fortan professionell deutsche Touristinnen, denen er sich als Niccoló vorstellte.

L'amore … per sempre.

## Es hat einen Grund, warum die Guillotine weiblich ist!

»Auf ein Wort, Kollege Seifferheld«, hatte Gesine Bauer, die Polizeichefin, gesagt und war an sein Bett getreten.

Sein Hausarzt hatte Seifferheld nach dem Showdown viel Ruhe verordnet und kam jeden Tag vorbei. Nur zur Sicherheit. Irmgard wachte streng über die Bettruhe ihres Bruders, die auch für hochrangige Ermittlerinnen nicht gebrochen werden durfte.

Heide Mergenthaler hatte in der Tat reihenweise Männer ermordet. Mit einem Giftcocktail, den sie sich aus diversen Ingredienzien im Medikamentenschrank von Bodo Beinholt gemischt hatte. Schließlich hatte sie pharmazeutisch-technische Assistentin gelernt. Es stand derzeit nicht gut um sie, da sie in ihre eigene Spritze gefallen war, aber noch waren die Ärzte zuversichtlich, sie zurück ins Leben zu holen, damit sie vor ein ordentliches Gericht gestellt werden konnte. Ansonsten erwarteten sie die Trompeten und Posaunen des Jüngsten Gerichts und diese Blechbläser würden für sie eindeutig dissonant erklingen.

Die ganze Mischpoche besuchte ihn.

Der Stammtisch von Mord zwo.

Biggi und ihre Lebensgefährtin.

Und natürlich MaC.

Und sein Kochclub. Klaus platzte fast vor Stolz, als er erzählte, wie ihm die Idee mit dem Fensterputzerwagen gekommen sei, auf dessen Hebebühne er und Onis zum Küchenfenster im zweiten Stock aufgeschwebt waren. Genial, wie Klaus fand. Was sich wirklich nicht leugnen ließ.

Und eines Mittags ging plötzlich die Tür auf und die Polizeichefin stand auf der Schwelle. Rasch hatten sich die Kochclubjungs verzogen.

Gesine Bauer war eine eindrucksvolle Erscheinung. Groß, schlank, elegant. Mit einem kalten Blick, von dem sich Irmgard noch etwas abschneiden konnte.

Stumm stellte sie sich an sein Bett.

Jetzt kommt's, dachte Seifferheld, jetzt fällt das Fallbeil. Sie wird mich wegen meiner Polizeiberichte abwatschen. Ich kann von Glück sagen, wenn mir nicht die Pension gekürzt wird. Gern wäre er unter die Decke gerutscht, aber Gesine Bauer war schneller.

»Da haben Sie ja noch einmal Glück gehabt, Kollege Seifferheld«, sagte sie.

Seifferheld lächelte unverbindlich. Erst ein Stück Zucker, dann die Peitsche.

»Kompliment für Ihre Spürnase. Sie hatten von Anfang an den richtigen Riecher. Natürlich sind Sie sträflich fahrlässig vorgegangen!«

Seifferheld nickte. Er war sehr versucht, den Blick zu senken wie ein reumütiger Schulbub. Nur das nicht! Er starrte stattdessen auf die Stelle zwischen ihren Augenbrauen. Dennoch fühlte er sich von ihrem Blick durchbohrt.

»Tja, ich hoffe, Sie sind bald wieder auf den Beinen«, fuhr Gesine Bauer fort. »Schließlich brauchen wir Sie noch.«

»Wie?«, entfuhr es Seifferheld. »Sie wollen mich nicht der Aufgabe entbinden, den Polizeibericht zu schreiben?«

»Gott bewahre. Das lese ich morgens immer als Erstes.

Zur Aufmunterung. Ich erwarte sekündlich den Anruf von Stephen Spielberg mit der Bitte *Der weiße Wels, Teil eins* drehen zu dürfen.« Sie kicherte. »Außerdem hüpfen die humorlosen Großkopferten der Landespolizeidirektion im Kreis. Nix da. Sie müssen weiterschreiben. Die Provinz muss subversiv bleiben! Man sieht sich.«

Und in einer Wolke aus Gucci for men entschwand Polizeichefin Bauer.

Seifferheld atmete auf.

Und nahm sich vor, keine Parfümexperimente mehr zu wagen. Von nun an noch Sir Irish Moos.

## Und tschüss!

Abends um sieben in Schwäbisch Hall.

Die vollen Glocken der St. Michaelskirche am Marktplatz setzten zum Abendgeläut an. Die alten Fachwerkmauern der Häuser vibrierten und wieder prallten die Schallwellen mit voller Wucht auf historische und zeitgenössische Bausubstanz.

Um den seifferheldschen Küchentisch saßen Seifferheld, sein Hund und sein Harem. Und Olaf.

Es gab wahlweise Zwiebelrostbraten à la Irmgard mit Bratkartoffeln, Lachs-Rogen an Crêpes Susanne, veganen Gemüseauflauf von Karina und Feldsalat von Signor Insalata alias Siegfried Seifferheld.

»Sieht alles sehr lecker aus, aber ich bin irgendwie gar nicht hungrig«, sagte Olaf, der im Umgang mit drei Seifferheldfrauen noch ungeübt war und sich somit an jedem Fallstrick aufknüpfte, der ihm über den Weg baumelte. »Ich glaube, ich faste heute Abend. Das ist eh gesünder.«

Anfänger, dachte Seifferheld.

»Fasten ist nicht gesund. Fasten macht schwach!«, erklärte Irmgard. »Und Schwächlinge bringen's nicht!«

»Meine Güte, du kneifst doch nur, weil du am liebsten Gemüse essen würdest, dich aber vor Susanne nicht traust!«, höhnte Karina.

»Er will sich nur nicht die Zähne an deinem bockelharten Hardcore-Biogemüse ausbeißen«, sagte Susanne zu Karina und zu Olaf: »Liebling, du musst etwas essen, also nimm Crêpes.« Sie sagte es liebevoll, aber ohne Einwände zuzulassen.

»Ich halte mich an meinen Salat.« Seifferheld lächelte entschuldigend. »Ich bin noch nicht ganz wiederhergestellt.« Die durch die Sackkarre und die Handfessel verminderte Blutzufuhr in seinen Beinen und Armen hatte, Gott sei Dank, zu keinen irreversiblen Schädigungen geführt, aber er war immer noch wackelig auf den Beinen.

»Natürlich, Papa«, sagte Susanne.

»Armer Onkel Siggi«, sagte Karina.

»Verzärteln bringt nichts, reiß dich lieber am Riemen«, sagte Irmgard.

MaC gab ihm einen Kuss.

MaC saß am Tisch neben ihm. Es war ihr erster gemeinsamer Auftritt im Familienkreis und MaC hatte bravourös alle Herzen für sich erobert, indem sie mit Susanne über den Bausparkassengedanken zu Zeiten internationaler Finanzkrisen debattierte, sich mit Karina über die Signalwirkung von politischen Performance-Aktionen unterhielt und Irmgard das Maultaschen-Familienrezept entlockte.

»Mein armer Schatz«, flötete MaC und zwinkerte Seifferheld verstehend zu. Verstehend und verheißend. Sie hatte am Wochenende keinen Dienst. Und hatte sich als Florence Nightingale angeboten.

Seifferheld seufzte bei diesem Gedanken freudig auf.

»Was darf es für Sie sein, Marianne?«, fragte Irmgard.

»Ja, entscheiden Sie sich«, meinte auch Karina herausfordernd.

»Ja, was hätten Sie gern?«, verlangte auch Susanne zu wissen.

Ein heikler Moment.

Jetzt wurden die Weichen für den künftigen Umgang gestellt.

Seifferheld hielt den Atem an.

»Ich bin auf Dattel-Diät«, erklärte MaC.

Die anderen Frauen hoben die Augenbrauen.

MaC stand auf. »Ihr kennt doch die Dattel-Diät? Alles außer Datteln. Mahlzeit!«

Mit diesen Worten nahm sie ihren Teller und eine Schöpfkelle, häufte sich von allem reichlich auf und aß sich mit Genuss querbeet von Lachs zu Rostbraten zu Gemüse zu Salat.

Seifferheld strahlte.

Sein Harem war glücklich.

Und er auch.